SCHACH-BIBLIOTHEK

Helmut Pfleger · Gerd Treppner

So denkt ein
Schachmeister

Strategische und taktische Analysen

Im Falken-Verlag sind zahlreiche Bücher zum Thema Schach erschienen.
Hier eine kleine Auswahl:
»Turnier der Schachgroßmeister '83« (Nr. 0718)
»Schach-WM '85 Karpow-Kasparow« (Nr. 0785)
»Die Schach-Revanche« (Nr. 0831)
»Helmut Pflegers Schachkabinett« (Nr. 0877)

CIP-Kurztitelaufnahme der Deutschen Bibliothek

Pfleger, Helmut:
So denkt ein Schachmeister: strateg. u. takt. Analysen /
Helmut Pfleger; Gerd Treppner. –
Niedernhausen/Ts.: Falken-Verlag, 1987.
    (Falken-Bücherei: Schach-Bibliothek)
    ISBN 3-8068-0915-1
NE: Treppner, Gerd

ISBN 3 8068 0915 1

© 1987 by Falken-Verlag GmbH, 6272 Niedernhausen/Ts.
Titelbild: Kreativ-Design Gerd Aumann, Wiesbaden
Die Ratschläge in diesem Buch sind von Autor und Verlag sorgfältig erwogen
und geprüft, dennoch kann eine Garantie nicht übernommen werden. Eine
Haftung des Autors bzw. des Verlages und seiner Beauftragten für Personen-,
Sach- und Vermögensschäden ist ausgeschlossen.
Gesamtherstellung: Neuwieder Verlagsgesellschaft mbH, Neuwied

817 2635 4453 6271

Inhaltsverzeichnis

Vorwort

Vielleicht ist auch Ihnen, lieber Leser, schon der Gedanke durch den Kopf gegangen, wenn Sie vor einer gut aussehenden, aber schwierigen Stellung saßen: Wäre ich doch jetzt so schlau wie der Kasparow! Und vielleicht haben auch Sie bald darauf die Partie in den Sand gesetzt mit dem resignierenden Fazit: Na ja, das sind eben Meister, die denken in anderen Dimensionen!

Das stimmt, aber irgendwo auch wieder nicht. Denn ein Schachmeister muß keineswegs von Haus aus ein geistiger Titan sein, zu dem der arme Amateur nur vorsichtig aufschaut. Meist ist einfach das Denken des Meisters nur unvergleichlich mehr auf die Materie spezialisiert; tägliche Praxis und Training tun ein Übriges. Das ist nicht anders als in jedem sonstigen Bereich des täglichen Lebens.

Über schachliches Denken ist schon manches geschrieben worden, doch durchweg für bereits starke Turnierspieler bzw. angehende Meister. Was wir wollten ist ein Buch, das im Stil der »Zug-um-Zug«-Reihe dieses Thema für den Amateur und Hobbyspieler quasi »populärwissenschaftlich« und ein wenig unterhalt-

sam aufrollt. Wir möchten Ursachen für Fehler aufzeigen, die nicht in schachlichem Unverständnis, sondern in gedanklichen Irrtümern und Kurzschlüssen liegen (und darum auch unter Meistern immer wieder vorkommen); zudem möchten wir aus allen drei Partiephasen besonders das herausgreifen, wo der Amateur erfahrungsgemäß im Denken dem Meister unterlegen ist oder bestimmte »Hemmschwellen« überwinden muß. Dies alles stützt sich auf Untersuchungen, die nach unserer Meinung in bisherigen Werken zum Thema ein wenig zu kurz gekommen sind, aber recht klar zu beweisen scheinen, wie schachliches Denken überhaupt »funktioniert«.

Ein Lehrbuch im streng wissenschaftlichen Sinn soll es also nicht sein – aber natürlich hoffen wir, daß Sie auf jeden Fall für Ihr eigenes Spiel so manches mitnehmen können. Es muß ja nicht gleich so weit gehen, daß demnächst jemand im Simultan gegen Großmeister Pfleger gewinnt mit der Bemerkung: »Das wäre nie passiert, wenn Sie dieses Buch nicht geschrieben hätten...«

1. Kapitel: Wie »funktioniert« das Schachdenken?

Glauben Sie noch an Hexerei? Sicher nicht; aber auch wenn Sie wissen, daß alles mit rechten Dingen zugeht, was Ihnen der Zauberer auf der Bühne vorführt, lassen Sie sich vielleicht gern davon faszinieren. So ähnlich sahen und sehen noch heute viele die großen Meister des Schachspiels. Den Wissenschaftler freilich plagt von Berufs wegen die Neugier: Was steckt denn nun eigentlich dahinter? Auch im Schach wurde immer mehr die Frage akut, wodurch ein Meister zu seinen Glanzleistungen fähig wird.

Der holländische Psychologe Adrian de Groot (selbst Spieler von Meisterstärke) kam als erster auf ein Experiment, das den Schlüssel dazu liefert. Vor gar nicht langer Zeit wurde es mit den Großmeistern Adorjan (Ungarn), Short (England) und Helmut Pfleger selbst wiederholt. Man setzt den Meistern sowie einer Anzahl von Amateuren bzw. durchschnittlichen Spielern Stellungen vor, die sie fünf Sekunden lang betrachten dürfen. Frage: Wieviele Steine stellt jeder danach aus dem Gedächtnis richtig auf?

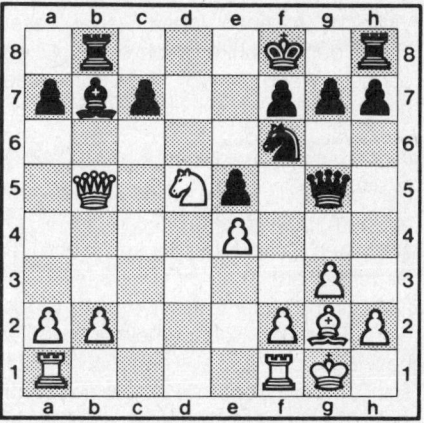

Diagramm 1

Weiß: Kg1, Db5, Ta1, Tf1, Lg2, Sd5, Ba2, b2, e4, f2, g3, h2
Schwarz: Kf8, Dg5, Tb8, Th8, Lb7, Sf6, Ba7, c7, e5, f7, g7, h7

Dieses Beispiel sieht zweifellos aus wie eine ganz normale Partiestellung. Was die Kandidaten damit anfangen konnten, faßt der Schachjournalist und Computerexperte Frederic Friedel in folgenden »Erwartungsrahmen«:

»Wenn Sie nicht in der Lage sind, mehr als vier oder fünf Figuren richtig zu plazieren, sind Sie wahrscheinlich ein Schachneuling oder ein Hobbyspieler. Geübte Schachspieler sollten die Stellung zu 70 oder 80 Prozent richtig wiedergeben, während ein Großmeister sie mit Sicherheit fehlerfrei herunterdiktieren wird. Aber nicht nur das, er wird todsicher noch hinzufügen: Übrigens, wenn Weiß am Zuge ist, dann gewinnt 1. Dc5+ in fünf Zügen durch Erstickungsmatt.«

Oder wie es Jungstar Nigel Short mit englischem Humor machte: Er stellte die Dame gleich ein Feld weiter... Als Kritikaster einen Fehler witterten, konterte Short lapidar, das sei doch der Lösungszug!

Man ging noch weiter, um eventuelle Zweifel an der Zuverlässigkeit des Tests auszuräumen: Die Kandidaten bekamen jeweils eine Spezialbrille aufgesetzt, mit der ihre Augenbewegungen zu verfolgen waren. Auch hier ein klares Ergebnis: Die Meister schauten sofort zielsicher dahin, wo »etwas los war« – die Blicke der Amateure dagegen irrten mehr oder weniger auf dem Brett umher.

»Und was beweist das alles?« werden jetzt viele fragen. Einen Moment – der Test ging nämlich noch weiter! Nun wurde eine »Idiotenstellung« aufgebaut, die Steine willkürlich übers Brett verstreut, als habe sie jemand aus dem Hut geschüttelt, ohne jede Ähnlichkeit mit einer normalen Schachpartie. Und siehe da: Die Leistungen der Amateure änderten sich im Vergleich zum ersten Fall nicht. Aber die Meister waren jetzt genauso hilflos!

Erst das ist der Witz der Sache. Zwischen der geistigen Potenz großer Schachspieler und Normalsterblicher müssen also keineswegs Welten klaffen (natürlich gibt es auch immer wieder echte Genies unter den Schachgrößen, die auf anderen Gebieten genauso herausragen; doch nicht weniger »Schachidioten«, um es boshaft zu formulieren, d.h. Spieler mit einer generell recht durchschnittlichen Intelligenz, die aber speziell im Schach überragende Fähigkeiten bewiesen). Wie sagt doch Petra de Leeuwerik, die Lebensgefährtin Kortschnois, süffisant: »... die größten Idioten, aber Schach spielen können sie.« Vielmehr ist das Denken des Meisters durch täglichen Umgang mit der Materie, durch systematische Schulung und häufiges praktisches Spiel unglaublich spezialisiert. In Partiestellungen, wo sich der Hobbyspieler oft wie im Urwald vorkommt und dementsprechend leicht verirrt, findet der Experte seinen Weg wie ein alter Ureinwohner, der jeden Baum und Strauch kennt. Setzt man ihn aber in eine ungewohnte »Umgebung«, ist es oft schon vorbei mit seiner Überlegenheit.

Aber was macht denn nun den Meister auf seinem heimischen Boden so stark? Der Schluß aus dem Experiment ist klar: Es muß in der Partiestellung Anhaltspunkte, Wegweiser gegeben haben, die die Meister sofort erfaßten und aufgrund derer sie blitzschnell sogar eine taktische Lösung fanden. In der »Idiotenstellung« versagten die Orientierungsmerkmale bzw. waren nicht mehr zu gebrauchen.

In der Fachsprache hat sich für solche Wegweiser der Begriff »Schachmuster« eingebürgert. Schauen wir nochmals unser Diagramm 1 an:

Ein Muster kann zunächst einmal eine bestimmte Konstellation von Figuren sein. Etwa der weiße Aufbau rund um seinen König, das sog. »Fianchetto« (Läuferflankierung), kommt in unzähligen Partien vor. Der Experte sieht das als Einheit, quasi als eine Art »Riesenfigur«.

Überhaupt scheint ein Unterschied darin zu liegen, wie Meister und Amateur die Figuren betrachten. Schon 1893 stellte Alfred Binet, der als Erfinder verschiedener Intelligenztests gilt, dazu Forschungen an. Seine Untersuchungen gelten heute aus methodischer Sicht zwar als fragwürdig, doch die wesentlichen Resultate als bestätigt. Binet unterschied folgende Gruppen von Spielern: Die reinen Amateure betrachten Brett und Figuren wie eine Art Fotografie, also mit allen weißen und schwarzen Feldern sowie allen Steinen in ihrer Farbe und Form. Was dagegen vor dem geistigen Auge des Meisters auftaucht, ist frei von allem formalen Ballast; er sieht nicht z. B., wie es Tarrasch einmal ausdrückte, ein Stück Holz mit einem Pferdekopf, sondern für ihn ist der Springer eine mehr oder weniger abstrakte Kraft, die auf diese und jene Felder wirkt, einen bestimmten Wert hat (ungefähr drei Bauerneinheiten, nach denen im Schach gemessen wird) usw. Man versucht z. B. in Anfängerbüchern immer mehr dem nahezukommen, indem man nicht einfach Steinsymbole ins Diagramm druckt, sondern Pfeile dazu, die die Wirkung und Kraft des betreffenden Steins optisch herausheben. Der Meister sieht also nicht in erster Linie räumliche Figurenbewegungen, sondern ein Spiel von Kräften. Vielleicht macht das auch klar, warum er in einer Stellung oft so viele dynamische Ressourcen entdeckt (das berühmte und doch so schwer faßbare »optimale Zusammenspiel der Figuren« etc.), wogegen der Amateur dazu neigt, sich an statische Gesichtspunkte wie Material, Bauernstruktur usw. zu klammern. Dazu kommen wir später noch.

Natürlich sind zwischen diesen Extremen noch manche »mittlere Stufen« möglich. Aber diese Fähigkeit, weniger die Steine selbst zu sehen als das, was in ihnen steckt, darf als ein wichtiger Maßstab meisterlichen Denkens gelten.

Zurück zu den erwähnten »Schachmustern«. Nicht nur Figurenkonstellationen gehören dazu, sondern auch der Ablauf ganzer Kombinationen, die sich oft wiederholen. Das »erstickte Matt« ist solch ein Paradebeispiel, sogar eins der häufigsten und bekanntesten – kein Wunder also, daß es ein Meister sieht, selbst wenn er nur Augenblicke für eine Stellung übrig hat (in unserem Fall geht es so: 1. Dc5+ Kg8 2. Se7+ Kf8 3. Sg6++ Kg8 4. Df8+ Txf8 5. Se7 matt; weicht der König nach e8 aus, setzt De7 sofort matt). Die Konstellation an sich bemerkt er fast automatisch, sobald sie auftaucht; er wird nur kurz vor seinem geistigen Auge die Sequenz abrollen lassen, um zu prüfen, ob nicht gerade hier irgendein »Zufall« dazwischenfunkt.

Woran zeigt sich also in punkto Denken die Stärke des Meisters? Nicht darin, wie de Groot richtig bemerkt, daß er mehr kalkuliert, sondern daß er mehr sieht, insbesondere die wichtigeren Dinge! Ein Meister prüft in einer »normalen« Stellung keineswegs mehr Züge als der Durchschnittsspieler, und er berechnet auch – von diesen ausgehend – nicht viel mehr Verzweigungen. Aber die Züge, die er prüft, sind zumeist gut (nicht selten auf Anhieb genau die richtigen), während der Amateur oft nur durchschnittliche oder gar schwache erwägt bzw. zumindest viel Zeit damit verliert.

Diesen Effekt macht hauptsächlich die Kenntnis der Muster aus. de Groot schätzt, daß ein Meister davon etwa 50.000 parat hat (zum großen Teil freilich schon unbewußt; sie sind ihm in Fleisch und Blut übergegangen). Auf jeden Fall eine hochinteressante Zahl: Für genauso umfangreich hält man den Wortschatz, über den ein guter Kenner einer Sprache verfügt!

Eine kleine Episode am Rand: Vielleicht haben auch Sie den Auftritt Kasparows im »Aktuellen Sport-Studio« (1986) gesehen. Da sollte der Weltmeister ein Beispiel lösen, das ihm so vorkam, als würde man einen Mathematikprofessor nach dem Einmaleins fragen. Um diese Stellung ging es:

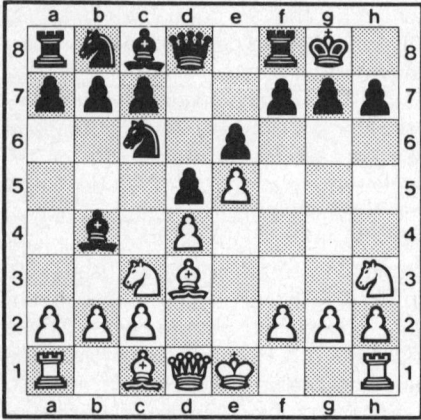

Diagramm 2

Weiß: Ke1, Dd1, Ld3, Lc1, Ta1, Th1, Sc3, Sh3, Ba2, b2, c2, d4, e5, f2, g2, h2
Schwarz: Kg8, Dd8, Ta8, Tf8, Lb4, Lc8, Sb8, Sc6, Ba7, b7, c7, d5, e6, f7, g7, h7
Lösung: 1. Lxh7+ Kxh7 2. Dh5+ Kg8 3. Sg5 Te8 4. Dxf7+ Kh8 5. Dh5+ Kg8 6. Dh7+ Kf8 7. Dh8+ Ke7 8. Dxg7 matt.

Dieses Läuferopfer auf h7 ist ein ähnlich einfaches Muster wie das erstickte Matt im Diagramm 1 (Abpflücken des Bf7 inklusive, der sonst das Schlußbild stören würde). Der geplante Effekt war genau derselbe: Hätte Kasparow, wie erwartet, im Blitztempo die Zugfolge (noch dazu »blind«) abgespult, wäre es sehr schön möglich gewesen, den Zuschauern die-

ses Prinzip schachlichen Denkens zu erklären. Daß er so »bockig« reagieren könnte, daran hatte niemand im Traum gedacht. Wie bei Live-Sendungen üblich, war aber dank dieser kleinen Panne der Erfolg um so gewaltiger...

Daß ein Meister wirklich so denkt, dafür gibt es noch manche andere Belege. Lesen wir etwa, was Aljechin in einem seiner Bücher über seine Methode schreibt, Blindsimultan zu spielen:

»... Beim Aufrufen der einzelnen Brettnummern muß man sich dann im Laufe des Spiels nur an die betreffende Eröffnung erinnern, erinnert sich auf diese Weise an die verschiedenen Pläne, Drohungen und Paraden, erinnert sich an die Stellung und an den letzten Zug und kann sodann weiter kombinieren. Die größten Anforderungen an das Gedächtnis stellt die Eröffnungsphase, denn solange die einzelnen Partien noch keinen bestimmten Charakter haben, findet das Erinnerungsvermögen nur geringe Anhaltspunkte. Der weitaus größte Teil einer derartigen Produktion wird mit dem sogenannten logischen Gedächtnis bewältigt, das heißt, der Spieler läßt nicht etwa das ganze Brett mit seinen weißen und schwarzen Feldern, seinen weißen und schwarzen Figuren vor dem geistigen Auge auftauchen – wie übrigens die meisten Laien glauben –, sondern er erinnert sich bloß wie an einen Freund, ein Buch oder irgendeinen Gegenstand. So spiele ich, und so spielen meines Wissens auch alle anderen bekannten Blindspieler. Das visuelle Gedächtnis wird nur dann zu Hilfe genommen, wenn es gilt, eine Stellung in einem besonders kritischen Moment zu überprüfen, einen eventuellen Irrtum aufzuklären oder dergleichen...«

Im Grunde paßt das vorzüglich zu dem, was wir bei den Untersuchungen von Binet angesprochen hatten. Besonders typisch auch die Erkenntnis, daß es der Spieler am schwersten in der Eröffnungsphase hat, weil da die Muster noch nicht so ausgeprägt sind (sollte man nicht eher denken, daß das Spielen da leichter fällt, weil man sich auf theoretisch, also wissensmäßig bekanntem Grund und Boden bewegt?).

Trotz allem darf man das Denken in Mustern nun nicht gleich vergöttern. Hartston und Wason zitieren in ihrem Buch »The Psychology of Chess« ein Experiment von Holding und Reynolds (1982). Diese setzten Spielern verschiedener Wertungsklassen (der Stärke nach gegliedert) ebenfalls Stellungen ein paar Sekunden lang vor, und zwar »zufällige«, doch immerhin legale, mögliche Schachpositionen. Forderung: Erstens wie gehabt die Stellungen wieder aufbauen. Zweitens sie einschätzen und die besten Züge suchen!

Der erste Teil brachte nichts Neues: Ähnlich wie in unserem Anfangsversuch taten sich die Spieler aller Klassen gleich leicht bzw. schwer, die »zufälligen« Stellungen zu rekonstruieren. Doch in punkto Beurteilung bzw. Suchen des besten Zugs traten klare Unterschiede hervor nach dem Prinzip: Je besser der Spieler, desto besser die Analyse!

Die Urheber des Versuchs schließen aus, daß diese Stellungen mit »Mustern« im zuvor erwähnten Sinn zu knacken waren. Folglich muß es doch noch andere Wertmesser für die Stärke eines Meisters geben. Die Ergebnisse, so Holding und Reynolds, lassen den Schluß zu, daß solche Wertmesser z. B. die Suchtiefe und die

Beurteilung der am Schluß einer Variante erreichten Stellung sind (dabei ist freilich schon wieder denkbar, daß Muster eine Rolle spielen!).

Das heißt, auch in der Variantenberechnung hat der Meister dem Amateur einiges voraus. Das freilich überrascht kaum jemand – eher schon, daß darin nur ein relativ kleiner Teil der meisterlichen Überlegenheit zu stecken scheint. Denn das Vorurteil vom Schachmeister als Rechenmonster scheint trotz eindeutiger Zitate (Reti auf die Frage, wieviel Züge er gewöhnlich im voraus sehe: »In der Regel nicht einmal einen!«) nicht auszurotten zu sein. Auch die Computer-Programmierer folgten lange dieser falschen Fährte. Bis in die jüngste Vergangenheit beherrschten sogenannte »Brute-Force«-Geräte das Feld, d. h. Rechner, die im Prinzip alle aus einer Stellung möglichen Varianten so und so weit untersuchten – auch die unsinnigsten. Man fand Verfahren, zumindest solch absurde Züge weitgehend auszuschließen, das Prinzip effektiver zu machen; doch an die Klasse menschlicher Meister kamen die Rechenmaschinen trotz allem nicht heran. Inzwischen hat auch die Computerforschung de Groot & Co. zu neuen Ehren gebracht und ist auf der Suche nach Programmen, die menschliches Denken nachahmen. Die bisherige Bilanz scheint zu zeigen, daß nur auf diesem Weg weitere Sprünge nach vorn möglich sind. Ein wichtiger Hinweis mehr, daß Schach nicht berechenbar ist, daß ein Meister gewöhnlich nicht stundenlang in Varianten schwelgt, sondern sie oft sogar recht sparsam einsetzt. Das Denken in Mustern macht also nicht allein selig; doch der größere Teil der Stärke des Meisters im Vergleich zum Ama-

11

teur scheint sehr wohl darin zu liegen. Hartston und Wason geben in dem schon erwähnten Buch verblüffende Parallellen zu anderen Bereichen des täglichen Lebens. Zitiert wird sogar eine allgemeine Schematheorie, die unter anderem besagt, daß Erfahrung über die Welt generell in »organisierten Strukturen« des Gehirns gespeichert wird (was man so interpretieren kann, daß das Denken nicht nur beim Schach dazu neigt, sich in gewissen »Mustern« zu vollziehen). Es gibt z. B. lange Texte, die jeder, der sie so liest, wie sie dastehen, für blanken Blödsinn halten muß. Aber nur eine kleine Ergänzung, die einen »einweiht« (z. B. eine aufklärende Überschrift) – und plötzlich weiß man, worum es geht; der Zusammenhang, in dem sie gebraucht werden, macht die scheinbar sinnlosen Sätze schlagartig verständlich. Hartston und Wason vergleichen solche Beispiele mit der Wirkung, die eine Schachstellung auf den Laien hat bzw. dann auf den »Eingeweihten«, der ein vertrautes Muster erkennt und dadurch weiß, welcher Sinn hinter den einzelnen Elementen steckt.

Wie kommt man nun zu solchem Denken – durch Talent, Training, praktische Erfahrung? Man hat versucht, zumindest den Bereich Talent ein wenig durch Experimente auszuloten. Bekannt sind z. B. Versuche, die die Psychologin Franziska Baumgarten mit dem »Schachwunderkind« Samuel Reshevsky anstellte (der schon im Alter von acht Jahren Simultanvorstellungen gab und übrigens noch heute mit 76 in Turnieren recht kräftig vom Leder ziehen kann!). Heraus kam, daß Reshevsky z. B. im Erkennen räumlicher Zusammenhänge absolut Spitze war und ein ausgeprägtes Gedächtnis für Formen besaß (er konnte vierzig davon fehlerfrei in der exakten Reihenfolge wiedergeben, nachdem er sie vier Minuten betrachtet hatte). Wem fällt dazu nicht sofort der Zusammenhang mit unserem Anfangsversuch auf sowie mit dem, was wir im Zusammenhang mit Binets Untersuchungen erwähnt haben?

Obwohl Formen und räumliches Sehen auch in der Mathematik eine Rolle spielen (Geometrie!), scheint es aber keinen notwendigen Zusammenhang (nach dem Prinzip »Schachmeister müssen auch gute Mathematiker sein«) zu geben. Man trifft die Kombination beider Disziplinen zwar recht oft an, doch zwingend ist sie nicht.

Es wird zwar wohl ohne ein gewisses Maß solcher Naturbegabung niemand ein ganz Großer, und wer viel Talent hat, spart sich unter Umständen einige Mühe und Arbeit – doch Experten glauben, daß generell Training und praktische Erfahrung mindestens dieselbe Bedeutung haben. Beide helfen dem Spieler, sich erstens die erwähnten Muster anzueignen und sie zweitens in Partien wiederzuerkennen, sei es auch unter etwas anderen Umständen, in anderer Form etc. Das läßt auch das Muster nicht zum gedankenlosen Schema erstarren – ein wenig selbst denken muß man schließlich auch; Abweichungen bemerken, darauf reagieren, also das, was so schön heißt »Theorie in die Praxis umsetzen«!

Schwelgen wir dazu ein wenig in eigenen, mehr oder weniger schönen Jugenderinnerungen…

(Folgendes von G. Treppner:)

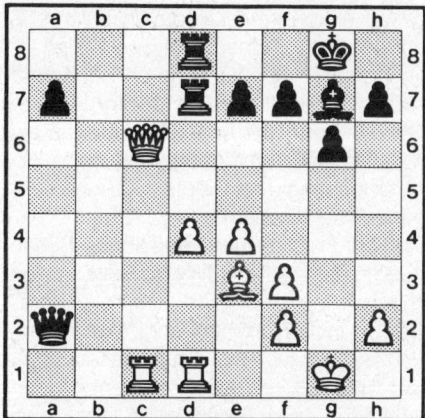

Diagramm 3

Weiß: Kg1, Dc6, Tc1, Td1, Le3, Bd4, e4, f3, f2, h2

Schwarz: Kg8, Da2, Td7, Td8, Lg7, Ba7, e7, f7, g6, h7

Das hatte ich mit Weiß nach nur ein paar Monaten Jugendturnierpraxis (in einer recht wichtigen Partie) auf dem Brett – also zu einer Zeit, wo man gewöhnlich froh ist, nichts einzustellen bzw. nicht sonstwie auf dem Bauch zu landen! Ich aber schwang mich zu einem »Damenopfer« auf:

1. Dxd7 Txd7 2. Tc8+ Lf8 3. Lh6, und Schwarz gab auf.

Ein Genieblitz?! Leider nicht! Genau dasselbe Schlußbild war mir kurz vor der Partie in einem Buch untergekommen... Und weil solche Episoden oft fest im Gedächtnis sitzen, fand ich das Ganze nun für dieses Buch blitzschnell wieder: Partie Zinn–Brümmer, Seite 103, in Kurt Richters »Schachmatt«, 3. Auflage! Ich erinnere mich auch, daß es im Diagramm relativ lange dauerte, bis ich »zu-

schlug«. Das zeigt doch noch deutlich den Unterschied zwischen einem jugendlichen Anfänger und einem erfahrenen Meister. Letzterer hätte diese recht simple Kombination wohl unbedenklich aus dem Ärmel geschüttelt, denn es gibt nicht den kleinsten Verdacht, daß irgendein Umstand nicht ins Muster paßt. Doch das Vorbild aus dem Lehrbuch sah optisch etwas anders aus, und es begann auch nicht mit Damenopfer auf d7, sondern auf e8. Das reichte damals aus, mich soweit zu verunsichern, daß ich wirklich jede mögliche Antwort lieber dreimal prüfte! Gerade die Sicherheit in der Anwendung seines Wissens ist eben etwas, das auf viel Übung und Praxis beruht.

Aber prinzipiell: Das gute alte Auswendiglernen ist nicht zu verachten – zumindest bei solch einfachen taktischen Dingen. Nun geht aber der Muster-Begriff noch viel weiter: Auch ganze Pläne können darunter fallen. Da hilft natürlich stures Pauken allein nicht mehr; hat man aber einmal zwei, drei Beispielpartien studiert oder besser noch selbst gespielt, kennt man zumindest die typischen Bestandteile des Plans und wie er im Idealfall abrollt.

Auch hierzu ein Fall aus der eigenen Jugendpraxis – ein Drama in zwei Akten. Der erste: Mit Schwarz tappte ich ahnungslos in eine Variante, die damals noch nicht gar so bekannt war; jedenfalls hatte ich (immer noch im schachlichen Anfängerstadium) keine Ahnung davon...

1. e4 c5 2. Sf3 d6 3. d4 cxd4 4. Sxd4 Sf6 5. Sc3 a6 6. f3 g6

Am Rand bemerkt: Ein Meister würde zweifellos diesem Zug beinhart ein feistes Fragezeichen anhängen. Mit 6. f3 hat Weiß nämlich schon einige Karten aufgedeckt, und Schwarz könnte sehr leicht noch Abspiele wählen, wo dieser Zug nicht gar so wirksam wäre. Der Musterplan, um den es geht, wird jedenfalls erst nach g6 so recht akut.

7. Le3 Lg7 8. Dd2 0–0 9. 0–0–0

Das Muster, das hinter diesem Aufmarsch steckt, sieht kurz gesagt so aus: Läufer nach h6, Tausch auf g7, Öffnung der h-Linie mit h4–h5, Dameneinbruch auf h6... matt (jedenfalls bald!). So einfach soll Schach sein?! Natürlich nicht, denn inzwischen darf auch Schwarz ein paar Züge machen, und die Theorie kennt genauso für ihn Ideen zur Verteidigung bzw. zum Gegenangriff. Doch einfach kann es sehr wohl sein, solch einen Musterplan durchzuziehen, wenn man sich selbst gut auskennt, der Gegner aber nicht! Ich jedenfalls hatte hier noch nicht die leiseste Ahnung, was »er« eigentlich wollte; und so tat ich das, was auf jeden Fall in dieser Stellung zu »weich« ist: Ich entwickelte mich gemütlich weiter.

9. ... Sbd7 10. g4 Se5 11. Le2 b5 12. Lh6 Lb7 13. Lxg7 Kxg7

Allmählich begann mir zu dämmern, daß etwas nicht stimmen konnte; mein werter Herr Gegner spielte noch immer ganz zügig und schien bester Laune... Doch nun kam ein ganz merkwürdiger Zug:

14. Thg1

Wenn h4–h5 die Idee ist, warum geht der Turm dann von eben der Linie weg, auf der Schwarz der Garaus gemacht werden soll?! Solch unlogische Züge sind meist ein Zeichen, daß jemand »auf die Schnelle« etwas präpariert und vielleicht auch ein paar Varianten auswendig gelernt hat, die grundlegenden Ideen und Pläne aber nicht voll durchdacht hat. Genau wie hier trifft man Fehler dieser Art meist in der

Phase des Übergangs von der Eröffnung zum Mittelspiel – wenn das Lernwissen aufhört und jemand zeigen muß, was an eigenem Können dahintersteckt. Zu dieser kritischen »Stunde der Wahrheit« kommen wir später noch ausführlicher.

Die Partie jedenfalls konnte jetzt auf ganz andere Geleise kommen; da ich aber nach wie vor nichts mit der Stellung anzufangen wußte, gab es ein lustiges Blindekuh-Spiel: Ein paar Züge später kam Weiß doch noch auf h4–h5, ging irgendwann mit dem Turm nach h1 zurück und gewann zum für mich bösen Schluß endlich doch...

Nach dieser Pleite wurde ich den Verdacht nicht los, daß ich von der ganzen Eröffnung entschieden zuwenig verstand. So schnell wie möglich (es war während eines Jugendturniers) trieb ich ein Buch auf, um zu sehen, worauf ich hereingefallen war. Paradoxes Ergebnis: Zwei Tage später spielte ich... nicht etwa richtig mit Schwarz, sondern genau denselben Plan mit Weiß gegen jemand anders, und zwar, wie ich meine, konsequenter als mein Gegner in der vorigen Partie! Die schwarze Verteidigung ist bestimmt nicht vom Feinsten, doch für unser Thema tut das nichts zur Sache.

1. e4 c5 2. Sf3 d6 3. d4 cxd4 4. Sxd4 Sc6 5. Sc3 g6 6. Le3 Lg7 7. Dd2 a6 8. 0–0–0 Sf6 9. f3 Sxd4 10. Lxd4 b5 11. a3 Lb7 12. Le2 0–0 13. g4 e5 14. Le3 Se8 15. h4 De7 16. h5 Td8 17. hxg6 fxg6 18. a4

Ein nicht ganz uninteressanter Moment: Nach fxg6 haben sich die Umstände geändert. Auf das schematische Lh6 nebst Lxg7 könnte Schwarz den kritischen Punkt h7 evtl. noch seitlich via geöffneter 7. Reihe decken. Dafür sticht nun ein anderes Muster ins Auge, nämlich ein einfaches taktisches: Nur ein Läuferschach auf der Diagonalen a2–g8 braucht man dazu. Der Weg dazu wirkt etwas plump (wieder typischer Jugendstil!), doch er tat seine Schuldigkeit:

18. ... bxa4? (nicht gesehen!) **19. Lc4+ Kh8 20. Txh7+,** und Schwarz gab auf wegen Kxh7 21. Dh2+ Lh6 22. Dxh6 matt.

(Genug der Jugendsünden!)

Diese kleine, selbst erlebte Geschichte ist in punkto schachliches Denken gerade auf Amateurebene sehr anschaulich. Sie zeigt, wie man anfängt, über Musterideen und -partien allmählich einen Stellungstyp in den Griff zu bekommen, daß das bei intensivem Einsatz sogar schnell gehen kann; ferner, wie man bei zuwenig Verständnis vom Weg abkommen (14. Thg1 in der ersten Partie), aber auch bei guter Kenntnis auf veränderte Umstände reagieren kann (18. a4 in der zweiten).

Je höher man nun in der Hierarchie der Schachmeister steigt, umso mehr verfeinert sich dieses Denken. Ein Spitzenspieler kennt z.B. nicht nur allgemeine Elemente des Positionsspiels (wie man eine Linie öffnet und besetzt, gegen schwache Bauern spielt etc.), sondern auch viel speziellere Dinge: etwa daß man bei einer bestimmten Bauernstruktur am besten diese oder jene Linie öffnet, daß dabei ein bestimmtes Feld mehr strategischen Wert hat als ein anderes, daß man eine Figur besser tauscht, eine andere behält usw. Es wundert nicht, daß de Groot z.B. in einem Gespräch mit Cortlever (ein anderer holländischer Meister) zu der Meinung kam, für den Meister und ganz sicher den Großmeister gebe es keine völlig von Grund auf neuen Ideen im Schach

mehr. Lasker nannte seinerzeit, nach einem Vierteljahrhundert als Weltmeister, das Schachspiel »stereotyp«. Und die Angst vor dem Remistod, wie man sagte, ging um – d.h. man glaubte, daß das Wissen und die Technik der Spitzenspieler so ebenbürtig sei, daß es bald nur noch Unentschieden und keine Siege mehr geben werde. Wie wir inzwischen wissen, stimmt das Gott sei Dank nicht. Schon damals, während Capablanca noch mit der Idee spielte, neue Figuren einzuführen, um Schach am Leben zu halten, tauchten Meister auf, die bewiesen, daß das Spiel noch keineswegs am Ende war. Und wenn man heute die Gigantenkämpfe zwischen Kasparow und Karpow, aber vor allem die »Hinrichtungen« anderer Weltklassespieler durch die beiden betrachtet, scheint Schach dem Remistod ferner denn je...

Auf unser Thema bezogen, kann man mit de Groot etwa so sagen: Es gibt zwar keine völlig neuen Ideen im Schach mehr, wohl aber immer neue Kombinationen und Erscheinungsformen schon bekannter Ideen. Und diese Fülle erweist sich bislang als unerschöpflich.

Wie geht nun der Meister eine ganz »normale« Stellung vom Denken her an bzw. wie sollte man das tun? Das erste wird sicher sein: Man sucht nach Drohungen, taktischen Wendungen etc., die so ins Auge springen und die Stellung beherrschen, daß man sie verwerten oder als Verteidiger parieren muß, bevor man an alles Weitere denken kann. Doch solche Tricks zu entdecken, fällt oft gar nicht leicht, vor allem, wenn sie keinen Bezug zum positionellen Gehalt der Stellung haben, wenn sie »zufällig« einfach da sind. Haben Sie es nicht auch schon erlebt,

daß eine strategisch scheinbar ganz ge-
sunde Position plötzlich wegen irgendei-
ner Nebensächlichkeit zusammenbrach?
Wie leicht fällt Spielern das gedankliche
Erkennen und Ausnützen solcher »zufälli-
ger« Chancen?
Auch dazu hat de Groot ein interessantes
Experiment gemacht.

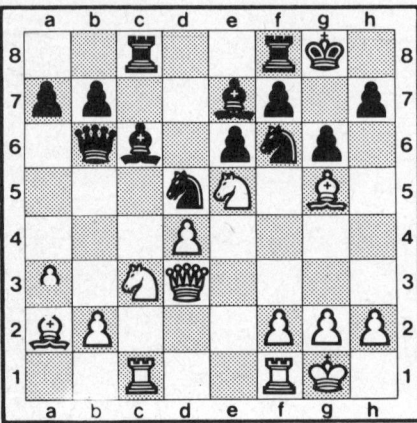

Diagramm 4

Weiß: Kg1, Dd3, Tc1, Tf1, La2, Lg5, Sc3,
Se5, Ba3, b2, d4, f2, g2, h2
Schwarz: Kg8, Db6, Tc8, Tf8, Lc6, Le7,
Sd5, Sf6, Ba7, b7, e6, f7, g6, h7

Diese Stellung (aus einer eigenen Partie
nach 16 Zügen; Weiß am Zug) setzte de
Groot beim AVRO-Turnier einigen Kapa-
zitäten wie Aljechin, Keres, Euwe und anderen sowie einer Reihe von minderen
Meistern bzw. Durchschnittsspielern vor.
Gefragt waren der beste Zug für Weiß und
der Zeitverbrauch.
Ergebnis: Die Großmeister waren sich einig – nach 1. Lxd5 steht Weiß so gut wie

auf Gewinn! Und dafür brauchten sie
nicht einmal lange. Zeigen wir erst einmal
die Partie als Beweis, in der es mit
Schwarz schnell bergab ging:
1. Lxd5 exd5
Erzwungen, denn 1. ... Sxd5? 2. Sxd5
nebst Lxe7 oder 1. ... Lxd5? 2. Lxf6 Lxf6
3. Sxd5 exd5 4. Sd7 verliert einiges Holz.
2. Df3 Dd8 3. Tfe1
Droht Sg4, was im Moment wegen einfach Sxg4 verpufft wäre.
3. ... Kg7 4. Sg4
Gegen die Doppeldrohung 5. Lh6+ bzw.
5. Txe7 ist kein Kraut mehr gewachsen.
4. ... Sxg4 5. Lxe7, und Weiß gewann
Qualität samt Partie.
Von all dem ahnte außer den Großmeistern kaum einer etwas – und dies trotz
reiflichen Brütens! Die übrigen Kandidaten dachten im Schnitt 15–20 Minuten
nach, weit länger als ihre berühmten »Kollegen«; dann schlugen sie durchweg Po-
sitionszüge wie 1. Tfe1, 1. Lb1, 1. Lh6
usw. vor. Auch irgendeine andere taktische Lösung gab keiner an. Die Großmeister dagegen prüften z.B. auch die Folgen von 1. Sxc6, einer anderen Fortsetzung mit zwingendem Charakter. Aljechin
z.B. sah diesen Zug ebenfalls als stark an,
und Flohr hielt ihn gar für den besten (aufgrund eines interessanten Denkfehlers,
den wir im nächsten Kapitel noch sehen).
Der Schluß ist klar: Alle Großmeister
merkten, daß etwas Zwingendes drin
war; dagegen keiner der anderen! Diese
kamen gar nicht auf die Idee, so konkret
zu rechnen, sondern begnügten sich mit
allgemeinen Betrachtungen, während die
Spitzenkönner sogleich mit den kritischen
Zügen 1. Lxd5 oder auch mit 1. Sxc6 an-
fingen.
Wie kommt das? Nach optischem Ein-

druck wirkt nichts(?!) an der schwarzen Stellung kurzschlußverdächtig; zumindest nichts, worauf die geistigen Antennen der meisten ansprachen. Schwarz hat seine Figuren auf vernünftige Felder postiert; seinem König droht nichts; im Zentrum ist er mit dem starken Feld d5 auch nicht übel dran, und organische Schwächen gibt es keine (die Felder h6/g7 vielleicht, doch damit kann Weiß im Moment nichts anfangen).

Worauf reagierten dann aber die meisterlichen Denkapparate? de Groot stellt fest, daß der erste Eindruck bei allen Kandidaten gar nicht so verschieden war: Weiß hat den isolierten d-Bauern; das ist nicht so günstig fürs Endspiel; wir müssen auf Angriff spielen – so ähnlich dachten viele. Konkret aber wurden dann nur die Großmeister. Ihnen sprang ein Defekt in der schwarzen Figurenstellung ins Auge: der ungedeckte Le7 samt des »wackligen« Sf6. Wenn man auf d5 nehmen kann, ohne daß dieser Springer zurückschlagen darf, ist die für Schwarz peinliche Fesselstellung fixiert und kann vielleicht durch direkte Angriffe ausgebeutet werden. Zu sehen, daß auf 1. Sxd5 die Antwort Sxd5 geht, auf 1. Lxd5 aber eben nicht, ist dann Sache von Sekunden. Auch der mögliche Sprung nach d7 wird vom Meister quasi »so nebenbei«, automatisch, entdeckt und im Sinn behalten. Natürlich muß man dann weiterrechnen, ob bei Zügen wie 2. Df3 oder 2. Sg4 wirklich etwas herausschaut, doch auf dem richtigen Weg ist man.

Warum findet aber dann kein anderer diesen Weg? Zunächst einmal stand den schwächeren Spielern diese »taktische Schwäche«, die rein in einer Zufälligkeit der Figurenstellung lag, bei weitem nicht so klar vor Augen. Ganz sicher spielt dabei das vorhin Erwähnte mit, daß der Meister imstande ist, die Figuren mit ihrer Wirkung, mit den Wechselbeziehungen ihrer Kräfte untereinander zu sehen. Dazu kommt, daß dieser Defekt bei Schwarz recht schlagartig in einer generell gar nicht so kritischen Stellung auftrat (ohne den letzten Zug Dame nach b6 hätte nichts Direktes passieren können). Und zum dritten liegt ein Zug wie Lxd5 nach allgemeinen Grundsätzen überhaupt nicht nahe; man tauscht nicht gern einen guten Läufer gegen einen Springer, sondern wenn schon, dann wenigstens Gaul gegen Gaul!

Man sieht, was es für ein Problem sein kann, solch »zufällige« Chancen zu wittern, auf die einen kein dauerhaftes Positionsmerkmal sozusagen mit der Nase stößt. Liegt die Chance nur darin, daß der Gegner einen Moment lang solch taktische Kräftebeziehungen zwischen Figuren stört oder mißachtet, ist der Meister vom Denken her eindeutig im Vorteil (sofern es nicht überhaupt um eine Kombination geht, die als Muster in seinem Gehirn gespeichert ist). Das macht es zweifellos schwer, in diesem Punkt konkrete Ratschläge zu geben; denn solches Denken kommt nicht auf Kommando oder aus dem Willen, sondern man kann – neben dem eventuellen Naturtalent – nur darauf warten, daß es sich durch viel Training und Praxis mit der Zeit einstellt. Ein großer Teil dieses Denkens, um das noch einmal zu ergänzen, liegt überhaupt nicht im bewußten Bereich – das ist diejenige Komponente, die meist mit »Schachgefühl« oder »Intuition« umschrieben wird. Diese nur dem Menschen eigene Intuition führt Kasparow als Grund an, warum ihm nie ein Computer gefährlich werden kann: diese haben keine Intuition. Bezeichnenderweise können stark intuitive Spieler oft selbst nicht exakt begründen, warum sie einen bestimmten Zug machen. »Ich weiß nicht, warum ich diesen Zug mache, aber ich weiß, daß er gut ist.« Dieses Zitat wird Capablanca zugeschrieben. Leider kennt man noch immer zuwenig die Funktionsweise des menschlichen Gehirns, um solchen Phänomenen auf die Spur zu kommen. Und erst bei gründlicher Kenntnis könnte man laut Hübner eine wirkliche Theorie aufstellen.

Jetzt aber weiter zum Thema. Nehmen wir an, der Meister hat in einer Stellung nichts entdeckt, was nach solch einer konkreten Chance aussieht; er macht sich daran, sie nach strategischen Maßstäben zu beurteilen. Da kommen nun die Muster voll zu ihrem Recht. Welche Elemente stecken in einer Position – offene Linien, schwache/starke Felder bzw. Bauern, Verhältnis Läufer/Springer usw.? Aus welcher Eröffnung könnte sie entstanden sein, oder weist sie wenigstens eine typische Bauernstruktur auf? Und schließlich das wichtigste Problem: Wie schwer oder leicht wiegen all diese verschiedenen Elemente im konkreten Einzelfall?

Vieles von dem »weiß« der Meister über seine Muster einfach, während es sich der Amateur am Brett erst mühsam und zeitraubend zusammendenken muß – mit dem Risiko, bei vielen Fehlerquellen »fündig« zu werden. Erst einmal kann es ganz leicht passieren, daß man von vornherein auf den Holzweg gerät. Genauso leicht möglich ist, daß man viel mehr Denkarbeit leisten muß als der Gegner und schlicht deswegen zum Schluß aus Erschöpfung

Fehler macht (in Turnierpartien tritt zudem oft der Fall ein, daß dem Amateur einfach die Zeit davonläuft und er unter diesem Druck die Partie vergibt, selbst wenn er der Stellung nach noch längst nicht verloren ist).

Und selbst wenn man von alldem verschont bleibt, hat der Meister oft noch ein Plus übrig: Wer mehr Grundlegendes weiß, kann sich logischerweise bei gleichem Zeitverbrauch in der Regel tiefer in die Stellung hineindenken. Er fängt ja quasi schon auf einer fortgeschrittenen Stufe an, die der andere erst erreichen muß!

Natürlich darf eins nie fehlen, wenn man sich über den Gehalt einer Stellung klar werden will: die Details des Einzelfalls einzukalkulieren. Ein Muster darf nicht zum Schema werden, das man gedankenlos abspult. Ein einziger Bauer auf einem anderen Feld – und schon muß man vielleicht ganz anders spielen, als es »nach Muster« üblich ist. Um nochmals das Urwald-Bild von früher zu strapazieren: Die Wegweiser zeigen zwar, in welche Richtung es geht – aber laufen muß man dann schon selbst! Und wer über die eigenen Beine fällt, ist selbst schuld...

Sehen wir uns ein Beispiel aus der Weltmeisterpraxis an, in dem es tatsächlich um einen solch winzigen Unterschied der Bauernstellung geht:

Capablanca–Aljechin
WM-Kampf 1929, 5. Partie

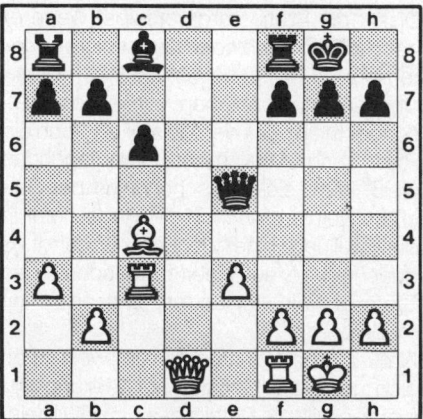

Diagramm 5

Weiß: Kg1, Dd1, Tc3, Tf1, Lc4, Ba3, b2, e3, f2, g2, h2
Schwarz: Kg8, De5, Ta8, Tf8, Lc8, Ba7, b7, c6, f7, g7, h7

Zu dieser Stellung schreibt Aljechin selbst: »Mit Zugumstellung ist eine bekannte Position entstanden, in welcher Weiß statt der üblichen Fortsetzungen … den anscheinend harmlosen Zug a3 gemacht hat. Wie jedoch der weitere Verlauf dieser Partie zeigt, enthält dieser Zug viel mehr Gift, als man annehmen sollte. Schon der nächste Zug des Nachziehenden trägt der Bedeutung von a3 nicht genügend Rechnung.«

15. … Le6

Aljechin: »Dieses plausible Tauschangebot ist hier unangebracht … (folgt längere Abhandlung über das bessere Lf5) … Nach dem Textzug kommt dagegen Weiß allmählich in starken Positionsvorteil.«

Sollten Sie sich nun vorkommen wie der berühmte »Ochse vorm Berg«, schämen Sie sich keineswegs, denn uns ging es erst einmal genauso! Zumal Aljechin offenbar bei den Lesern ebenfalls Weltmeisterniveau voraussetzte und keine weitere Begründung gab. Versuchen wir also selbst herauszufinden, warum diese Kleinigkeit (Bauer a3 statt a2) solch kapitale Folgen hat.

Offenbar geht es in dieser Stellung vor allem um die d-Linie. Da hat Weiß im Moment etwas die Nase vorn; Schwarz fehlt noch ein Läuferzug nebst Td8. Mit dem Bauern auf a2 aber wäre nach Le6 alles in Ordnung: Weiß kann nicht direkt Td3 spielen; tauscht er aber zuvor auf e6, geht es wieder nicht, weil nun die Dame eben nach dem Bauern a2 schielt! Am besten wäre dann wohl Db3 mit nicht ganz einfachen, aber für Schwarz wohl erträglichen Folgen. In der Partie aber …

16. Lxe6 Dxe6 17. Td3

Natürlich, denn jetzt schießt die Dame von e6 aus ins Leere!

17. … Df6

Sofort De7 geht schon nicht mehr wegen Td7.

18. Db3 De7 19. Tfd1 Tad8 20. h3

Wegen des Grundreihenmatts verbot sich doppelter Tausch auf d8 nebst Dxb7; jetzt aber droht es. Auch nach 20. … b6 21. Da4 müßte Schwarz die d-Linie aufgeben, um seine Bauern zu verteidigen.

20. … Txd3 21. Txd3 g6 22. Dd1, und Schwarz kam ins Schwimmen, da der Turm von d7 nicht abzuhalten war (allerdings ging die Partie letztlich doch Remis aus).

Wenn sich also der Meister nun einen Überblick verschafft hat, welche positionellen Elemente bzw. Muster in einer Stellung stecken, was davon schwer wiegt und was nicht, welche Bedeutung die konkreten Details des Einzelfalls haben – dann kann er sich einen Spielplan zurechtlegen. Aber das ist noch längst nicht das Ende der Denkarbeit. In seinem Turnierbuch Zürich 1953 (nach unserer Meinung eines der besten, die je geschrieben wurden) meint Bronstein, die Kunst eines Meisters bestünde oft gar nicht so sehr darin, den richtigen Plan zu fassen als ihn mit genauen, manchmal »einzigen« Zügen zu realisieren!

Auch dabei geht es oft um kleinste Feinheiten. Ein Beispiel dazu aus dem eben erwähnten Zürcher Turnier 1953:

Najdorf–Petrosjan

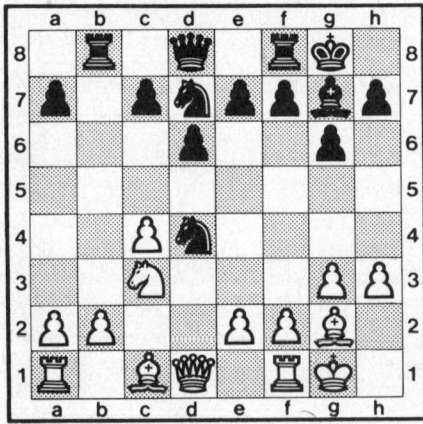

Diagramm 6

Weiß: Kg1, Dd1, Ta1, Tf1, Lc1, Lg2, Sc3, Ba2, b2, c4, e2, f2, g3, h3

Schwarz: Kg8, Dd8, Tb8, Tf8, Lg7, Sd7, Sd4, Ba7, c7, d6, e7, f7, g6, h7

Schwarz am Zug spielte hier **12. ... c5** – und zu diesem so unschuldig, ja natürlich scheinenden Zug schreibt Bronstein: »Ein ernster positioneller Irrtum!«

Wieso das? Nicht nur als Amateur, auch als erfahrener Turnierspieler schaut man hier erst einmal drein wie der ungläubige Thomas. Aber an der Logik von Bronsteins Gedankengang ist schwer ein Haken zu finden.

Daß Schwarz am Damenflügel sein Spiel machen muß, ist klar. Und der richtige Plan dazu – das wußte auch Petrosjan, wie die Partie zeigt – heißt: b2–b3 erzwingen, um dann mit a7–a5–a4 die Stellung aufzubrechen. Wie Weiß darauf auch reagiert, mindestens einer seiner Bauern bleibt fatal schwach. Nur, wie kommt man nach b2–b3 von Weiß noch zu a5–a4? Der Tausch des Lg7 gegen den Sc3 wäre vielleicht möglich, doch positionell ein Graus. Also muß ein schwarzer Springer a5–a4 unterstützen, und der gehört, so Bronstein, nach c5, wo er zudem auf b3 drückt und andere Felder (z. B. e4) beäugt. Aber nach Petrosjans Zug steht eben da auf c5 schon ein schwarzer Bauer...

Schauen wir uns noch ein paar Züge der Partie an:

13. e3 Se6 14. Dc2 a5 15. Ld2 Se5 16. b3

Und jetzt? Mit a5–a4 ist es Essig. Tatsächlich fand Schwarz im weiteren Verlauf kein konstruktives Konzept mehr, wurde Schritt für Schritt zurückgedrängt und verlor.

Offenbar dachten sich danach die Sowjets ihren Teil und kochten das, was Bronstein schreibt, schon während des Turniers am häuslichen Herd aus. Denn viel später, in einer der letzten Runden, ließ sich Geller gegen denselben Najdorf auf dieselbe Diagrammstellung 6 ein und das Feld c5 vorerst für seinen Springer frei. Es dauerte lange, bis der Plan mit a5– a4 tatsächlich zum Zug kam; in der Partie war noch recht viel anderes drin (erst im 25. Zug spielte Weiß b3, im 32. kam Schwarz zu a5–a4!), doch Geller gewann damit!

Natürlich ist dieses Beispiel schon eine Höchstschwierigkeit, und es deutet auch an, daß der Meister vieles von seinem Wissen der Heimarbeit verdankt. Am Brett schaffte es selbst ein Gigant des Positionsspiels wie Petrosjan nicht, so weit vorher die Bedeutung eines solch kleinen Umstands zu ahnen. Doch gerade heute arbeitet ein Meister immer mehr und tiefer in seiner »Heimküche« vor. Wer in der absoluten Spitze mithalten will, muß praktisch Berufsspieler sein. So viel und spezifisches Wissen, wie es sich inzwischen angesammelt hat, kann niemand »nebenbei« in ein paar Stunden Freizeit oder gar erst am Brett aufholen.

Soweit die rein strategisch-positionelle Seite der Stellungsbewertung und Planung. Aber die Taktik ist natürlich auch noch da! Daß es Strategie ohne Taktik und umgekehrt nicht gibt, gehört zu den Pflichtzitaten jedes besseren Schachlehrbuchs, und das wirkt selbstverständlich auch auf das Denken des Spielers. In einer normalen, ruhigen Stellung, wie wir sie zuletzt angenommen haben, versucht man tatsächlich meist zuerst, die allgemeinen Ideen und Zusammenhänge in den Griff zu bekommen (abgesehen vom Suchen nach direkten taktischen Chancen, wie zuvor gezeigt). Doch schon die Frage, was eine Abweichung von einem bestimmten Muster zu bedeuten hat, läuft

oft auf taktische Berechnungen hinaus. Und einen Plan zu realisieren – mit »einzigen« Zügen, wie Bronstein sagt –, ja sogar die Frage, ob er überhaupt zu realisieren ist, das hängt oft von feinen taktischen Finessen ab.

Portisch–Fischer
Santa Monica 1966

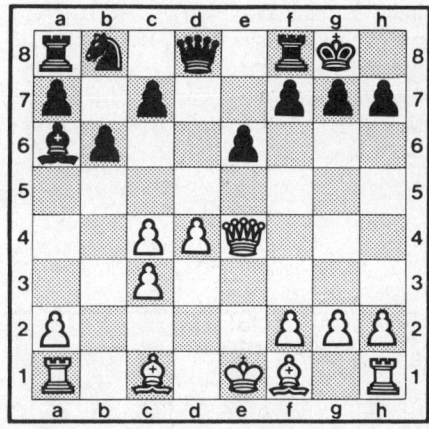

Diagramm 7

Weiß: Ke1, De4, Ta1, Th1, Lc1, Lf1, Ba2, c3, c4, d4, f2, g2, h2
Schwarz: Kg8, Dd8, Ta8, Tf8, La6, Sb8, Ba7, b6, c7, e6, f7, g7, h7

Was soll hier Schwarz am Zug tun? Sein Turm a8 hängt; zudem plant Weiß Ld3, worauf f7–f5 nicht geht (wegen des Be6) und g7–g6 die Königsstellung zum Schweizer Käse macht, da Schwarz der dunkelfarbige Läufer fehlt, um die Löcher zu stopfen. Das alles sieht auch ein halbwegs erfahrener Amateur. Und er erkennt wohl ebenso schnell, daß Schwarz bei-

des recht simpel parieren kann: 11. ...
Sd7 (deckt den Turm a8) 12. Ld3 Sf6
(deckt h7 ohne Schwächung).

Hand aufs Herz: Würden hier nicht viele
aufhören zu denken und meinen, alles sei
einfach und klar, ja beinahe erzwungen?
Würden sie nicht prompt, ohne viel Zeit zu
verschwenden, den Gaul nach d7 pflanzen? Ein Fischer sieht eine solche Entscheidung mit ganz anderen Augen. Er
weiß, daß seine beste Chance in dem
Doppelbauern c3/c4 liegt und auch, daß
Schwarz in solchen Fällen (das Muster!)
den Springer deswegen nach a5 spielen
soll, wenn es irgendwie geht. Dann ist es
nicht mehr weit zu dem Fazit, daß mit der
Variante 11. ... Sd7 12. Ld3 Sf6 diese
Chance auf aktives Gegenspiel den Bach
hinunterschwimmt (ein Angriff gegen c4
liegt da in weiter Ferne) und Schwarz
nach 13. Dh4 (drohend Lg5) nur noch
»hinten drin steht«, wenn er überhaupt alles aushält. Und bevor ein Fischer solch
eine Fortsetzung spielt, wird er auf Biegen
und Brechen versuchen, eine Lösung zu
finden, bei der er besser wegkommt.

Gibt es eine? Das ist nun ein rein taktisches Problem. Fischer fand den »feinsten Zug der Partie, der dem natürlichen
weit überlegen ist«, wie er in seinen »60
denkwürdigen Partien« schreibt. Er spielte nämlich:

11. ... Dd7!!

Schlägt alle Fliegen mit einer Klappe!
Weiß darf ruhig auf a8 nehmen, denn davon hat er nichts: 12. Dxa8 Sc6 kostet ihn
die Dame für zwei Türme. 12. Ld3 wird
mit 12. ... f5 erledigt, und vor allem bleibt
der Springer b8 frei, um dann nach a5 zu
hüpfen!

Bestimmt hat sich Fischer auch noch andere Gedanken gemacht. Was kommt

z.B. heraus, wenn Weiß wirklich die Da-
me für die Türme gibt? Das muß gut für
Schwarz sein, denn die Türme haben im
Moment keine offenen Linien und taugen
speziell für den Kampf um c4 nichts, die
Damen dagegen sehr viel. Und dem Wei-
ßen fehlt seine einzig furchteinflößende
Angriffsfigur.

Oder ein anderes Problem: Taugt die Variante 12. Ld3 f5 13. De2 für Schwarz
wirklich etwas? Wird der Be6 keine Sorgen machen? Wohl kaum, denn erstens
kommt Weiß schwer dazu, ihn demnächst anzugreifen, und zweitens ist das
schwarze Spiel gegen c4 schneller.
Schwarz kann da kaum schlechter stehen, vermutlich eher besser.

Natürlich weiß niemand in letzter Konsequenz, was im Kopf des späteren Weltmeisters vorging. Doch auf solche Art
würde wohl im Prinzip ein Meister die
Stellung anpacken. de Groot kommt
nach seinen Untersuchungen auf etwa
folgendes Schema: Zuerst (wie gesagt,
wenn direkte taktische Chancen über-
dacht und abgehakt sind) erkennt der
Meister anhand seiner Muster, in welcher
Richtung die Sache läuft. Die typischen
Situationen alarmieren und aktualisieren
hierbei die jeweils dazugehörigen typischen Spielweisen. Dann probiert der
Spieler in dieser erkannten Richtung einzelne Züge aus, wobei er natürlich versucht, die Haupt- oder kritische Variante
zu finden (z.B. die naheliegendste, die
prinzipiellste, die mit größeren Opfern verbundene oder sonst irgendwie hervorste-
chende). Aufgrund dieser Vorbildvariante
verschafft er sich ein erstes, vorläufiges
Urteil. Dann beginnt die sukzessive Vertiefung, das Prüfen von Nebenvarianten,
Alternativen (wenn der erste Zug seine

Mängel hat) und möglichen Verfeinerungen (auch wenn die erste Idee an sich gut war).

Wir haben versucht, das im obigen Beispiel in etwa nachzuvollziehen. Die große Richtung wird bestimmt (11. ... Sd7 usw. paßt nicht zur Grundidee; man muß zumindest probieren, einen Zug zu finden, der alle Probleme löst und dabei mehr Spiel gegen c4 erlaubt). Dann probiert man und findet (so Gott will!) unter anderem auch 11. ... Dd7. Die ersten kurzen Varianten lassen ahnen, daß der Zug zumindest mehr Chancen bietet als 11. ... Sd7. Nun folgt die Vertiefung, d. h. hier die genauere Prüfung dieser noch oberflächlichen Abspiele – nicht zu vergessen dabei das Werturteil über die jeweiligen Endstellungen oder das, was man dafür hält. Daß Strategie und Taktik, Planung und Variantenberechnung tatsächlich untrennbar sind, macht dieses Konzept von selbst klar.

Übrigens mußte in unserem Fall das alles Fischer schon früher klar sein, denn die Diagrammstellung hat er durch Bauern- bzw. Figurentausch im 9./10. Zug bewußt angestrebt, obwohl er das nicht unbedingt mußte (und in einer früheren Partie anders gespielt hatte). Was also Hausanalyse oder Improvisation am Brett war, bleibt offen.

Die Partie bewies jedenfalls, daß Schwarz den Nagel auf den Kopf getroffen hatte.

12. La3

Nach Fischer war 12. Ld3 f5 13. De2 eine kluge Wahl für Weiß, obwohl dieser auch dann etwas schlechter stünde (s. o.).

12. ... Te8 13. Ld3 f5 14. Dxa8?

14. De2 zwingt Weiß in die Verteidigung, war aber wohl die einzige Chance. Fischer: »Sein Doppelbauer ist eine Schwäche, aber keine tödliche. Wie es in der Partie kommt, ist sie es jedoch.«

14. ... Sc6 15. Dxe8+ Dxe8 16. 0–0 Sa5 17. Tae1 Lxc4 (noch stärker war laut Fischer 17. ... Da4), und Schwarz hatte den ominösen Bauern gewonnen.

Fazit: Das positionelle Wohl und Wehe für Schwarz hing an einem seidenen taktischen Faden! In der Partie erreichte er alles; ohne 11. ... Dd7 zu finden, wäre es womöglich gar nichts geworden.

Solch eine »große« Entscheidung an einer einzigen Stelle ist zwar nicht selten; mehr alltäglich aber ist der Fall, daß die Taktik eher scheibchenweise eingesetzt wird, also immer wieder die Durchführung eines Plans begleitet und mit kleinen Finessen beschleunigt bzw. möglich macht. Das ist eigentlich nichts Typisches oder Herausragendes; man findet es auf Schritt und Tritt in fast allen Partien. Manchmal kann aber auch die Taktik über die Planung dominieren. Vor allem natürlich in Stellungen, wo Hauen und Stechen dermaßen Trumpf ist, daß kein vernünftiger Mensch überhaupt langfristige Ziele verfolgen kann; doch es gibt auch den Fall, daß sich der ganze Kampf um die Möglichkeit irgendeiner bestimmten Kombination dreht. Der Plan bzw. Gedankengang heißt dann schlicht und einfach: alles einsetzen für diese Idee. Natürlich muß man dabei sicher sein, daß sie auch positionell irgendwie begründet ist; sonst wird daraus ein Harakiri-Trip, etwa wenn jemand beim ersten Zug beschließt: Ich setze ihn mit Turmopfer auf h7 matt! Zeigt sich freilich ein typisches Muster, das genau darauf hinausläuft, und hält es der Spieler für realisierbar, dann kann es sein, daß er alles strategische Denken plötzlich über den Haufen wirft.

Steinitz–Tschigorin
Havanna 1892 (WM-Match)

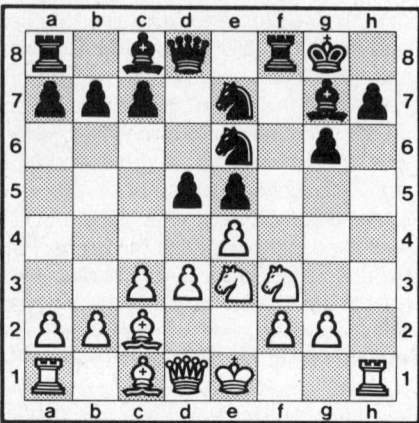

Diagramm 8

Weiß: Ke1, Dd1, Th1, Ta1, Lc1, Lc2, Sf3,
Se3, Bg2, f2, e4, d3, c3, b2, a2
Schwarz: Kg8, Dd8, Ta8, Tf8, Lc8, Lg7,
Se6, Se7, Ba7, b7, c7, d5, e5, g6, h7

Dazu schrieb Richard Reti, einer der Vor-
denker des modernen bzw. gar »hyper-
modernen« Stils vor allem der 20er Jahre:
»... Es ist offenbar, daß Steinitz beim Stu-
dium älterer, glänzender Kombinationen
nicht urteilslos alles Gelingen dem Genie
des Schachmeisters zuschrieb, sondern
annahm, daß eine Kombination, welche
Erfolg hat, ihren Urgrund in irgendeiner
Schwäche der gegnerischen Position haben mußte. So hat er sich wahrscheinlich
eine Theorie der Kombinationen geschaffen, d.h. den Zusammenhang gesucht
und gefunden zwischen häufig wieder-
kehrenden Positionsschwächen und den
Kombinationsmöglichkeiten, zu welchen

sie Gelegenheit geben. So sehen wir Steinitz auch hier, nachdem Tschigorin mit
f7xg6 die oben ausgeführte Schwächung
seiner Rochadestellung geschaffen hatte,
sofort seine sonstige positionelle Anlage
dieser Eröffnung preisgeben, nicht mehr
weiter auf Erhaltung der geschlossenen
Defensivstellung im Zentrum spielen,
sondern auf Ausnützung der oben ange-
gebenen Diagonalschwächen...«
Erinnern Sie sich noch an das letzte Beispiel aus den »Jugendsünden« einige Seiten früher, den Mattangriff in der sizilia-
nischen Drachenvariante? Genau dasselbe
Muster (h-Linie plus Diagonale a2–g8)
tauchte dort auf, und im Prinzip genau
denselben Schluß mit dem Opfer auf h7,
wobei der weißfeldrige Läufer den Rückzug nach g8 verwehrt, sehen wir jetzt.
Was dort der etwas plumpe Vorstoß a2–
a4 erreichte, dafür braucht Steinitz hier
etwa zehn gut durchdachte, planvolle Züge – doch im Grunde ist es das gleiche.
Wir wollen diese weithin bekannte Partie
nicht ausführlich besprechen, sondern
nur eben diesen roten Faden im Denken
zeigen.
14. exd5 Sxd5 15. Sxd5 Dxd5 16. Lb3
Die kritische Diagonale ist freigelegt und
besetzt. Dabei kommt es Weiß nicht darauf an, daß sein Bauer d3 formal betrachtet etwas »schwach« ist – es geht um größere Dinge!
**16. ... Dc6 17. De2 Ld7 18. Le3 Kh8
19. 0–0–0**
Das sind natürlich keine direkten Angriffs-
züge, doch sie gehören genauso zum
Plan: Ohne vollständige Entwicklung
scheitert der nächste Schritt, nämlich das
Zentrum aufzureißen, um letztlich den
Se6 auszuheben, der als letztes Bollwerk
die Diagonale notdürftig dicht hält. Das

einfache Sg5 z. B. wäre nicht so gut, denn auf Sxg5 geht nicht direkt Txh7+; nimmt Weiß aber erst auf g5 wieder, ist Schwarz nach Le6 aus dem Gröbsten heraus.

19. ... Tae8 20. Df1!

Ein Allround-Zug, wieder nur im Sinn der Schlußidee Matt auf h7 verständlich: Die Dame schielt nach der h-Linie, da der zweite Turm noch im Zentrum gebraucht wird, und geht zugleich aus der e-Linie, um den Angriff gegen den Se6 mit d3–d4 vorzubereiten.

20. ... a5

Das kann nicht gut sein, da Schwarz zu a4 nicht mehr kommt, um den fatalen Läufer evtl. abzudrängen.

21. d4!

Es geht los; vor allem droht nun d5.

21. ... exd4 22. Sxd4 Lxd4

Nach Sxd4 wäre es schon passiert: 23. Txh7+ Kxh7 24. Dh1+ nebst Matt. Man könnte eher an Damenzüge denken, doch viele gibt es wegen diverser drohender Abzüge gar nicht, und auf De4 folgt z. B. 23. Sf3, was den Ld7 angreift sowie Lxe6 nebst Sg5 oder gleich Txh7+ droht. Das wahrlich bizarre 22. ... Da6 23. Lc4 Da8 hätte wohl noch am längsten ausgehalten.

23. Txd4 Sxd4

Dieser Kurzschluß war nicht nötig; er paßt aber am schönsten zum Thema!

24. Txh7+! Kxh7 25. Dh1+ Kg7 26. Lh6+ Kf6 27. Dh4+ Ke5 28. Dxd4+, und Schwarz gab auf wegen Kf5 29. Df4 matt.

Wir haben an einer Reihe von Beispielen gesehen, was alles zum schachlichen Denken gehört – besonders wie man, wenn auch oft schwer, versuchen kann, Strategie und Taktik unter einen Hut zu bringen. Wie man nun letztlich an eine

Stellung herangeht, ist oft auch Frage des persönlichen Stils. Schachpsychologen behaupten, daß die meisten Spieler zu irgendeiner Seite neigen: Die einen suchen erst nach der großen Linie und ordnen dann die Details des Einzelfalls ein, die anderen fangen mit den Besonderheiten an, um von dort her Rückschlüsse zu ziehen, was an Allgemeinem im gegebenen Fall sinnvoll zu verwenden ist.

Deswegen können beide durchaus auf verschiedenen Wegen zum gleichen Urteil über eine Stellung kommen. Zumindest in der Weltspitze freilich gilt als Ideal der Allroundspieler (logischerweise), der eine Stellung ihrer Natur entsprechend von den verschiedenen Seiten her anpacken kann (ruhige Positionen eher allgemein-planend, scharfe eher konkret-berechnend). Natürlich ist beides im Normalfall nicht scharf zu trennen; auch kann der erste Anschein gewaltig täuschen. Vielleicht kommt der Durchschnittsspieler am besten zurecht, wenn er ungefähr dem Aufbau dieses Kapitels nach vorgeht: erst selbständige taktische Möglichkeiten suchen (das drückt die Gefahr herab, Einfaches auszulassen bzw. darauf hereinzufallen), dann, wenn es keine solchen gibt oder sie nicht vorrangig sind, positionell abschätzen und planen und dabei die Taktik nunmehr als Mittel zum Zweck zu verwenden. Letzten Endes freilich läuft alles Nachdenken über solche Fragen (zumindest bis jetzt) darauf hinaus, daß Schach doch unerschöpflicher ist, als viele schon vor Jahren annahmen, und daß wir die absolute Wahrheit wohl nie kennen werden.

2. Kapitel: Wenn das Gehirn streikt...

Das »Patzen« ist so alt wie das Schachspiel selbst. Wer kann schon von sich sagen, daß er im Lauf seines Schachlebens noch nie einen feisten Bock geschossen hat? Ganze Bücher (z.B. »Von Böcken und dicken Hunden« des deutschen Altmeisters Dr. Tröger, aus dem ein paar unserer Beispiele stammen) sind solch kapitalen Prachtexemplaren gewidmet. Mit medizinischem Anstrich heißt man dieses Phänomen Schachblindheit – eine Seuche, von der man zwar die Erscheinungsformen, inzwischen vielleicht auch Ursachen, aber noch immer kein Patentrezept dagegen kennt. Wenn man einmal mehr über die Funktionsweise des menschlichen Gehirns wissen sollte (bis jetzt ist das, wie schon einmal angedeutet, relativ wenig), dann wird es womöglich auch Hilfe für Millionen vom Patzer-Frust geplagter Schachspieler geben...

Eins kann man vorweg behaupten: Solche Blackouts haben nichts mit dem zu tun, was man gemeinhin »schachliches Können« nennt. Wer mehr Fehler macht als ein anderer, mag durchaus trotzdem mehr vom Schach verstehen als dieser. Was bei groben Böcken im Gehirn vorgeht, dem kommt ein Experiment des sowjetischen Physiologen Malkin am ehesten auf die Spur.

Denken Sie nochmals an unseren allerersten de Groot-Versuch: Dasselbe Konzept benutzte auch Malkin, doch mit kleinen, wichtigen Abweichungen. Auch er gab den Kandidaten (Großmeistern wie z.B. Tal sowie minderen Meistern) Stellungen, die sie eine Zeitlang betrachten durften. Doch das waren Beispiele rein taktischer Art, mit einer einzigen zwingenden Lösung. Und die Forderung hieß: erst diese Lösung zu finden und danach (!) aus dem Gedächtnis die Position wieder aufzubauen.

Was geschah? Die Großmeister schafften beides, Lösen und Rekonstruieren, schnell und präzis. Die minderen Meister waren beim Lösen fast ebenso schnell – aber sie konnten nur die Steine korrekt aufbauen, die für diese Lösung eine Rolle spielten! Den Rest stellten sie zum Teil irgendwohin, wo sie plausibel wirkten, aber eben nicht unbedingt hingehörten.

Das heißt: Kreist das Denken um irgendeine bestimmte Idee oder Konstellation auf dem Brett, so kann alles, was nicht dazugehört, total unter den Tisch fallen! Bemerkenswert auch, daß die Großmeister im Versuch dagegen immun schienen. Das deckt sich zum Teil – aber eben nur zum Teil – mit der Praxis: Im Prinzip macht in Partien jeder Fehler; ja, sogar der Meister die gleichen wie der Amateur; nur eben viel seltener!

Uns faszinierte sofort, wie perfekt eigene Erfahrungen zu diesem Versuch paßten. (Folgendes von G. Treppner:)

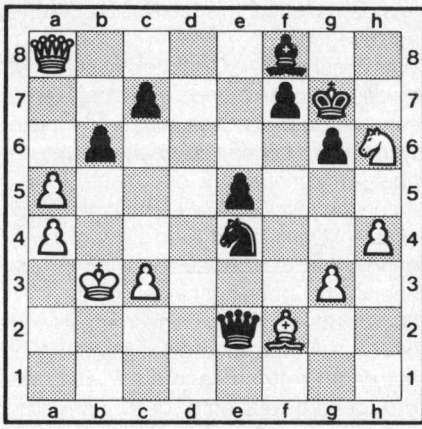

Diagramm 9

Weiß: Kb3, Da8, Lf2, Sh6, Ba4, a5, c3, g3, h4

Schwarz: Kg7, De2, Lf8, Se4, Bb6, c7, e5, f7, g6

Schwarz am Zug

Nach 1. ... Sd2+ hätte Weiß wohl aufgegeben, z. B. 2. K bel. Sc4+ 3. Kb3 Sxa5+, und die Dame muß sich opfern. Das hatte ich (Schwarz) durchaus gesehen – doch auch das gleiche in anderem Gewand: 1. ... Sc5+ 2. K bel. Sb7+ 3. Kb3 Sxa5+. Gleich also, wohin der Gaul hüpft – zumindest für mich Ahnungslosen! Ich griff herzhaft zu und erwischte von den zwei Feldern das auf c5.

Plötzlich war der Springer weg. Im ersten Moment begriff ich überhaupt nicht, wieso. »Womit schlägt er denn da?«, so etwa dachte ich. Daß das Ding auf f2 ein Läufer gewesen war, dieses Licht ging mir erst jetzt auf!

Es mag sein, daß für mein inneres Auge nur die Steine rund um den weißen König

existierten. Es mag sogar sein, daß ich den Läufer in der Kette f2–g3–h4 schlicht für einen Bauern hielt! Jedenfalls gehörte für mein Denken alles, was am Königsflügel so stand, einfach nicht mehr dazu.

Ein paar Jahre später ein ähnlich knüppeldicker Fall:

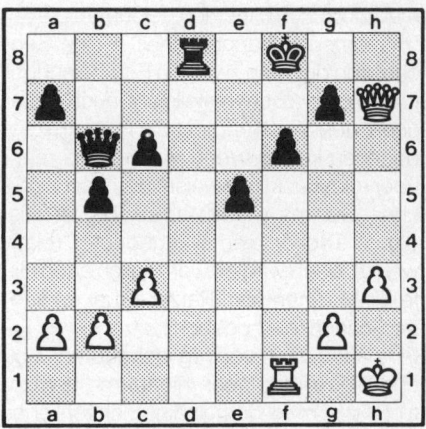

Diagramm 10

Weiß: Kh1, Dh7, Tf1, Ba2, b2, c3, g2, h3

Schwarz: Kf8, Db6, Td8, Ba7, b5, c6, e5, f6, g7

Schwarz am Zug

Sicher darf man mit Schwarz die Sache nicht leicht nehmen; doch einen Bauern mehr hat man, und das sollte immerhin etwas sein. Als Idee kam mir, die Dame auf die d-Linie zu bringen, um Dd3 oder ähnliches zu drohen. Daß man den Turm d8 gedeckt halten muß, weil sonst Dh8+ käme, sah ich – und daß Weiß in diesem Fall nicht einmal Dauerschach hat, denn mit Dh8+, Dh5+ usw. treibt er den König

27

nur nach g8, wo ihm nun wirklich gar nichts mehr droht.

Damit war der ganze Königsflügel für mich »gestorben«! Ich überlegte nur noch, ob es besser sei, c5 nebst Dd6 oder vielleicht Dc7 nebst Dd6/d7 zu spielen. Es dauerte nicht lang (von Zeitnot übrigens keine Spur!), und ich zog frohgemut Dc7. Dann ging ich nichtsahnend im Saal spazieren. Der Blick meines Gegners kam mir zwar etwas verwundert vor, doch das war auch alles...

Aus der Ferne sah ich dann plötzlich, daß er mit Wucht einen »langen« Zug machte. Ich ahnte, daß etwas passiert war, doch immer noch nicht, was! Erst als ich ans Brett zurückkam, sah ich die Bescherung: Der weiße Turm stand auf f6...

(1.... Dc7?? 2. Txf6+, und der Bg7 ist plötzlich gefesselt! Der Einschlag auf f6 war eigentlich gar keine Drohung gewesen; erst der »schachblinde« Damenzug hatte ihn dazu gemacht!)

(Ende des persönlichen Teils!)

Als wär's bei Malkin passiert... Wenn Versuch und eigene Praxis so perfekt übereinstimmen, muß man wohl glauben, daß etwas Wahres daran ist. Schauen wir uns unter diesem Aspekt nun einmal Fälle mit anderen Opfern an. Zunächst eine direkte Parallele zum letzten Beispiel. Bei der Schacholympiade Dubai 1986 spielten zwei Herren aus Pakistan bzw. Sri Lanka diese Partie:

1. Sf3 Sf6 2. c4 e6 3. Sc3 d5 4. d4 c6 5. Lg5 Sbd7 6. e3 Da5 7. Sd2 Lb4 8. Dc2 0–0 9. Ld3??

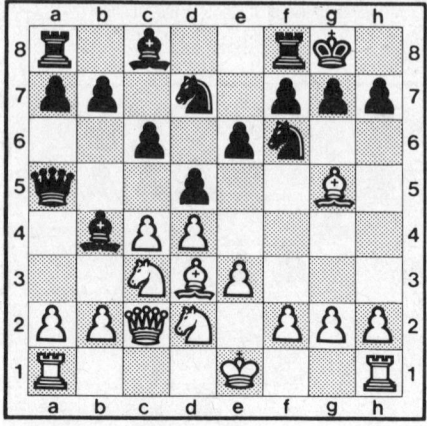

Diagramm 11

Er hat den Läufer g5 vergessen! (Vielleicht glaubte er auch, ihn bei Bedarf jederzeit abtauschen zu können, und übersah auf 9.... dxc4 10. Lxf6 nun den Zwischenzug cxd3?!) Schwarz dagegen vergaß ihn nicht, bediente sich mit **9. ... dxc4** und gewann nach **10. Lxh7+ Sxh7** in ein paar Zügen.

Wir könnten als Kronzeugen für diese Art Fehler selbst Aljechin zitieren. Auch er vergaß, wie er selbst zugab, einmal gegen Blackburne solch einen Läufer, wenn auch auf b5 statt auf g5! Die Art, wie dieser verlorenging, war zwar anders, doch der grundlegende Denkfehler derselbe.

Ein noch einfacherer Fall, doch aus gleicher Wurzel: Man sieht einen Zug, auf den es anscheinend nur eine Antwort gibt. Und prompt vergißt das Gehirn alles andere – man macht den Zug, ohne überhaupt daran zu denken, daß vielleicht noch etwas anderes drin sein könnte...

Bogoljubow–Hussong
Karlsruhe 1939

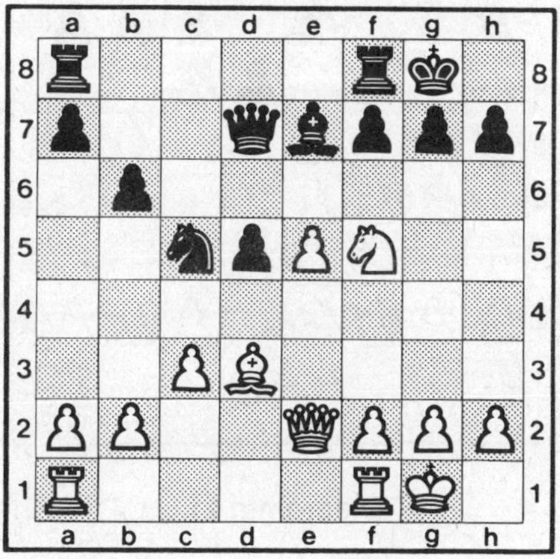

Ed. Lasker–Bogoljubow
New York 1924

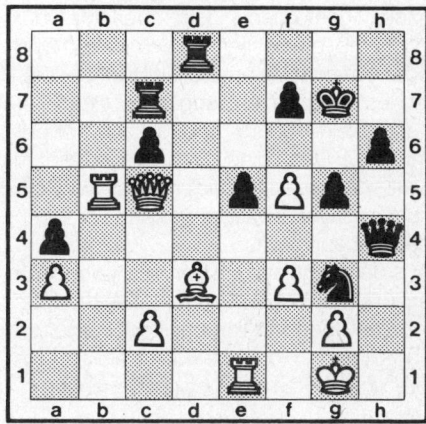

Diagramm 12

Weiß: Kg1, De2, Ta1, Tf1, Ld3, Sf5, Ba2, b2, c3, e5, f2, g2, h2
Schwarz: Kg8, Dd7, Ta8, Tf8, Le7, Sc5, Ba7, b6, d5, f7, g7, h7

Diagramm 13

Weiß: Kg1, Dc5, Tb5, Te1, Ld3, Ba3, c2, f5, f3, g2
Schwarz: Kg7, Dh4, Tc7, Td8, Sg3, Ba4, c6, e5, f7, g5, h6

Der »einfachste Fall der Welt«: Ich nehme eine Figur – also muß er zurückschlagen! Ein Kurzschluß, der nicht auszurotten ist; gerade der Diagramm-Trick kam ähnlich schon öfter vor. Auf **1. ... Sxd3??** strafte Weiß den Springer mit Verachtung und kassierte statt dessen Dame oder König: **2. Dg4** droht Matt auf g7 sowie Sh6+, und beides auf einmal ist nicht zu decken. Nun muß aber wirklich Aljechin herhalten; denn dem späteren Weltmeister widerfuhr seinerzeit im Prinzip das gleiche – nicht einmal unter dem Druck einer schweren Partie, sondern bei der Analyse für eins seiner berühmten Bücher!

Schwarz zog 1. ... f6, was Aljechin wie folgt kommentierte: »Aber hier strauchelt er beinahe am Ziele und bringt sich damit sogar in Verlustgefahr. Mit 1. ... Td5 2. Db6 cxb5 3. Dxc7 Dd4+ (nicht sofort Sxf5 wegen 4. Te4) 4. Kh2 Sxf5! 5. Te4 (falls 5. Lxf5, so matt in 4 Zügen) Dc5 usw. war die Partie für Schwarz mit zwei Bauern mehr leicht gewonnen.«
Preisfrage: Merken Sie nach dem vorherigen Beispiel selbst, wo hier der Hase im Pfeffer liegt? Richtig: Beim Turmtausch im 2./3. Zug! Selbst in der Analyse dachte Aljechin offenbar nach dem Motto: nimmt Schwarz den weißen Turm, muß Weiß auch den schwarzen nehmen! Ed. Lasker

selbst merkte später in einem eigenen Buch an, daß er auf 2. ... cxb5 mit 3. f6+ nebst Db8+ kurzerhand mattgesetzt hätte...

Und noch eine Variation zum Thema: Auch Zugumstellungen werden aus gleicher Ursache (soll man vielleicht von »Scheuklappendenken« sprechen?!) gern übersehen. Im nächsten Diagramm ist es wieder ein Weltmeister, der gedanklich in eine Sackgasse geriet.

Bouwmeester – Botwinnik
Wageningen 1958

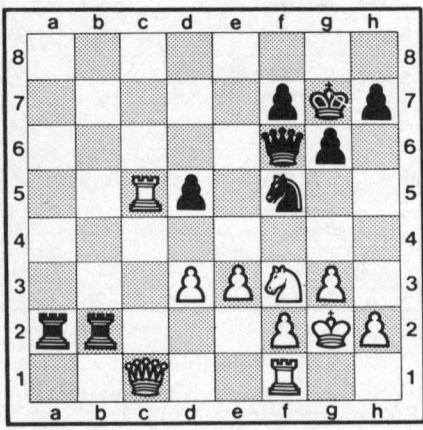

Diagramm 14

Weiß: Kg2, Dc1, Tc5, Tf1, Sf3, Bd3, e3, f2, g3, h2
Schwarz: Kg7, Df6, Ta2, Tb2, Sf5, Bd5, f7, g6, h7

Die richtige Idee fand Schwarz ziemlich schnell: Wenn man die Dame c1 vom Punkt e3 ablenkt, gibt es ein einfaches

Matt auf g2. Zum Beispiel so: 1. ... Ta1 2. Dxa1 Sxe3+ 3. Kg1 (oder 3. Kh3 Df5+) Dxf3, egal ob Weiß den Springer nimmt oder nicht. Aber Achtung: Genau diese Zugfolge geht nicht, weil zum Schluß der Tb2 mit Schach hängt!

Das alles, so Dr. Tröger, sah Botwinnik sehr wohl. Aber eins sah er nicht: daß nämlich das Ganze genauso geht, wenn man im ersten Zug den anderen Turm nimmt! Nach 1. ... Tb1! 2. Dxb1 Sxe3+ 3. Kg1 Dxf3 braucht sich Schwarz dann um seinen Ta2 nicht zu kümmern. Die Folge: Botwinnik ließ seine ganze Idee fallen, zog 1. ... d4, und kurz danach war das Remis perfekt.

Auch hier also ganz eindeutig eine Fixierung des Denkens auf eine bestimmte Zugfolge – so stark, daß selbst eine winzige Abweichung herausfiel!

Ein ganz anderes, nicht weniger umfangreiches Kapitel bilden die »optischen Täuschungen«. Solche Denkfehler gehen auf Störungen des visuellen Gedächtnisses, sozusagen des geistigen Auges, zurück. Doch zuvor noch Beispiele, wie selbst das tatsächliche Auge sich oft betrügen läßt! Scheinbar paradoxe Züge, die der gewohnten Optik zuwiderlaufen, sind gefährliche Fußangeln. Oft reicht es schon aus, wenn ein Zug »lang« ist (z. B. Dame von einem Eck in ein anderes). Rand- oder Eckzüge von Springern gehören zum selben Schlag. Den folgenden Trick nannte Keres selbst einen der originellsten Züge seiner ganzen Turnierpraxis.

Keres–Flohr
Semmering 1937

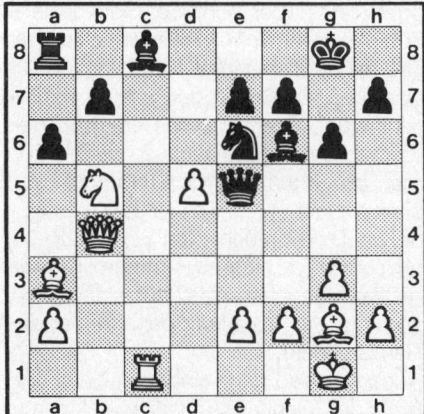

Diagramm 15

Weiß: Kg1, Db4, Tc1, La3, Lg2, Sb5, Ba2, d5, e2, f2, g3, h2
Schwarz: Kg8, De5, Ta8, Lc8, Lf6, Se6, Ba6, b7, e7, f7, g6, h7

Natürlich hatte Schwarz nur mit 1. Sc3 Sd4 oder 1. dxe6 axb5 gerechnet, wobei er wohl schlechter steht; verloren aber wäre noch lange nichts. Doch da traf ihn die »Keule«:

1. Sa7!!

Ein »doppelt unmöglicher« Zug: erstens an den Rand, zweitens mitten hinein unter die schwarzen Steine! Nur zu Flohrs Pech gewinnt er eine Figur, z. B. 1. ... Ld7 2. dxe6, und d7 hängt gleich wieder, oder 1. ... Txa7 2. Txc8+ Sf8 3. Db6 Dd4 4. Lc5, und es ist gar ein ganzer Turm weg. Schwarz spielte noch 1. ... Sd4, gab aber nach 2. Txc8+ bald auf.

Nicht weniger typisch sind Rochaden, die

so aussehen, als ob sie eigentlich gar nicht gehen dürften. Mancher Spieler hat bereits dann Hemmungen, lang zu rochieren, wenn der Gegner das Feld b1 (b8) beherrscht, was ja den Regeln nach nichts bedeutet. Ganz besonders gefürchtet sind Rochaden dieses Typs:

Hoffmann–Petrow
Warschau 1844

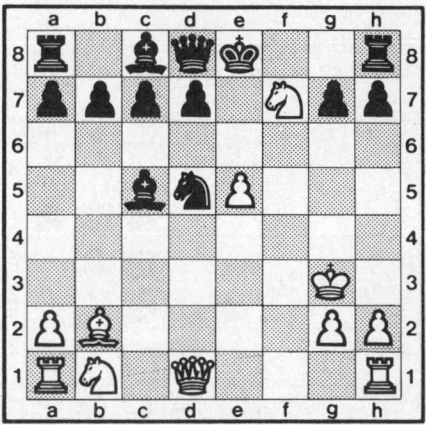

Diagramm 16

Weiß: Kg3, Dd1, Ta1, Th1, Lb2, Sb1, Sf7, Ba2, e5, g2, h2
Schwarz: Ke8, Dd8, Ta8, Th8, Lc5, Lc8, Sd5, Ba7, b7, c7, d7, g7, h7

Schwarz am Zug spielte **1. ... 0–0!!**
Kann es wirklich sein, daß solch ein Springer allein »wegen Regel«, wie Vlastimil Hort zu sagen pflegt, nicht die Rochade stört? Es kann! Das Roß greift nur den Turm an; die Felder f8 und g8 aber bleiben unbedroht. Für das sogenannte normale

Denken freilich scheint dieser Brocken schon recht hart, denn es soll Fälle gegeben haben, wo gegen solche Rochaden protestiert wurde!

(Daß die Dame von Schwarz hängt, kommt in unserem Fall dazu, doch das grundsätzliche Denkproblem ist es nicht. Die Partie, eine der berühmtesten alter Zeit, ging übrigens weiter mit 2. Sxd8 Lf2+ 3. Kh3 d6+ 4. e6 Sf4+ 5. Kg4 Sxe6, und Weiß wurde bald mattgesetzt.)

Ein ganz bestimmter taktischer Trick mit Rochade kommt nicht allzuoft vor – aber wenn, findet er fast immer sein Opfer.

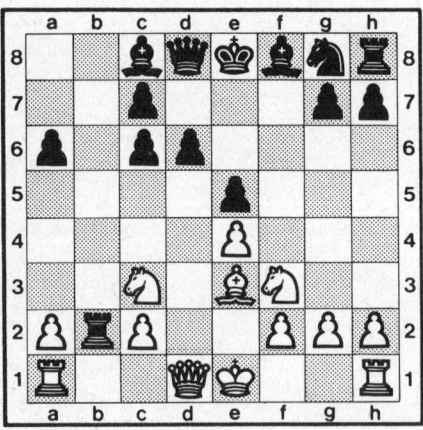

Diagramm 17

Weiß: Ke1, Dd1, Ta1, Th1, Le3, Sc3, Sf3, Ba2, c2, e4, f2, g2, h2
Schwarz: Ke8, Dd8, Tb2, Th8, Lc8, Lf8, Sg8, Ba6, c6, c7, d6, e5, g7, h7

Den Raub des berüchtigten Bb2 quittierte Weiß mit dem taktischen Bluff **1. Sxe5.** Wieso Bluff? Nun, es gibt nichts, was

Schwarz zwingen könnte, diesen Teufelsbraten zu verspeisen – kräftig, um nicht zu sagen entscheidend, wäre etwa 1. ... Df6. Und man sollte ja denken, daß jemand sich überlegt, warum sein Gegner so einfach eine Figur ins Geschäft steckt... Gewarnt sein mußte Schwarz also, und dennoch tappte er mitten hinein ins Fettnäpfchen:

1. ... dxe5?? 2. Dxd8+ Kxd8
3. 0–0–0+!!

Heulen und Zähneknirschen! Die normale Optik betrügt dieser Witz geradezu: Wenn ein König einen Stein angreift, das ist man gewohnt, tut er das unübersehbar auf ein Feld Entfernung. Hier aber überspringt er durch die Rochade erst einmal zwei, und dazu kommt der Tempogewinn durch das Schachgebot. Daß ein König von e1 aus einen Turm auf b2 abholen kann, ist nach üblichem Schachdenken einfach unvorstellbar!

Nicht anders ist es mit Zügen, die scheinbar felsenfeste Gesetze des sonstigen Lebens ad absurdum führen. Wer läuft schon diagonal, auf »Umwegen«, genauso schnell wie geradeaus? Antwort: Der König im Schach! Das sprengt fast ein ganzes Weltbild, und es ist kein Wunder, daß dieses Motiv selbst in einfacher Form gelegentlich auf höchster Ebene übersehen wird. Das folgende Beispiel kennen wohl viele schon, doch es gibt kein schlagenderes:

Bronstein–Botwinnik
WM 1951

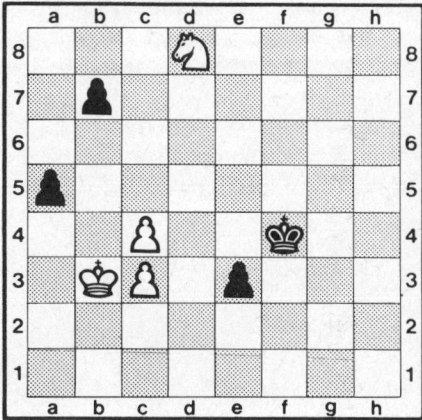

Diagramm 18

Weiß: Kb3, Sd8, Bc3, c4
Schwarz: Kf4, Ba5, b7, e3

Natürlich hält Weiß den e-Bauern ganz
leicht durch 1. Se6+ nebst Sd4 mit Re-
misschluß auf. Aber Bronstein glaubte,
das ginge auch später noch: **1. Kc2??**
mit der Absicht 1. ... Kf3 2. Se6 e2
3. Sd4+ mit Notbremse. Doch der
schwarze König marschierte nicht, wie
sich's gehört, geradeaus nach f2, sondern um die Ecke: **1. ... Kg3,** und Weiß
gab auf!
Allein Königszüge an sich können eine
Achilllesferse des Denkens sein, besonders wenn Seine Majestät plötzlich bei
vollem Brett mitspielt, statt sich nach üblichem Rollenbild bescheiden im sicheren
Winkel zu verstecken. Knüppeldick traf es
z. B. den Schwarzen im folgenden Fall:

van Steenis–Wechsler
Hastings 1937

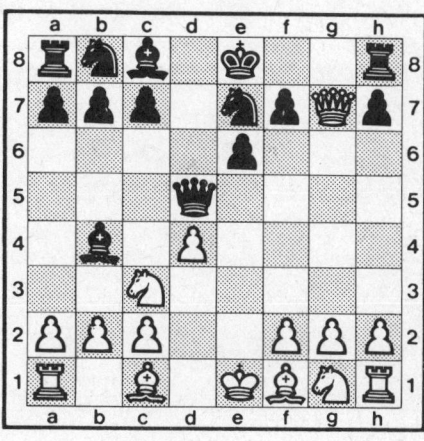

Diagramm 19

Weiß: Ke1, Dg7, Ta1, Th1, Lc1, Lf1, Sc3,
Sg1, Ba2, b2, c2, d4, f2, g2, h2
Schwarz: Ke8, Dd5, Ta8, Th8, Lc8, Lb4,
Sb8, Se7, Ba7, b7, c7, e6, f7, h7

Er wollte nämlich den Bauern h7 nicht
hergeben und sah die Chance, ihn durch
ein Zwischenschach zu decken: **1. ...
De4+.** Nach 2. Le2, 2. Le3 oder 2. Sge2
wäre in der Tat alles in Ordnung (es folgt
2. ... Tg8). Daß auch der König ziehen
kann, kam Schwarz gar nicht in den Sinn
– wer tut das »normal« schon in solch einer Stellung? Nach **2. Kd1** fiel er aus allen
Wolken – der Sc3 ist entfesselt, d. h. auch
die Dame hängt, und ein ganzer Turm ist
weg. Das Ende vom Lied: Schwarz gab
auf...

Tal–Botwinnik
WM-Match 1960

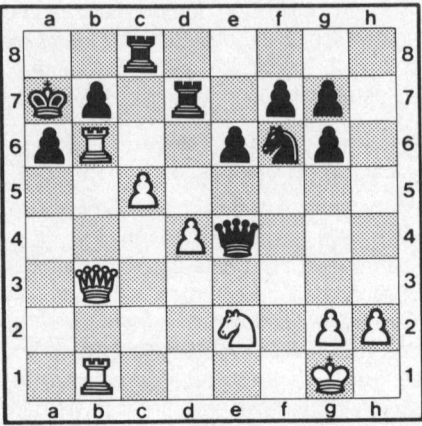

Diagramm 20

Weiß: Kg1, Db3, Tb6, Tb1, Se2, Bc5, d4, g2, h2

Schwarz: Ka7, De4, Tc8, Td7, Sf6, Ba6, b7, e6, f7, g7, g6

Schwarz steht etwas unter Druck, doch die zwei Mehrbauern sollten bei gutem Spiel wohl reichen. Was jetzt geschah, wurde oft gezeigt, doch selten hinterfragt: Botwinnik warf die Partie (und damit in diesem Moment wohl auch das Match) weg mit **1. ... Dd5?? 2. Txa6+! Kb8** (falls bxa6 3. Db6+ Ka8 4. Dxa6+ Ta7 5. Dxc8 matt) **3. Da4,** und Schwarz gab auf. Richtig war 1. ... Ka8!, was den Einschlag auf a6 pariert und Weiß erst einmal den Wind aus den Segeln nimmt.

Der Fall schien klar: In Zeitnot (Dd5?? war der 39. Zug) hatte Botwinnik nach allgemeiner Ansicht schlicht das Turmopfer übersehen. Wenn man ihm selbst glau-

ben darf, war davon keine Rede: »Ich sah, daß Tal Txa6+ drohte, und glaubte, daß es keine Verteidigung mehr gab. An meinen König habe ich nicht gedacht!« (D. h. daran, daß dieser auch sich selbst helfen könnte!)

Wie man sieht, finden äußerlich etwas »seltsame« Züge selbst ins Denken von Weltmeistern manchmal von vornherein keinen Eingang. Jetzt ein anderes Motiv, das erstaunlich oft auftaucht: Man läßt in Gedanken eine Figur mitspielen, die gar nicht ziehen kann, weil sie gefesselt ist!

Jansa–Rodriguez
Biel 1985 (Interzonenturnier)

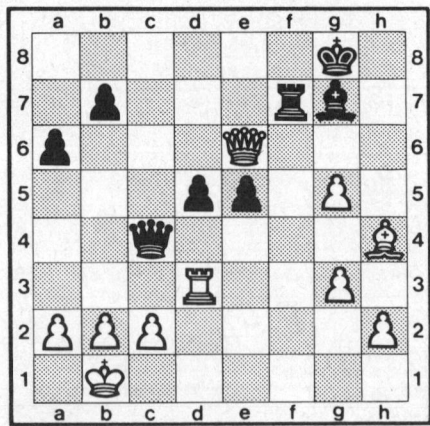

Diagramm 21

Weiß: Kb1, De6, Td3, Lh4, Ba2, b2, c2, g5, g3, h2

Schwarz: Kg8, Dc4, Tf7, Lg7, Ba6, b7, d5, e5

Die nächsten Züge sind kein Druckfehler!
1. ... d4??? 2. De8+???
Wie das? Hinterher erfuhr man etwa folgendes: In Zeitnot müssen sich beide »einig« gewesen sein, daß 2. Dxc4 nicht geht wegen Tf1 matt! Daß der Turm auch nach dem Damenfraß noch gefesselt bleibt, hatte keiner gesehen.

Die Zeitnot, das zeigt sich bei allen solchen Denkfehlern, fördert sie tatkräftig, doch die Ursache als solche liegt woanders. Im nächsten Fall (praktisch der gleiche wie soeben), der durch Schachspalten in aller Welt ging, schießt zumindest einer der Helden denselben Bock ohne jeglichen Druck der Uhr!

Ebralidse—Ragosin
Tiflis 1937

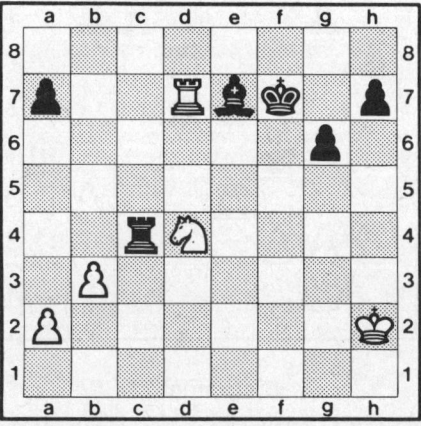

Diagramm 22
Weiß: Kh2, Td7, Sd4, Ba2, b3
Schwarz: Kf7, Tc4, Le7, Ba7, g6, h7

Verblüfft Sie nach dem vorherigen Beispiel noch, daß Schwarz hier **1. ... Tc7** zog? Kaum! Zudem war es der 40. Zug (Kontrollzug) in Zeitnot, und man mag es darauf schieben, daß Schwarz das Gespenst 2. Txc7 Ld6+ sah – im Glauben, so den Plusbauern endgültig ins Trockene zu bringen.

Doch Weiß hatte nun alle Zeit und Ruhe der Welt, um zu merken, was los war! Es wird erzählt, daß es sogar die Zuschauer nicht mehr aushielten und einige dem Lokalmatador Ebralidse lautstark auf die Sprünge helfen wollten: »Nimm doch den Turm!« Der Dank soll ein strafender Blick des in sich versunkenen Meisters gewesen sein, während Ragosin mit Pokerface, zigarettenrauchend, sich gab, als hätte er alles im Griff...

Sie ahnen bestimmt, was geschah: Nach reiflicher Überlegung zog Weiß seinen Turm weg!

(Daß er später auf genau demselben verflixten Feld c7 den eigenen Turm durch dieselbe Läufergabel – allerdings von e5 aus – verlor, gehört nicht mehr zum Thema!)

Nun aber wirklich zu den Fällen, wo das im Geist, bei der Berechnung, vorhandene Bild einer Stellung Ursache allen Übels ist. Generell meist derart, daß beim Abrollen einer langen Variante oder mehrerer Abspiele hintereinander dieses Bild gestört wird, nicht mehr scharf und klar genug ist, um fehlerfreies Kalkulieren zuzulassen. Am gängigsten: Ein Feld oder eine Linie, in der Stellung am Brett total versperrt, wird nach ein paar Zügen plötzlich frei (oder umgekehrt). Das bildliche Denken vollzieht das nicht nach – und für den Spieler bleibt das Feld bzw. die Linie weiterhin dicht!

Darga–Lengyel
Amsterdam 1964 (Interzonenturnier)

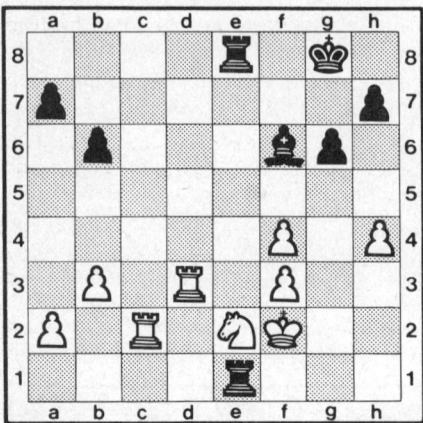

Diagramm 23

Weiß: Kf2, Tc2, Td3, Se2, Ba2, b3, f3, f4, h4

Schwarz: Kg8, Te1, Te8, Lf6, Ba7, b6, g6, h7

Der Schluß dieser Partie spricht Bände:
1. ... Te8xe2+ 2. Txe2 Lxh4+, und Weiß gab auf!

Obwohl er nach 3. Ke3 natürlich auf Gewinn steht... Es gibt nur eine Erklärung: Die e-Linie, insbesondere e3, lag schon vorher unter schwarzem Turmbeschuß, und durch die Verdopplung hatte sich das wohl auch doppelt stark in den Gehirnen der beiden Kämpen festgesetzt. Für sie war es komplett ausgeschlossen, der weiße König könnte plötzlich dahin! Ebenso möglich: Man berechnet etwas Bestimmtes, vergißt es wieder »zurückzunehmen« und schleppt es durch das ganze weitere Denken mit. Das kann so weit gehen, daß der Spieler sich sogar über das hinwegsetzt, was in Wirklichkeit auf dem Brett steht.

Stahlberg–Awerbach
Beverwijk 1963

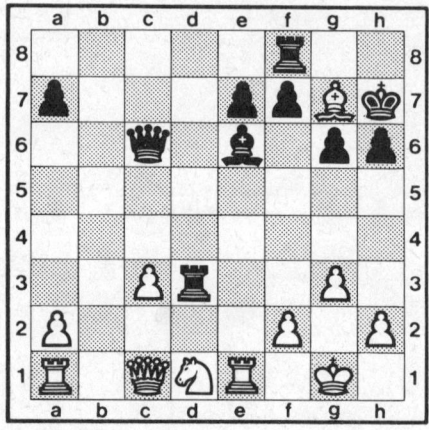

Diagramm 24

Weiß: Kg1, Dc1, Ta1, Te1, Lg7, Sd1, Ba2, c3, f2, g3, h2

Schwarz: Kh7, Dc6, Td3, Tf8, Le6, Ba7, e7, f7, g6, h6

Weiß hatte gerade auf g7 genommen – also schlägt man zurück! Daß man das nicht automatisch tun soll, sagten wir schon; doch das andere Extrem, das Awerbach hier widerfuhr, war genauso ungesund. Offenbar fing er nun an, weiter zu denken, und ging dabei nicht mehr zur Ausgangsstellung zurück; das selbstverständliche Schlagen des Läufers, der erste Zug in allen Varianten, war irgendwann für seine Vorstellung schon geschehen! Ergebnis: Schwarz zog **1. ... Lh3??** – was ohne den Lg7 wirklich nicht von Pappe wäre... Daß dieser noch da war, merkte Schwarz erst, als ihn **2. Dxh6+** nebst Matt aus allen Träumen riß!

Auch umgekehrt kann man hereinfallen: Das Bild der Ausgangsstellung wirkt in die Varianten. Gehen wir nochmals zu einem schon behandelten Versuch von de Groot zurück:

vom Bild der Anfangsstellung nicht los und vergaß, den Gaul im Geist nach dem Schlagen vom »Brett« zu nehmen.

Glauben Sie, daß so etwas tatsächlich in einer Partie vorkommen kann, d. h., daß jemand eine Kombination vom Stapel läßt und zum Schluß erst merkt, daß ihm eine Figur fehlt, mit der er den Gegner erlegen wollte? Wenn das folgende Prachtstück von Schachanekdote wirklich wahr ist (Quelle: Assiac, Noch ein vergnügliches Schachbuch), dann ja! Das Motiv ist zwar nicht ganz dasselbe, doch eine Art »Zwilling«.

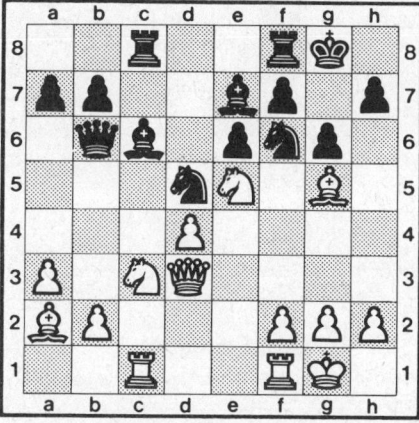

Diagramm 25

Der Unglücksrabe unter den Großmeistern, der statt 1. Lxd5 noch etwas »Besseres« sah, war Flohr – wir erwähnten es bereits. Ihm widerfuhr solch ein gedanklicher Reinfall: Er hielt 1. Sxc6 bxc6 2. Lxd5 cxd5 3. Lxf6 nebst 4. Sd7 für eine zwingende Abwicklung, d. h., er spielte im Geist noch mit dem Springer e5 weiter, der schon im ersten Zug der Variante abgetauscht war! Anscheinend kam er – genau umgekehrt wie vorhin Awerbach –

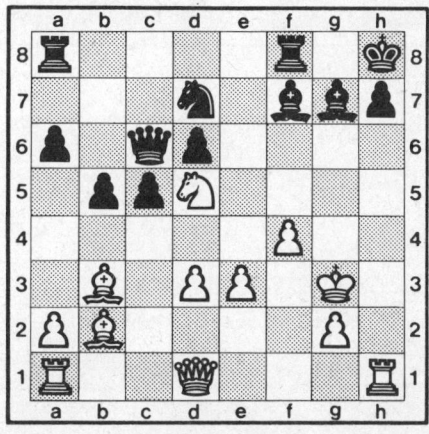

Diagramm 26

Weiß: Kg3, Dd1, Ta1, Th1, Lb2, Lb3, Sd5, Ba2, d3, e3, f4, g2
Schwarz: Kh8, Dc6, Ta8, Tf8, Lf7, Lg7, Sd7, Ba6, b5, c5, d6, h7

Anno 1904 in Coburg soll es gewesen sein, als der deutsche Meister Post im Diagramm die Kombination seines Lebens sah: **1. Txh7+ Kxh7 2. Dh1+ Lh6** (auf Königszüge setzt Se7 matt) **3. Dxh6+ Kxh6 4. Th1+ Lh5 5. Txh5+ Kxh5 6. Th1+ Kg6 7. Se7 matt!** Spielen Sie das Ganze ruhig am Brett nach, um zu ahnen, wie schmählich es Post erging: Im Rausch des Sieges machte er alle Züge vom ersten bis fünften, ohne Übles zu ahnen. Und dann langte er triumphierend in die Ecke a1, des Ruhms der Nachwelt gewiß... Au Backe!

Im Grund ist das nur eine unbedeutende Abweichung von Flohrs Fehler: Weiß spielte genauso in Gedanken mit einer Figur, die gar nicht da war (nur hatte er schlicht zu zählen vergessen!). Die Ausgangsstellung legte auch hier den Kurzschluß nahe: Drei Schwerfiguren auf der Grundreihe; das »muß reichen« – da denkt man überhaupt nicht mehr daran, wie viel man nun genau opfert!

(Der Ruhm der Nachwelt bleibt Post damit freilich erhalten; nur anders, als er gedacht hatte! Zu seiner Ehrenrettung: Das war noch keineswegs das Ende des Dramas... Statt aufzugeben, zog Weiß in seinem Grimm 6. Se7 – und Schwarz, der wohl gar nicht mehr richtig hinschaute, saß nach 6. ... Db7?? 7. Lg7 tatsächlich in der Klemme! Zu seinem Glück entkam er um Haaresbreite einer unsterblichen Blamage und entschlüpfte mit 7. ... Se5 8. Ld1+ Sf3 9. Lxf3+ Dxf3 10. Kxf3 ins Remis.)

Damit wären wir am Ende unserer »Denkfehlerparade«. Wie schon gesagt: Man kann sich inzwischen einigermaßen vorstellen, worauf solche Böcke beruhen; doch nicht, was zu tun ist, um das Übel an der Wurzel zu packen. Man kann höchstens alles bekämpfen, was sie begünstigt. Ausnahme: Das bildliche Vorstellungsvermögen, von dem schon öfter die Rede war, muß zumindest weitgehend von selbst bzw. aus dem Talent kommen. Durch regelmäßiges Training und Praxis läßt es sich aber wohl schulen und verbessern.

Streß aller Art ist in der Regel Gift für klares, fehlerfreies Denken; besonders natürlich Zeitnot. Es mag zwar Spieler geben, die diese Hochspannung brauchen und geradezu ruhig werden, wenn ihr Fallblättchen immer höher und höher steigt; doch das bleiben Ausnahmen. Wir glauben aber, daß es falsch ist, Zeitnot an sich als Ursache der Böcke zu sehen – wie gezeigt, können die allerselben auch ohne den Druck der Uhr passieren. Die Zeitnot wirkt, so muß man wohl annehmen, als eine Art (Negativ-)Katalysator; sie regt falsche Reaktionen des Gehirns an bzw. verstärkt sie.

Genauso kritisch wie Zeitnot kann aber auch ein anderer Moment sein, an den man auf Anhieb nicht so leicht denkt: nämlich der nach einer glücklich überstandenen Krise oder Hochspannungsphase. Die scheinbare Ruhe, die man plötzlich hat, kann zum Bumerang werden, wenn auch das Gehirn nach dem normalen Zyklus Spannung–Entspannung eine »Auszeit« nimmt. Tückischerweise ist das oft nicht zu beeinflussen, und es kommt vor, daß ein Spieler sich einfach nicht mehr konzentrieren kann, obwohl er »weiß«, daß es gerade jetzt wichtig wäre. Genauso trifft man immer wieder Partien an, wo ein Spieler die haarsträubendsten Verwicklungen souverän im Griff hat und dann, wenn es schon nicht mehr schwer ist, plötzlich einen furchtbaren Bock schießt. So ähnlich muß es Karpow gegangen sein, als er in der 11. Partie der WM 1985 sich das leistete, was als gröbster Patzer seiner Schachlaufbahn um die Welt ging.

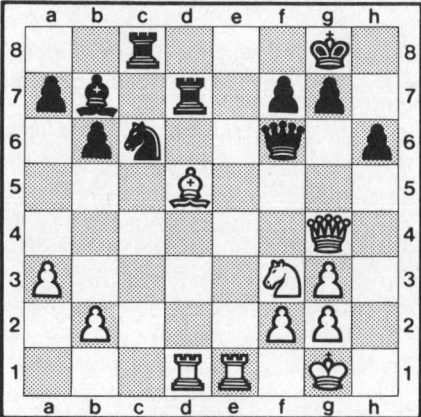

Diagramm 27
Weiß: Kg1, Dg4, Td1, Te1, Ld5, Sf3, Ba3, b2, f2, g2, g3
Schwarz: Kg8, Df6, Tc8, Td7, Lb7, Sc6, Ba7, b6, f7, g7, h6

Den drastischen Schluß hat wohl jeder gesehen, der sich für Schach interessiert: **1. ... Tcd8?? 2. Dxd7! Txd7 3. Te8+ Kh7 4. Le4+ g6 5. Txd7,** und Schwarz gab auf, da er mindestens noch eine Figur verliert (La6 6. Lxc6 Dxc6? 7. Txf7 matt). Was sagt Karpow selbst dazu? »In jenem Augenblick dachte ich schon ans Gewinnen!« Bis dahin nämlich war es Kasparow, der angriff: Fünf Züge vorher hatte er ein taktisches Scharmützel im Zentrum vom Stapel gelassen mit mehrfachem Tausch, der die Spannung zum beträcht-

lichen Teil auflöste. Vom Denken her stand also Karpow stets unter dem Druck, sich retten zu müssen – und jetzt, jetzt glaubte er endlich, das Schlimmste sei vorbei. Da passierte es . . .
Wie schon gesagt, sind solche Kurzschlüsse nicht direkt zu bekämpfen (im Fall Zeitnot gilt als bester Rat tatsächlich: Kommen Sie nicht in dieselbe!). Man kann eigentlich nur indirekte »Präventivmaßnahmen« empfehlen. Die allgemeine geistige Fitneß wiegt dabei ziemlich schwer. Ein Gehirn, das sich bei jeder Partie erst »warmdenken« muß und mehrstündige Dauerleistungen nicht gewohnt ist, produziert bestimmt eher Fehler als eines, das ständig im Training ist. Man muß keineswegs nur Schach spielen, um es in Schwung zu halten; viele andere geistig anregende Dinge können dasselbe bewirken.
Vergessen Sie in diesem Zusammenhang auch nicht »mens sana in corpore sano«! Zumindest Schachspieler der Spitzenklasse legen heute immer mehr Wert auf ein gewisses körperlich-sportliches Leistungsvermögen.
Auch charakterliche, psychische Stärken und Schwächen wirken nicht zu knapp auf das Denken ein. Vor allem wer in seinen Partien immer wieder dieselben oder ähnliche Fehler macht, sollte sich unbedingt prüfen, ob nicht dahinter solch eine tiefsitzende Schwäche steckt. Ein einfaches Beispiel: Sich selbst zu überschätzen kann im Schachdenken die höchst konkrete Folge haben, daß man seine eigenen Ideen und Drohungen viel besser sieht als die des Gegners. Vielleicht fällt man sogar auf simple Tricks des anderen herein, die man der Spielstärke nach eigentlich leicht entdecken müßte. Gehen

Sie nur einmal ins Kaffeehaus – die dortigen »Platzhirsche« sind dankbare Studienobjekte!

Vielleicht versteht man nun auch etwas besser, warum Meister und Amateur zwar im Prinzip dieselben Fehler machen, der Meister aber viel, viel seltener. In all den genannten Punkten ist er dem Amateur gegenüber durchweg im Vorteil. Als Berufsspieler hat er weitaus mehr Praxis, Training und auch Gelegenheit zur Selbsterkenntnis. Wenn nötig, kann er zudem seine (schachliche und sonstige) Lebensweise ganz auf ein wichtiges Turnier abstellen. Das alles macht ihn zwar nicht immun gegen Ausrutscher, senkt die Fehlerquote aber doch beträchtlich.

Auch die Faktoren Wettkampfstreß und Zeitnot sind oft (freilich nicht immer) mehr auf seiten des Amateurs. Daß schließlich die Art, wie der Meister Brett und Figuren sieht (die Binet-Forschungen ganz zu Anfang des Buches), ein Plus für ihn ist, wirkt sich auch in punkto Fehlerzahl aus.

Wie kann all das, was man über schachliches Denken weiß, nun dem Durchschnittsspieler helfen, sich zu verbessern? Wir wollen dazu in den nächsten Kapiteln ein paar spezielle Probleme der drei Partiephasen Eröffnung, Mittelspiel und Endspiel betrachten, die für viele Amateur- und Hobbyspieler nach unserer Ansicht die höchsten Hürden sind.

3. Kapitel: Wie man mit einer Eröffnung vertraut wird

Die Flut der modernen Eröffnungstheorie – schreckt sie den Amateur eigentlich mehr ab oder zieht sie ihn an? Selbst Hobbyspieler haben heute oft schon ein gewisses Repertoire an Spezialvarianten, und bei Klubspielern bereits unterer Klassen geht der Trend zum stattlichen Bücherregal. Selbst »Riesen« tappen immer wieder einmal in Geheimanalysen irgendeines Theoretikers hinterm Ural, die ein belesener Gegner zufällig kennt, und solche Fälle häufen sich.

Aber trotzdem hat es auf Dauer kaum jemand geschafft, als wandelnde Enzyklopädie mehr zu erreichen, als sein echtes schachliches Können es zuläßt. Er wird vielleicht nach der Eröffnung oft objektiv gut stehen, dann aber scheinbar »unerklärlich« ins Schwimmen geraten. Justament die »schlechten« Züge des Gegners können ihn aus dem Konzept bringen, wenn sie erreichen, daß von da an Mann gegen Mann und nicht mehr Euwe gegen Boleslawski spielt (zwei bekannte Verfasser von Eröffnungslehrbüchern).

Natürlich wollen wir damit nicht die Theorie schlechtmachen, doch man sollte eine Eröffnung vom Denken her anders angehen als durch reines Auswendiglernen, selbst wenn man gewissenhaft genug ist, Buchvarianten zu überprüfen und damit Reinfälle größeren Stils zu vermeiden (so manche Werke sind berüchtigt für zahlreiche Opfer, die sie unter ahnungslosen Lesern gefordert haben). Das Variantenwissen verschiebt in der Regel nur den besonders für Amateure kritischen Punkt, doch es räumt ihn nicht aus dem Weg. Dieser Punkt kommt dann, wenn der Spieler mit den Buchzügen am Ende ist und nun zeigen muß, ob er mit dem, was er sich da aufgebaut hat, auch umgehen

kann. Zu wissen, daß man laut einer berühmten Partie vor -zig Jahren nebst Analysen »plus-gleich« steht (d. h. etwas besser), hilft allein dabei nicht. Sicher sind dank des sprunghaft gestiegenen Wissens viele Abspiele so weit erforscht, daß selbst ein schwacher Spieler die Endstellungen kaum noch »vergurken« kann. Doch das wissen natürlich gerade starke Gegner auch und werden alles daransetzen, in einer Partie solche Varianten zu meiden! Viele Meister greifen dann zu alten, »vergessenen« Systemen oder haben etwas parat in solchen, die die Theorie für weniger gut hält und entsprechend stiefmütterlich behandelt. Hauptsache, der Gegner gerät bald auf Neuland; dann kann man die eigene Stärke ausspielen!

Es gilt heute als ausgemacht, daß man als erstes nicht nur den strategischen Gehalt einer Eröffnung durchdenken soll, sondern vor allem den der kritischen Übergangsphase zum »Mittelspiel«, wie man meist sagt, d. h. dorthin, wo man auf eigenen Füßen stehen muß (das kann auch ein spätes Mittelspiel oder gleich ein Endspiel sein; viele Eröffnungen bieten frühzeitige Tauschmöglichkeiten). Welche Bauernstrukturen können entstehen? Welche Linien und Felder sind wichtig? Wo gehören die Figuren beider Seiten hin; welche sollte man lieber tauschen, welche behalten? Bei solchem Denken leuchtet dann auch ein, welche Pläne auf längere Sicht möglich oder gar notwendig sind. Und vor allem steht man nicht »im Hemd«, wenn der Gegner von einer Variante abweicht oder gar völlig unorthodox spielt; man hat dann zumindest reelle Chancen, anhand dieses Wissens wenn schon nicht die besten, so doch brauchbare Züge zu finden.

Selbst im Meisterschach kommt es öfter vor, daß jemand, der solche »Hausaufgaben« nicht macht, am Brett dann böse gerupft wird. Hier ein eigenes Beispiel, wie man einen Gegner, der in dieser kritischen Phase sündigt, geradezu leicht überspielen kann.

Dr. Pfleger—Handoko
Olympiade Luzern 1982, Damengambit

1. c4 Sf6 2. Sf3 e6 3. Sc3 d5 4. d4 Le7 5. Lg5 h6 6. Lxf6 Lxf6 7. cxd5 exd5 8. e3 0–0 9. Le2 c6 10. 0–0

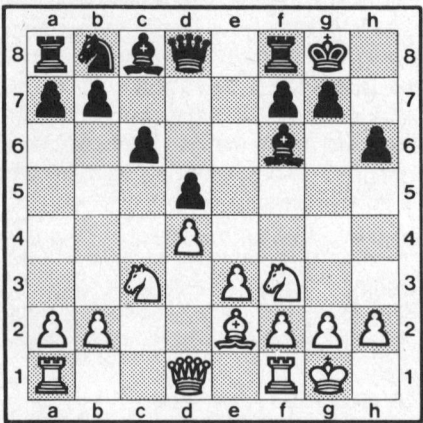

Diagramm 28

Ein ganz normales Damengambit – zehn Buchzüge sind gemacht. Worum geht es strategisch? Weiß spekuliert auf den sogenannten »Minderheitsangriff« am Damenflügel, d. h., er marschiert mit dem b-Bauern vor bis b5, um Schwarz – je nach Antwort – eine Schwäche, meist auf c6, anzuhängen. Was dieser dagegen tun

soll, ist nicht ganz so klar; je nach konkreter Lage gibt es mehr als eine Idee.

Markant als Detail ist in unserem Fall, daß Weiß seinen Läufer auf f6 getauscht hat. Welche Folgen hat das? Erst einmal »droht« er sofort b4, was oft eine Vorbereitung braucht, wenn ein schwarzer Le7 dorthin zielt. Bringt das Läuferpaar aber vielleicht Schwarz auf lange Sicht etwas? Kaum, denn der Lf6 ist schwer aktiv zu verwenden, solange die weiße Bauernfront im Zentrum fest steht. Wer die Muster dieser Eröffnung kennt, weiß, daß der Sf6 oft genug für Schwarz nicht weniger zählt als der Le7, sowohl für einen evtl. Angriff am Königsflügel wie auch für die Verteidigung (möglich z. B. der Marsch nach d6 mit Kontrolle wichtiger Felder). Klar, daß der Läufer trotzdem nicht »schwächer« ist (sonst würde ja jeder im Damengambit auf f6 tauschen!); doch Schwarz muß im konkreten Fall wissen, wohin mit ihm. Das um so mehr, als ohne den Springer die Wahl an Ideen (vgl. obige Andeutung) schon etwas knapper geworden ist.

Aus solchen Gedanken heraus schlug z. B. Großmeister Hecht im Olympiade-Buch das Manöver Lf6–e7–d6 als sinnvoll vor: b4 muß dann zumindest ein wenig warten, und von d6 aus beherrscht der Läufer die wichtigen Felder e5 bzw. c5. Womöglich geht gar in Richtung h2 später einmal etwas?! Auf jeden Fall würde diese Figur »leben« – sehen Sie sich an, was in der Partie für eine Trauergestalt daraus wird!

10. ... Te8?!

Bestimmt nicht das, was man einen Fehler nennen kann; doch es zeigt, daß Schwarz im dunkeln tappt, was konstruktive Ideen angeht. Der Turmzug ist einfach schematisch; er besetzt eine halboffene Linie, doch was ist mit ihr anzufangen? Oft ist der Zug Te8 gut, um das Feld e4 zu besetzen bzw. zu behaupten (wenn Schwarz noch einen Springer hat), oder um den Turm nach e6 zu stellen, wo er für später c6 deckt und am Königsflügel Unruhe stiften kann. Das kommt in dieser Partie nicht in Betracht.

11. b4
Natürlich – danke, Partner!
11. ... Lf5 12. b5 Dd6

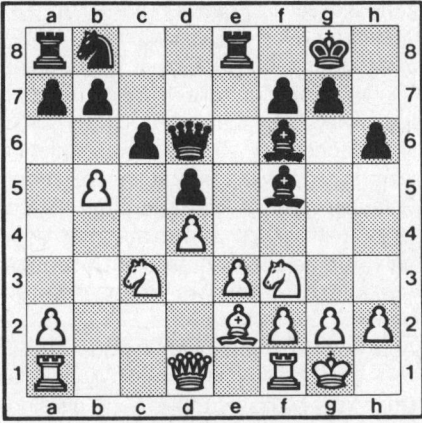

Diagramm 29

Wieder ein Zug, der der Stellung nicht gerecht wird. Schwarz konnte die Partie auf ganz andere Wege bringen mit 12. ... c5; dann ist d4 gefesselt, und deckt Weiß mit 13. Tc1 den Springer, sieht statt 13. ... cxd4 14. Sxd4 mit einem unschönen isolierten Bd5 besser 13. ... c4 spielbar aus. Schwarz muß auch dann noch »arbeiten«, da der Sb8 noch den Stall ziert (der

ideal blockierte Freibauer c4 ist vorerst keine Gefahr); doch man sieht keine organische Schwäche, und mit Dd6 nebst Sd7 käme er wohl brauchbar weg.

Aber auch wenn Schwarz nicht so spielen wollte, paßt der Zug Dd6 nicht in die Landschaft: der Lf6 »verhungert« nun endgültig und fehlt vor allem beim Kampf um das wichtige Feld c5, da ihm selbst auf e7 nun durch den breiten Rücken der Dame die Sicht versperrt wäre.

13. bxc6 bxc6
13. ... Sxc6 wäre schön, geht aber nicht wegen 14. Db3 mit Doppelangriff auf b7 und d5. Also muß Schwarz die Schwäche des Bc6 in Kauf nehmen (ein kleines Beispiel für die Durchsetzung einer positionellen Idee mit taktischen Mitteln).

14. Sa4 Sd7 15. Tc1 Tab8
Alles im selben Stil: Schwarz macht nie einen wirklich faßbaren Fehler (immerhin ist Handoko ein durchaus beachtlicher Internationaler Meister), doch er trifft nicht das, worauf es in der Stellung ankommt. Die b-Linie hat hier nur optischen Wert; selbst wenn der Turm auf b2 steht, gibt es für ihn nichts zu beißen, da der Ba2 einfach davonläuft und die Kette f2–e3–d4 keine anderen Ziele hergibt.

16. Sc5 Tb2 17. a4 Teb8
Läuft nun sogar »verdoppelt« einem Phantom nach.

18. Ld3 Lg4
In Frage kam Hechts Vorschlag 18. ... Lxd3 19. Dxd3 Sb6 20. Sd2 Sc8 nebst evtl. Se7, um c6 solide zu decken; doch dann stünde der Riese auf c5 noch da, und dem Lf6 wäre selbst die bescheidene Hoffnung verbaut, über d8 ans Licht zu gelangen.

19. h3 Lxf3 20. Dxf3 Sxc5 21. Txc5

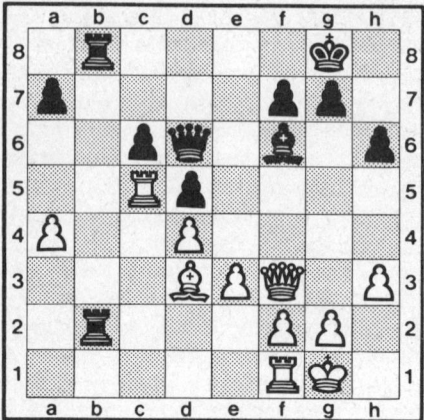

Diagramm 30

Noch immer ist nichts Dramatisches passiert, und doch steht Schwarz nur zehn Züge nach dem (völlig ausgeglichenen) Diagramm 28 nun praktisch auf Verlust – wie gesagt, ohne einen einzigen echten Fehler. Die »ungleichen Läufer« sind wirklich ungleich, denn der weiße hat es auf c6 abgesehen (auch wenn's noch schwerfällt); und der schwarze? Ausgerechnet das schlechtest postierte Stück der Eröffnung ist dem armen Handoko geblieben, taugt weder zur Verteidigung noch zu einem aktiven Plan.

21. ... T2b3

Es gibt schon keine Aufstellung mehr, die c6 retten kann: b6 ist kein Feld für schwarze Türme wegen a4–a5, und falls Schwarz beide nach c7/c8 spielen will, fährt zum Schluß La6 nebst evtl. Lb5 dazwischen.

22. Dd1 Dd7

Übersieht einen taktischen Witz, doch für das Resultat macht es kaum etwas aus.

23. Lb5!

Gewinnt sofort die Qualität oder zwei Bauern.

23. ... T3xb5 24. axb5 Txb5 25. Dc2 Txc5 26. Dxc5 Le7 27. Dc3 c5 28. dxc5 Dc6 29. Td1 Dxc5 30. Dxc5 Lxc5 31. Txd5, und Schwarz gab im 45. Zug auf.

Das ist eigentlich die typische Art, wie Partien in dieser kritischen Phase nach der Eröffnung entschieden werden: Der eine weiß auch dann noch den Ideen und Plänen nach, wie's weitergeht; der andere muß sich am Brett erst zurechtfinden, und daß er dabei die schlechteren Karten hat, läßt sich denken. Man sieht auch recht gut, daß sogenannte »allgemeine Grundsätze« herzlich wenig helfen: Schwarz hat im 10. und 15. Zug zwei Linien besetzt – und mußte später entdecken, daß dort niemand wohnt! Wie schon einmal gesagt: Das Muster-Denken ist etwas anderes als das Spiel nach starren Schemata; es bezieht die Details der konkreten Stellung mit ein. Dinge wie hier (z. B. welche Linie wirklich wichtig ist und welche man dem Gegner geben kann, ohne daß gleich das Haus einstürzt) gehören oft genug zu diesen Kenntnissen eines Meisters über »seine« Eröffnung.

Es müßte, werden Sie vielleicht denken, dann auch möglich sein, einen Meister zu schlagen, wenn man eine Eröffnung erwischt, die einem selbst in dieser Hinsicht vertrauter ist als ihm. Richtig! Natürlich ist das der seltenere Fall; doch manchmal läuft der Hase tatsächlich auch so. Der nominell Schwächere, der durch Zufall oder gezielte Vorbereitung einen »Riesen« ins eigene Hausrevier lockt, kann dann durchaus in genau derselben kritischen Phase auf genau dieselbe Art gewinnen, auf die er meist seine Spiele zu verlieren pflegt!

Unzicker–Grün
Bundesliga 1982/83
Aljechin-Verteidigung

1. e4 Sf6 2. e5 Sd5 3. d4 d6 4. Sf3 Lg4 5. Le2 c6 6. Sg5 Lf5 7. Ld3 Lxd3 8. Dxd3 dxe5 9.dxe5 e6

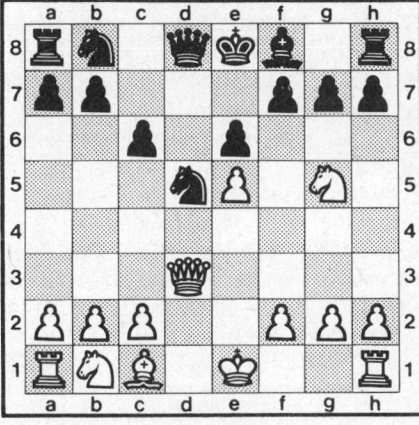

Diagramm 31

Auch dies eine Stellung am Ende der Eröffnung, wo allmählich der Kampf Mann gegen Mann beginnt. Der Zankapfel, wie meist in der Aljechin-Verteidigung: der weiße Bauer e5. Wie kann ihn Schwarz mit allem, was er hat, unter Feuer nehmen? Er muß bedenken, daß Weiß reichlich Deckungsfiguren hat; zwar schwächt f4 oft zu arg, vor allem bei rückständiger Entwicklung, da es doch einige Blößen schafft; doch z. B. der Lc1 auf b2 oder gar f4, der Sg5 auf f3 (wohin er bald

zurück muß), der Sb1 im Idealfall auf c4 – das scheint zu reichen. Schwarz muß demnach einen Aufbau finden, der nicht nur alle Kanonen gegen e5 richtet, sondern auch Chancen gibt, die weißen Figuren nicht dahin zu lassen, wohin sie gehören bzw. sie von dort wieder zu verjagen. Wer ahnt im Diagramm, daß dabei ausgerechnet der Zug g7–g5 eine Rolle spielen wird? Er macht g7 für den Lf8 frei, reserviert g6 für den Sd5, der sich dort wegen c2–c4 nicht halten kann, und liebäugelt mit g5–g4, da – wie gesagt – der Sg5 später auf f3 stehen wird.

Was folgt, ist natürlich nicht zwingend; es zeigt aber, daß Schwarz dieses Terrain kannte, während selbst ein so erfahrener Stratege wie Großmeister Unzicker (dessen ausgeprägt klassischem Stil solche verschlungenen Pfade ohnehin weniger zusagen) keinen Weg fand, das skizzierte Konzept rechtzeitig zu durchkreuzen.

10. 0–0 Sd7 11. De2 h6 12. Sf3 Dc7 13. c4

Das beste Rezept für Weiß, nach c4 den Sb1 hüpfen zu lassen (was zugleich d6 ins Visier nimmt), geht wohl kaum wegen 13. Sd2 Sf4 nebst g5, und die weiße Dame wird arg gebeutelt. Nun hat Schwarz schon etwas erreicht: Auf c3 deckt der Sb1 nicht e5; Sorgen um d6 gibt es viel weniger, solange Weiß eben der Schwäche e5 wegen nicht gut zu Se4 kommt. Erst das macht den Gesamtplan in voller Entfaltung überhaupt möglich.

13. ... Se7 14. Sc3 0–0–0 15. b3

Hinterher ist man versucht, selbst an Züge wie 15. h4 zu denken – doch wer spielt so etwas am Brett ohne höchste Not?

15. ... g5! 16. Lb2 g4 17. Se1 Lg7

Natürlich nicht Dxe5? 18. Se4 bzw. Sxe5? 18. Sb5; und 17. ... h5 gäbe Weiß ein wichtiges Tempo, um e5 zu halten. Jetzt bekommt er dafür nur noch g4 (18. f4 gxf3 19. Sxf3 Sg6 wäre nicht zu empfehlen) – ein reichlich ungünstiger Tausch.

18. Dxg4 Thg8 19. Td1 Lxe5

Und nun haben wir fast dasselbe wie bei der letzten Partie: Zehn Züge nach dem Diagramm, wo der Kampf begann, steht diesmal der Großmeister vielleicht noch nicht auf Verlust, aber bedenklich. Alle schwarzen Figuren leben und zielen auf die weiße Rochadestellung; dazu kommt die offene g-Linie. Tatsächlich bekam Schwarz bald Königsangriff und gewann im 35. Zug.

Man muß dazu noch etwas sagen: Für jemand, der 1. e4 spielt, ist die Aljechin-Verteidigung nur ein kleiner Teil seines Repertoires; dagegen gilt Grün mit Schwarz als ein Experte dieser Eröffnung. Auf jeden Fall zeigen diese Beispiele einiges recht schön: Der Erfolg einer Eröffnung hängt sehr oft davon ab, wie man die angrenzende Phase im Griff hat. Ein Plus des Stärkeren kommt gerade da meist klar zutage: bessere Musterkenntnis, mehr Praxis und Erfahrung. Deswegen wird er meist auch dann noch Bescheid wissen, wenn der Gegner schon längst, von Zweifeln geplagt, auf Neuland geraten ist. Kehrt sich aber tatsächlich einmal dieses Verhältnis um, kann der Jäger leicht zum Gejagten und auch ein Meister regelrecht überspielt werden, ohne einen merklichen Fehler zu machen.

Ob jemand eine Eröffnung wirklich beherrscht, wird besonders dann klar, wenn die Stellung unorthodoxe Lösungen verlangt; Züge, die evtl. sogar den »allgemeinen Grundsätzen« zuwiderlaufen. Solche Züge kann man nur machen, wenn man

völlig überzeugt ist, von der Idee und vom Plan her auf der richtigen Spur zu sein.

Capablanca–Yates
New York 1924, Königsindisch

1. d4 Sf6 2. Sf3 g6 3. Sc3 d5 4. Lf4 Lg7 5. e3 0–0 6. h3 c5

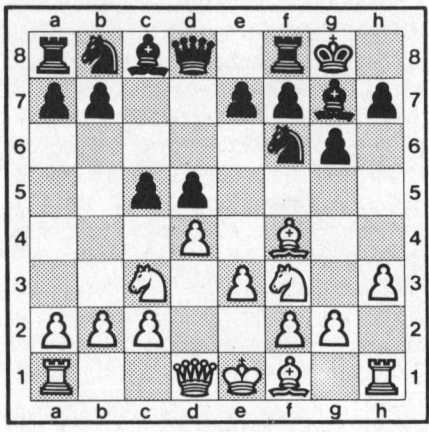

Diagramm 32

Der ganze weiße Aufbau zielt darauf ab, die dunklen Felder auszubeuten. Ob deswegen 3. ... d5 empfehlenswert ist, steht auf einem anderen Blatt; interessant jedenfalls, auf welche Idee der damalige Weltmeister nun kam:

7. dxc5!?

Nach »allgemeinen Grundsätzen« fast ein schrecklicher Zug! Für viele gilt in solcher Stellung die heilige Grundregel, den Bd4 auf seinem Platz zu lassen, komme was wolle: Es ist der einzige weiße Zentralbauer, da Be3 kaum vorrücken kann; das Schlagen macht dem Lg7 die Sicht frei.

Aber Weiß sah nach einer fast zwangsläufigen Folge ein ganz anderes Bild voraus: Der Lg7 wird getauscht und stört nicht mehr; zudem beherrscht Weiß die dunklen Felder bald mit Figuren, und die numerische schwarze Bauernmehrheit im Zentrum bleibt dadurch lahmgelegt.

Die fast paradoxe Folge: Mit dem Zug, der scheinbar die dunklen Felder aus den Klauen zu lassen scheint, bekommt sie Weiß in Wahrheit erst recht in den Griff! Wer sein Denken heil um solche Kurven bringt, hat wohl alles erreicht, was man in punkto Eröffnungsverständnis erreichen kann. Kein Wunder übrigens, daß solche Ideen des Positionsspiels, die zur Zeit des Ersten Weltkriegs und auch später auftauchten, wie eine Revolution empfunden wurden.

Natürlich geht das alles wieder einmal nicht ohne exakte Taktik: Ein Haar in der Suppe, und vielleicht gingen die dunklen Felder samt Partie flöten... In solchen Entscheidungssituationen stellen Kleinigkeiten oft die ganze Bewertung auf den Kopf.

7. ... Da5

Wohl der einzig vernünftige Versuch, sich den Bauern wiederzuholen; zudem droht er mit 8. ... Se4, den gefesselten Sc3 peinlich zu befragen.

8. Sd2

Pariert die Drohung (falls 8. ... Se4 9. Scxe4 dxe4 10. c3, und da b4 droht, sowie e4 hängt, bleibt Schwarz materiell hinten); wegen Sb3 usw. muß Schwarz nun auf c5 zugreifen, solange es noch geht.

8. ... Dxc5 9. Sb3 Db6 10. Le5!

Läßt Schwarz keine Zeit zu Zügen wie Sc6 (es droht Lxf6 nebst Sxd5) und

zwingt ihn sogar zu einer Antwort, die seine dunklen Felder weiter schwächt.

10. ... e6 11. Sb5

Genau wie 7. dxc5 ein Zug, wo man bei Amateuren gern den Zeigefinger hebt: Es droht fast nichts (Sc7 ist leicht zu parieren), und der vorwitzige Gaul muß bald wieder heim nach c3. Doch hier hat das Ganze einen höchst wichtigen Sinn: Schwarz wird zum Läufertausch genötigt.

11. ... Se8

Wegen der Nebendrohung Ld4 nebst Sxa7 die einzig passende Deckung für c7.

12. Lxg7 Sxg7

Eigentlich seit 7. dxc5 alles erzwungen. Es sieht für Weiß schon gut genug aus: mehr Löcher bei Schwarz auf den dunklen Feldern, ohne den Lg7 auch ärgere. Doch nun wieder ein Zug, der Generationen dogmatischer »Schachprofessoren« in Verzweiflung stürzen könnte:

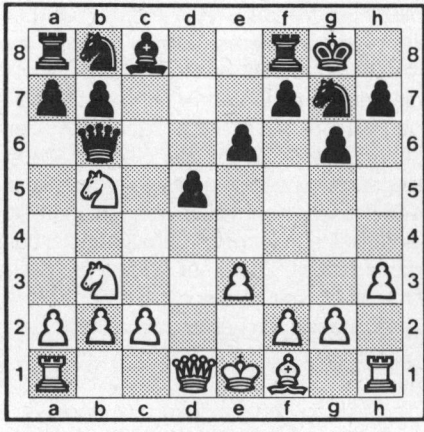

Diagramm 33

13. h4!?

Nur zwei Figuren entwickelt, noch dazu beide auf dem ganz anderen Flügel – und dann solch ein »Angriff«? Entweder ein Kaffeehaus- oder ein Weltmeisterzug, sagt man in solchen Fällen gern… Die prägnante Begründung liefert Aljechins Originalkommentar: »Mit dem unerwarteten Textzug hofft er natürlich keinen Augenblick, den Gegner direkt mattzusetzen; aber die Drohung, die h-Linie zu öffnen, soll den Schwarzen zu einer neuen Schwächung (15. Zug) verleiten, worauf Weiß das Übergehen in ein vom Beginn halb gewonnenes Endspiel erzwingen wird.«

13. … a6 14. Sc3 Sc6 15. Ld3 f5

Der Druck des Läufers Richtung h7 war ihm nicht geheuer; keineswegs erzwungen, aber drastisch z. B. folgende »Modellidee«: 16. h5 Sxh5 17. Txh5 gxh5 18. Lxh7+ Kxh7 (Kg7!) 19. Dxh5+ Kg7 20. Dg5+ nebst 0–0–0. Jetzt freilich zählt auch Feld e5 definitiv zu den Löchern (der Be6 darf schon seit einiger Zeit nicht vorwärts, weil d5 hängen würde).

16. Dd2 Se5 17. Le2 Sc4

Den negativen Effekt von f5 zeigt z. B. das plausible 17. … Ld7 18. Dd4! Dc7 oder Dd6 (Dxd4 19. exd4 deckt scheußliche Schwächen in der e-Linie auf) 19. Df4! (Aljechin), und neben der Fesselung des Se5 droht Weiß nun ernsthaft h5 mit Handgreiflichkeiten.

18. Lxc4 dxc4 19. Dd4! Dc7 20. Dc5!

Endlich dürfen sich die Springer auf den schwachen Feldern tummeln; zu allem Übel hat Schwarz dagegen den »Eunuchen« auf c8 übrigbehalten. Nach 20. … Dxc5 21. Sxc5 b6 22. S5a4 Tb8 23. 0–0–0 b5 (sonst Td6) 24. Sc5 Tb6 25. a4 siechte er im Endspiel dahin.

Je mehr man den Ideengehalt einer Eröffnung im Griff hat, um so effektiver kann man in der Regel auch mit Varianten umgehen. Man versteht besser, warum welcher Zug an welcher Stelle gemacht wird, und man verliert nicht so leicht den Faden, wenn der Gegner abweicht. Oft spürt man in einem gut bekannten Aufbau sofort, was diese Abweichung ungefähr wert ist: viel, wenig oder zumindest doch etwas.

Zudem werden gerade in der Eröffnung mit jedem Zug Karten aufgedeckt, bekommt eine Stellung Konturen, die man möglichst früh erkennen muß. Zu welchen Ideen paßt die konkrete Zugfolge noch, zu welchen nicht mehr? Im Denken erzeugt das eine ständige Wechselwirkung und Feinabstimmung. Oft verlangt eine bestimmte Variante eine ganz bestimmte Idee oder schließt eine andere aus. Auch der Fall, daß in einer Variante die Idee A gut und die Idee B schlecht, hingegen in einer nur etwas anderen die Idee A schlecht und Idee B gut ist, kommt nicht selten vor. Schauen wir uns ein paar einfache Beispiele in einem konkreten Eröffnungssystem an, die heute zwar schon zum Wissen gehören (kaum ein Meister wird in diesen Varianten am Brett noch viel nachdenken), aber recht lehrreich sind.

1. d4 Sf6 2. c4 g6 3. Sc3 Lg7 4. e4 d6 5. Sf3 0–0 6. Le2 e5 7. 0–0

Hier z. B. ist der Zug 7. Le3 ein typischer Fall, wo man geistig sofort schalten muß und nicht weiterspielen darf, als sei das nur eine harmlose Zugumstellung, da Weiß später ja doch kurz rochieren wird (wirklich?!). Wir kommen darauf gleich im nächsten Diagramm.

7. … Sc6 8. d5 Se7

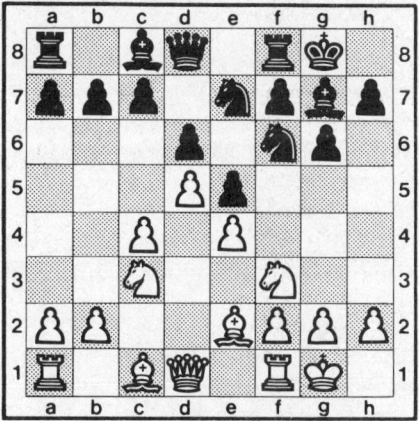

Diagramm 34

Eine »der« Grundstellungen der Königsindischen Verteidigung, und sicher auch den meisten Amateuren bekannt. Das beidseitige Grundkonzept stand schon in »Zug um Zug 3«: Weiß greift mit dem Schlüsselzug c4–c5 am Damenflügel an; Schwarz sucht sein Heil auf der anderen Seite, vor allem, wenn er dem weißen König mit f7–f5 usw. auf den Pelz rücken kann.

Sicher alles richtig; doch es ist sozusagen nur das gröbste Muster, das auf die Stellung paßt. Aber vielleicht reicht es schon aus, um Unrat zu wittern, falls Weiß im 7. Zug Le3 statt 0–0 gespielt hätte (dann stünde also der Lc1 auf e3, König und Turm noch auf e1 bzw. h1). Was hat das zu bedeuten? Rochiert Weiß denn nicht ohnehin kurz? Nicht unbedingt! Dem schwarzen Angriff fehlt einiger Biß, wenn er nicht direkt auf das weiße Oberhaupt trifft; da das Zentrum geschlossen ist, kann es sich Weiß zudem leisten, mit der

Rochade zu warten oder sie gar zu unterlassen, ohne daß dem König auf e1 gleich Fürchterliches droht.

Man darf daraus sicher nicht allzu dogmatische Schlüsse ziehen; doch Partien zu diesem Thema zeigten tatsächlich ein Plus für Weiß. Die Theorie behandelt auf 7. Le3 darum 7. … Sc6 analog dem Text zumindest skeptisch und empfiehlt Schwarz grundlegend andere Ideen, um Ausgleich zu bekommen.

Zurück zum Diagramm. Wie gesagt, heißt das gröbste Muster: Weiß greift mit c4–c5 an, Schwarz mit f7–f5. Das setzt freilich voraus, daß beide nur ihre Ideen forcieren, statt z.B. zu versuchen, erst die des Gegners zu stören. Was passiert etwa, wenn Schwarz versucht, mit c7–c5 abzuriegeln? Wer nur das erwähnte Muster kennt, wird daran erst einmal eine Zeitlang zu kauen haben, denn mit c4–c5 ist es aus. Ob man nun en passant auf c6 nimmt oder versucht, mit b2–b4 doch eine Linie zu öffnen – die Partie kommt vom Denken her auf ganz andere Wege.

Auch Weiß könnte probieren, am Königsflügel den Spieß umzudrehen und dem Gegner zuvorzukommen: mit f2–f4. Das Problem dabei entdeckt man schnell: Schwarz droht, sich evtl. nach e5xf4 auf dem Prachtfeld e5 einzunisten! Doch das muß nicht in jedem Fall so sein, wie wir gleich sehen werden, und das heißt, daß auch diese Idee nicht generell von der Hand zu weisen ist.

Interessant nun, wie kritisch im Sinn dieser Gedanken der nächste Zug wirkt, zumindest was die populärsten Varianten 9. Sd2 und 9. Se1 betrifft. Es gibt auch noch andere; aber diese beiden zeigen besonders schön die Beziehung zwischen Ideen und Varianten.

A) 9. Se1

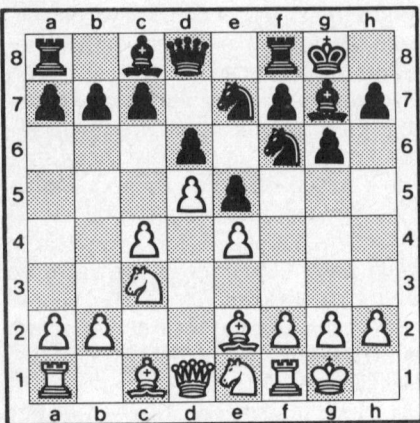

Diagramm 35

Ein klarer Fall: Der Springer soll nach d3, wo er in gewisser Weise ideal steht – er schielt nach Feldern, die für alle genannten Ideen hochwichtig sind, nämlich b4/ c5 sowie f4/e5. Versuchen wir als erstes für Schwarz die Blockadeidee.

9. ... c5 10. f4
Die Bücher meinen, daß auch die Damenflügelaktion (nach Vorbereitung b4) gut für Weiß ist; doch der Textzug, mit dem Kortschnoi einmal Erfolg hatte, scheint uns vom Thema her interessanter.

10. ... exf4
Das einzige, wenn Schwarz auf das starke Feld e5 spielen will; nach Sd7 zieht Weiß f4–f5 und hat auf beiden Flügeln das Heft in der Hand.

11. Lxf4 Se8
Jetzt geht Sd7 überhaupt nicht, weil d6 hinge; sonst droht aber Weiß schon selbst e4–e5.

12. Sd3 f6
Wieder um e4–e5 zu verhindern, was z. B. auf 12. ... f5 stark wäre.

13. Dd2
Schwarz »hat« zwar im Moment das Feld e5, doch wie kommt er mit einer Figur je dahin? Seine beiden Springer stehen dafür geradezu grotesk schlecht, genauso der eingemauerte Lg7. Der einzige Versuch, die Dinge halbwegs in Ordnung zu bringen, wäre 13. ... g5 14. Le3 Sg6; doch dann geht 15. e5!, und wie auch Schwarz nimmt, verliert er c5 bzw. g5 zurück mit schlimmen Stellungsschwächen. Bleibt er aber statt 13. ... g5 passiv, hat er am Königsflügel nichts, und Weiß rollt ihn mit b4 in Kürze auf. Fazit: Die Idee scheitert hier an einer konkreten Zugfolge, die auf einigen taktischen »Zufälligkeiten« beruht (z. B., daß im 11. Zug nicht Sd7 geht). Da, wie gesagt, auch anderes als 10. f4 für Weiß vorteilhaft betrachtet wird, kommt c7–c5 in dieser Variante so gut wie nie in der Praxis vor.

Also von Diagramm 35 aus die andere Idee f7–f5, d. h., der Sf6 muß aus dem Weg. Hier lauert schon wieder eine kleine Fußangel: Zweifellos spielt man im Wissen, daß c5 und e5 hochwichtige Felder sind, lieber Sd7 als Se8; doch auch der letztere Zug kam vor, und es zeigte sich, daß wieder f2–f4 geht, nämlich in der Form 10. Sd3 f5 11. f4. Nur 9. ... Sd7 hat die Weißen davon abzuschrecken vermocht; die komplizierte und weit analysierte Hauptvariante, die sich dann ergibt, gehört wirklich nicht hierher.

Schon eine kaum merkliche Abweichung im 9. Zug aber kann dazu zwingen, vor allem aus schwarzer Sicht, diese Ideen in einem ganz neuen Licht zu betrachten.

B) 9. Sd2

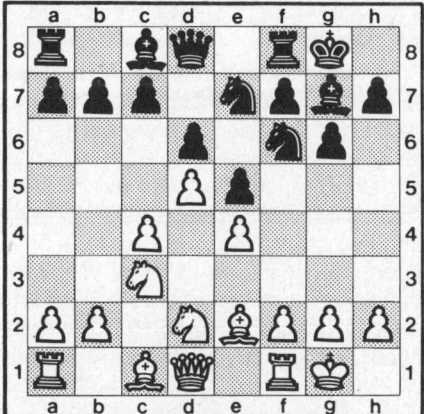

Diagramm 36

Auf den ersten Blick ahnt man wohl gar nicht, was der Springer hier soll: Er beherrscht keinen der kritischen Punkte, und an f2–f4 kann Weiß so schnell nicht denken – nimmt Schwarz, müßte wohl gar der Tf1 wiederschlagen, und abgesehen von taktischem Ärger stünden die weißen Figuren im Hinblick auf Feld e5 reichlich »dumm«.

Trotzdem hat der Zug Sd2 eine giftige Idee: Kommt Weiß einmal zu c4–c5, dann hüpft das Roß nach c4 und wirkt plötzlich brandgefährlich, vor allem weil es direkt auf den Bd6 drückt, dem das weiße Spiel gilt. Natürlich ist die Lage, die sich z.B. nach 9. ... Sd7 10. b4 f5 11. f3 Sf6 12. c5 f4 13. Sc4 g5 ergibt, alles andere als klar; doch die praktische Bilanz sprach von Anfang an für Weiß.

Bezeichnend, daß dieser weiße Plan vor allem Erfolg hatte, als die Schwarzen

noch so spielten, wie sie es gegen das ältere 9. Se1 gewohnt waren; nämlich sofort auf f7–f5 ausgehend, wie wir das gerade sahen. Noch ein Buch von 1975 resümiert: »Die Variante 9. Sd2 stellt den Nachziehenden somit vor ernste Probleme.« Offenbar erst als man den gedanklichen Sprung tat, grundsätzlich neue Konzepte zu suchen, fand man auch Schattenseiten der Springerstellung d2. Gewiß logisch nach allem Bisherigen wirkt gerade in diesem Moment die Blockadeidee 9. ... c5. Der Sd2 kommt jetzt so schnell nicht nach c4, worauf Weiß es abgesehen hat; die Idee mit f4 scheidet praktisch aus; auch für das Vorgehen b4 steht der Springer nicht so gut wie auf d3. Die fast zwangsläufige Folge: Aktuell ist inzwischen aus weißer Sicht der radikal andere Gedanke 10. dxc6 bxc6 11. b4, was zu total neuen Bildern führt – doch das ist wiederum ein Kapitel für sich.

Man sieht, wie der Spieler im Eröffnungsteil einer Partie gedanklich mit Plänen und Varianten »jonglieren« muß: Der Wert von Ideen kann sich je nach Zugfolge sprunghaft ändern. Es wird sicher auch klar, daß man das alles nur richtig verstehen und verarbeiten kann, wenn man über die Eröffnung hinaus die angrenzende Phase studiert – erst dann zeigt sich, was für Folgen es hat, wenn z. B. vielleicht zehn Züge vorher eine Figur ein wenig anders gestellt wurde als üblich!

Früher mußten sich selbst Meister durch solche Probleme am Brett durchbeißen; heute hat das Wissen schon ein immenses Ausmaß erreicht. Für wen z. B. das, was wir eben über Königsindisch gebracht haben, noch Neuland ist, der wird in einem höherklassigen Turnier mit dieser Variante kaum eine Chance haben.

Die kritischen Momente, wo es noch ungeklärte Fragen gibt, verschieben sich in der Regel immer weiter. Wo früher im 10. Zug beide schon selbst spielen mußten, hängt heute vielleicht alles davon ab, ob im 18. Zug der Untervariante b) das sich abzeichnende Endspiel gleich oder doch für Weiß günstig ist. Selbst ein Bobby Fischer hätte nach nun 15 Jahren Pause in einem modernen Superturnier wenig zu melden, wenn er sich allein auf sein Können verlassen müßte; denn das Wissen wäre ihm inzwischen »davongelaufen« (wer freilich weiß, ob sich Fischer nicht doch in seiner Abgeschiedenheit auf dem Laufenden hält?).

Auf höchster Ebene reicht ein einziges Gehirn gar nicht mehr aus, um all das zu verarbeiten, was an neuen Ideen in -zig Varianten so auftaucht. Ein Kasparow oder Karpow hat einen ganzen Stab von Helfern, die ihrem Herrn und Meister nicht nur den Extrakt aller aktuellen Partien servieren, der für ihn wichtig sein könnte – sie sollen dazu auch Eigenes einbringen, Fehler enttarnen, Verbesserungen vorschlagen etc. Was dann z. B. in einem WM-Match aufs Brett kommt, ist nur die Spitze eines Eisbergs von Laborarbeit. Und natürlich lebt sich's – wie in jeder Firma – für das Team nicht leicht, wenn der Chef mit solch einer Vorbereitung auf die Nase fällt …

Die Champions lassen sich verständlicherweise nicht gern in ihre Karten schauen; doch manchmal erkennt man am Verlauf einer Partie, am Zeitverbrauch, an Reaktionen des Teams und anderen Äußerlichkeiten, was daheim vor sich ging. Ein prachtvolles Beispiel dafür lieferten K&K in der 5. Partie der WM-Revanche 1986 in London.

Karpow–Kasparow
Grünfeld-Indisch

1. d4 Sf6 2. c4 g6 3. Sc3 d5 4. Lf4 Lg7 5. e3 c5 6. dxc5 Da5 7. Tc1 Se4 8. cxd5 Sxc3 9. Dd2 Dxa2 10. bxc3 Dxd2+

Alles bisher steht im Buch, und auch dieser Abtausch – wenngleich als zweitklassig! Prompt »beschimpfen« viele Kommentatoren den Weltmeister in höchsten Tönen und sahen darin den entscheidenden Bock. Das mag objektiv sogar richtig sein, geht aber am Kern der Sache völlig vorbei. Gerade Kasparow und sein Team fanden schon oft Neues in verdächtigen Varianten und haben sie wiederbelebt. Keine Frage, daß das auch hier geplant war!

11. Kxd2 Sd7 12. Lb5 0–0 13. Lxd7 Lxd7 14. e4 f5 15. e5 e6 16. c4 Tfc8 17. c6 bxc6 18. d6

Wieder ein kritischer Moment. Es hieß unisono, daß hier 18. … g5 besser war, obwohl sich's dann schon mit Weiß bequemer lebt. Doch auch das trifft noch immer nicht den Punkt. Denn beide hatten dem Zeitverbrauch nach bis dahin kaum selbst gedacht, und gar die nächste wichtige Entscheidung kostete Kasparow ganze zwei Minuten! Er vertraute also noch immer der Heimarbeit, und wir möchten ein wenig spekulieren: Hätte man da schon entdeckt, daß es nichts Besseres gab als 18. … g5 mit leichtem Nachteil, die ganze Variante wäre wohl beim alten Eisen gelandet und nie aufs Brett gekommen!

18. … c5 19. h4 h6

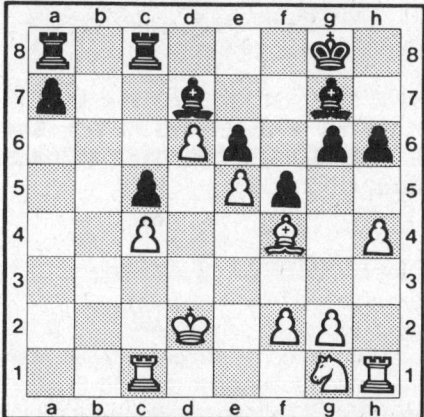

Diagramm 37

Soweit schien für das Weltmeisterteam noch die Sonne. Eindeutig klingt jedenfalls das Zitat eines Augenzeugen in London (aus dem WM-Revanche-Buch von Pfleger/Borik/Kipp-Thomas): »Bis zu diesem 20. Zug schaute Vladimirov (einer der Sekundanten Kasparows, der im Presseraum die Partie verfolgte; Anm. d. Verf.) kaum auf den Monitor, auf dem die jeweilige Partiestellung zu sehen war, und er unterhielt sich dauernd mit Anwesenden. Es war ihm anzusehen: Das haben wir schon alles auf dem Brett gehabt!«

Die Sache bekommt einen pikanten Anstrich dadurch, daß Vladimirov gegen Ende des Matchs »gefeuert« wurde, weil ihn Kasparow im Verdacht hatte, ein heimlicher Karpow-Mann zu sein! Doch Spekulationen hin oder her; wo der springende Punkt der Partie lag, zeigt Vladimirovs Reaktion deutlich.

Worum geht es in der Stellung? Für beide hängt das Wohl und Wehe davon ab, ob

der weiße Bauernkeil überlebt. Wenn ja, bleibt der Lg7 im Verlies, und Schwarz wird im eigenen Saft geschmort; wenn nein, sind seine Läufer mit dem a-Freibauern eine Macht. Spielt Schwarz das vorhin erwähnte 18. ... g5, bekommt er zwar nach 19. Lxg5 Lxe5 den Lg7 frei; doch dann zementiert 20. c5 den Bd6 wieder und stempelt den anderen Läufer, den auf d7, zum Nachtwächter. Jetzt aber droht g5 wirklich, d.h., Weiß muß praktisch den Sg1 ziehen. Geht der aber nach f3, wie man denken sollte, dann kommt Lc6, und mit Lxf3 nebst g5 setzt Schwarz doch seinen Kopf durch.

Um so vernichtender schlug die Bombe ein:

20. Sh3!!

Wir zitieren wieder den Augenzeugen in London: »Kaum hatte Karpow den ominösen 20. Zug gespielt, hörte Vladimirov auf, sich zu unterhalten, und starrte wie gebannt auf den Monitor. Besorgte Gesichter gab es auch bei anderen Mitgliedern aus Kasparows Lager und auch bei dem Weltmeister selbst, der nach anfänglich schnellem Spiel nun zu grübeln begann: Eine halbe Stunde für die nächsten drei Züge. Karpow dagegen sah zum erstenmal in diesem Wettkampf entspannt und zuversichtlich aus.«

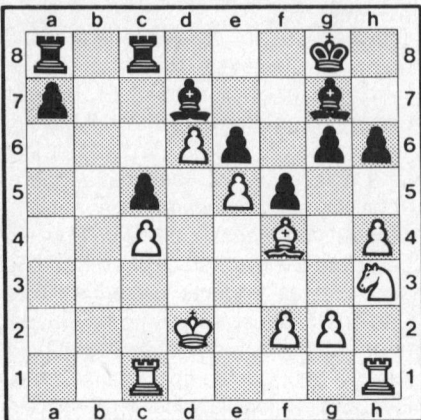

Diagramm 38

Was ist passiert? Der Springerzug fegt das gesamte schwarze Konzept vom Tisch: Genau wie auf f3 macht der Gaul die befreiende Sprengung g5 zunichte und ist dabei für alle Zeiten dem Ld7 entwischt, der von c6 aus auf Granit beißen wird, sobald Weiß f3 zieht. Aber noch schlimmer: Die Wanderung Sf2–d3 droht bald, was sowohl e5 endgültig zementiert wie begehrliche Blicke nach c5 wirft, ja sogar noch spätere schwarze Einbruchsfelder in der b-Linie kontrolliert. Schwarz spielt dann praktisch ohne den Lg7, und das wäre nicht auszuhalten.

Man kann nur folgendes vermuten: Kasparow und sein Team hielten die ganze Variante bis hierhin zumindest als gut spielbar für Schwarz. In diesem Zug muß etwas passiert sein, was die Hausanalyse über den Haufen warf. Ob man 20. Sh3 einfach übersah oder der Fehler tiefer liegt, wissen nur Gott und Kasparow. Auch wieso sich Karpow so gut auskann-

te – einfach generelles Wissen, oder ahnte er, daß sein Gegner womöglich diese Variante spielen könnte? – bleibt ein Geheimnis.

Auch der Rest der Partie scheint jedenfalls zu beweisen, daß das Konzept des Weltmeisters an einem Haar hing. Von hier an wirkt Kasparow wie ein Fisch auf dem Land. Offenbar war er auch psychologisch etwas schockiert, denn er läßt noch ganz gute Chancen aus, im Trüben zu fischen und Karpow wenigstens ins Schwitzen zu bringen, was er sonst meist virtuos beherrschte!

20. ... a5 21. f3 a4 22. The1!
Genau gespielt; auf sofort 22. Sf2 hätte Schwarz doch noch g5!

22. ... a3 23. Sf2 a2 24. Sd3 Ta3 25. Ta1 g5
Hier oder noch zwei Züge später war Tb8 einen Versuch wert. Besonders 27. ... Kf7 stimmte die Londoner Schachfans regelrecht elegisch – statt eines harten Fights nach dem Bauernopfer sahen sie nur einen prosaischen Untergang.

26. hxg5 hxg5 27. Lxg5 Kf7 28. Lf4 Tb8 29. Tec1 Lc6 30. Tc3 Ta5 31. Tc2 Tba8 32. Sc1, Schwarz gab auf.

Wenn nun die Meister wirklich so viel wissen und sich bis an die Zähne mit Heimanalysen bewaffnet ans Brett setzen – warum brauchen sie dann oft in alltäglichen Stellungen, nach ein paar Zügen nur, wo selbst jeder Amateur Bescheid weiß, relativ viel Zeit? Was geht im Kopf des Spielers da vor? Das ist im Grund ein Psycho-Duell wie beim Pokern, wenn Zug um Zug neue Karten aufgedeckt werden und jeder sich fragt, welchen Trumpf der andere noch in der Hinterhand hat. Wer bringt als erster eine Neuerung? Natürlich geht es da nicht nur um Schach – zumindest unter Meistern, die sich genau kennen –, sondern noch mehr um Psychologie. Was spielt der andere oft? Muß er oder ich vom Turnierstand her gewinnen oder reicht ein Remis? Das macht viel aus bei der Eröffnungswahl.

Nicht oft rücken Meister mit solchen Geheimnissen heraus – doch z. B. bei den TV-Turnieren, wo die Eigenkommentare der Spieler in Sendung und Buch eingebaut wurden, taten sie es. Lauschen wir also ein wenig bei einer Partie, wo beide vom ersten Zug an recht gesprächig waren: Großmeister Browne (USA) und der damalige Weltmeister Karpow. Turnierstand: Browne mußte gewinnen, um sich noch Chancen zu bewahren, Karpow einzuholen.

Browne–Karpow
Bath 1983

1. d4
Karpow: »Das hat er noch jedes Mal gegen mich gespielt, und ein paarmal schon hatten wir Nimzoindisch, okay.«
1. ... Sf6
Browne: »Natürlich, wie immer. Sf3 wäre nun möglich, aber c4 ist schärfer; falls er Königsindisch spielt, weiß er dann nicht, wohin ich mit dem Springer will.«
(Der Zug Sf3 schaltet z. B. die schärfsten Systeme für Weiß gegen Königsindisch von vornherein aus, nämlich den Vierbauernangriff mit f2–f4 und den Sämischangriff mit f2–f3.)
2. c4
Karpow: »Um noch eine Chance zu haben, ins Finale zu kommen, muß er die Partie gewinnen. Wenn ich jetzt e6 ziehe, läßt er wahrscheinlich Nimzoindisch zu; mal sehen.«

2. ... e6
Browne: »Ja, auf die Weise legt er sich noch nicht fest. Auf 3. Sc3 hat er wohl Nimzo vor, aber ich werde 3. Sf3 bringen, und dann kommt wahrscheinlich Damenindisch mit b6 und Lb7. In unserer letzten Partie, in der ich Weiß hatte, gab es abgelehntes Damengambit, das hatte ich sehr gut vorbereitet und kriegte eine sehr bequeme Stellung, so denke ich, daß er diesmal was anderes versuchen wird. Das einzige sonst, von dem ich weiß, daß er es gelegentlich spielt, ist Bogoljubow-Indisch; aber das ist überscharf, und ein Remis reicht ihm ja, sich den Gruppensieg zu sichern. Und weil er weiß, daß ich auf eine scharfe Partie ausgehen muß, wird er mich ein bißchen überraschen wollen, aber eine solide Stellung anstreben.«
3. Sf3
Karpow: »Jetzt habe ich zwischen b6 und d5 zu wählen. Auf b6 wird er fast sicher a3 oder Sc3 erwidern; wahrscheinlich hat er was vorbereitet, aber das gerade würde ich gern rauskriegen.«
(d5 wäre das abgelehnte Damengambit, das Karpow, wie man sieht, tatsächlich nicht spielen will; an Bogoljubow-Indisch, also 3. ... Lb4+, denkt er gar nicht.)
3. ... b6
Browne: »Ha, wie ich mir dachte! Jetzt geht natürlich Sc3, aber darauf ist Lb4 in Ordnung für Schwarz. a3 hab' ich hier oft gespielt; er weiß das, aber ich habe große Erfahrung damit und habe sowieso was Besonderes für ihn vorbereitet...«
4. a3
Karpow: »Die Theorie gibt jetzt La6 mit Ausgleich an; interessant, was er wohl darauf vorhat? Noch neugieriger bin ich zu erfahren, was er auf Lb7 antwortet.«

4. ... Lb7

Browne: »Hab' ich's mir nicht gedacht! La6 ist an der Stelle ja üblicher, aber führt zu schärferem Spiel als ihm heute wohl lieb ist...«

5. Sc3 d5

(Nach Karpow die einzige Antwort; da Schwarz jetzt nicht mehr mit Lb4 den Springer ausschalten kann, droht Weiß nicht nur irgendwann in Kürze e4, sondern sogar direkt d5.)

Browne (überlegt, auf d5 zu tauschen): »Soll er doch ruhig mit dem Springer zurücknehmen; ich habe mit der Variante eine schöne Erfolgsrate, vielleicht nicht ganz so hoch wie Kasparow, aber ich bin sehr zufrieden mit den Ergebnissen.«

6. cxd5 exd5

Karpow: »Mit dem Bauern wird seltener geschlagen, ist aber interessant.«

(Er merkt noch an, daß Sxd5 zur Zeit sehr populär sei – d. h., er sucht eine Variante, bei der es möglichst wenig wahrscheinlich ist, daß Browne sich vorbereitet hat!)

Browne: »Ah, gut, genau wie erhofft; jetzt ist natürlich g3 der Normalzug, und vielleicht hat er darauf c5 vor, was der neueste Konter ist. Aber ich habe was anderes vor. Ich spiele Da4+, und wenn er c6 antwortet, hat er c5 nicht zur Verfügung...«

7. Da4+

(Der erste selbständige Zug; wenn auch nicht am Brett, sondern zu Hause entdeckt! Zugleich ein schöner Beweis, wie man versuchen kann, dem Gegner mit einer kleinen Feinheit in der Zugfolge eine ganze Idee zu versalzen.)

Karpow: »Sehr seltsam; was will er da?... Sd7 geht, aber das ist wohl, was er haben will. Also c6.«

(Hier denken die beiden, wie man sieht, ein wenig aneinander vorbei! Im Moment scheint es, als ob Karpow derjenige ist, der im Dunkeln tappt...)

7. ... c6

Browne: »Ha, genau wie ich geschätzt habe! Kenne ich nun diesen Burschen oder kenne ich ihn nicht? ... Jetzt könnte ich sicher Lg5 oder Lf4 machen, dann kämen wir in eine neue Stellung; aber mir schwebt was anderes vor ein paar Züge später, und es ist ziemlich gut möglich, daß er da hineingerät...«

8. g3 Le7 9. Lg2 0–0 10. 0–0 Sbd7

(Karpow spricht in dieser Phase nur über seine schachlichen Erwägungen.)

Browne: »Er folgt der Partie, die er letztes Jahr auf der Olympiade in Luzern gegen Timman spielte; da gab es zur selben Zeit noch mehrere Partien mit dieser Variante. Die spielten alle Lf4; wie wäre Lg5...?«

Ab hier werden die Gedanken dann immer schachlicher – doch bis zum 16. Zug bricht gelegentlich durch, daß Browne noch immer glaubt, den Weltmeister mit seiner Vorbereitung »erwischt« zu haben!

11. Lf4 Sh5 12. Ld2 Te8 13. Tad1 Ld6 14. e4 dxe4 15. Sg5 Sdf6!

Das ist der Witz, den Browne übersah: Er rechnete – wie wohl die meisten – nur mit Shf6. Der »schiffbrüchige Hengst da draußen«, das »sibirische Roß in trauriger Lage«, vermiest ihm nach 16. Sgxe4 Le7 nun z. B. den Zug 17. Lf4, der mit einem Sd7 statt Sh5 recht kräftig wäre (u. a. Einstiegsdrohung auf d6). Karpow glich danach schnell aus und brachte sein Planziel Remis nach 22 Zügen unter Dach und Fach. Browne's »letzte Worte«:

»Oh, meine Güte, meine Güte, so hab' ich eine neue Eröffnungsidee zum Fenster rausgeworfen! Fast alle Leute in der Welt hätte ich damit schlagen können, aber dieser Bursche, der findet einfach einen richtigen Verteidigungszug nach dem anderen, und heute hab' ich, glaub' ich, gleich zwei neue Züge verschwendet gegen diese Maschine...«

(Es ist bekannt, daß viele Meister ihre besten Geheimwaffen nicht gegen jeden, sondern nur in höchst wichtigen Partien oder bei besonders starken Gegnern auspacken. Um so größer dann die Enttäuschung, wenn solch ein Coup im Sand verläuft!)

Das wäre so einiges, was auch dem Durchschnitts- und Hobbyspieler hoffentlich hilft, mit seinen Eröffnungen besser zurechtzukommen. Ein Fazit läßt sich vielleicht in einem Satz ziehen: So viele Ideen, Pläne und Muster wie möglich – nur so viele Varianten wie nötig!

4. Kapitel: Streiflichter im Mittelspiel

Wenn einem die unzähligen Möglichkeiten einer Schachpartie oft wie ein Urwald vorkommen, durch den man sich mehr schlecht als recht einen Weg bahnen muß – bestimmt trifft das vor allem aufs Mittelspiel zu. Soviel man inzwischen schon darüber weiß, soviel Muster taktischer und positioneller Art ein Meister auch kennen mag: Wenn man dann am Brett sitzt und allein auf sich gestellt ist, bleibt ein Maß an Unsicherheit. In der Eröffnung hat man oft Varianten, die Zug für Zug bekannt sind, identisch mit dem, was man weiß; auch im Endspiel ist die Chance größer, daß man Stellungen bekommt, die mit reinem Wissen zu erledigen sind. Aber bei vollem Brett?! Die Kenntnisse decken sich praktisch immer nur zum Teil mit der konkreten Lage; je fundierter sie sind, um so größer meist auch dieser Teil, doch 100% beträgt er so gut wie nie.

Kein Wunder also, daß vor allem der Amateur oft verzweifelt nach etwas sucht, woran er sich in dieser Unsicherheit festhalten kann. Aber nicht selten liegt da auch die größte Gefahr.

Wir haben schon im ersten Kapitel Beispiele gebracht, wie man im Prinzip versuchen kann und soll, einer Stellung durch Allgemein(Muster-)wissen und Prüfung der konkreten Details zu Leibe zu rücken. Jetzt eine Reihe von Fällen, bei denen Amateure erfahrungsgemäß im Denken oft Fehler machen bzw. einem Meister besonders stark unterlegen sind. Wie wir glauben, steht da an erster Stelle gerade die Überschätzung der Dinge, die man »in der Hand hat«, die man zählen und sehen kann oder die sonst irgendwie festliegen. Und darunter die Spitze hält sicherlich das Material. Damit ist nicht nur vordergründig gemeint, wenn jemand in eine Falle tappt, weil er sich einen »vergifteten Bauern« schmecken ließ. Eher schon, wenn der Gegner für den Bauernraub nichts Zählbares oder direkt Taktisches als Gegenwert bekommt, sondern nur Initiative, Figurenspiel usw. Doch das rührt an Grundprobleme, die selbst für Meister oft nicht leicht zu lösen sind.

Vom Denken her der wohl einfachste Fall: Wie oft überschätzt man nicht Züge, die einen Stein angreifen oder sonst etwas drohen? Und deckt man nicht ebenso oft automatisch, reflexartig solche Drohungen, ohne etwas anderes zu suchen? Das fällt schon annähernd unter den Scheuklappen-Effekt, der bei den groben Böcken so prägnant zutage trat.

Doch so handgreiflich liegen die Dinge nicht immer. Viele Spieler sind z. B. durchaus keine Materialisten, solange sie Unrat wittern. Sie haben durchaus einen Sinn dafür, ob irgendein Teufelsbraten, der da verführerisch am Weg liegt, genießbar sein könnte oder nicht. Doch sobald sie nichts Verdächtiges entdecken und zudem glauben, daß sie gut stehen, greifen sie zu. Der sicherste Weg, eine überlegene Partie zu gewinnen, ist nach Meinung vieler Amateure, dem anderen wegzunehmen, was man erwischen kann.

Genau das Gegenteil kommt oft heraus. Sicher ist es psychologisch schwer, wenn einem offensichtliches »Fallobst« ins Auge sticht, sich noch zum Nachdenken zu zwingen, ob es vielleicht sicherer ist, ohne dies weiterzuspielen. Doch gerade weniger Erfahrene vergeben auf diese Art oft die schönsten Chancen.

Walther—Fischer
Zürich 1959

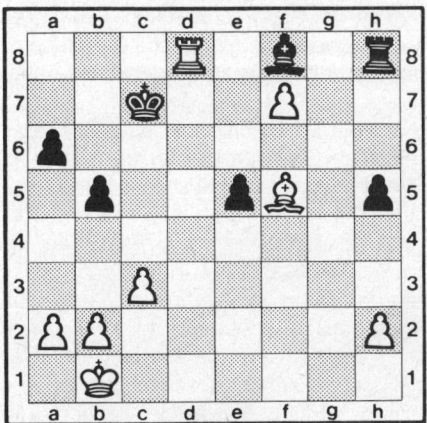

Diagramm 39

Weiß: Kb1, Td8, Lf5, Ba2, b2, c3, f7, h2
Schwarz: Kc7, Th8, Lf8, Ba6, b5, e5, h5

Man muß dazu sagen, daß der relativ unbekannte Schweizer die Partie nicht nur glänzend gespielt, sondern bislang auch keine Spur Materialismus gezeigt hat – im Gegenteil, er gab zwischendurch einige Züge lang einen Bauern her. So »platt« stand Bobby Fischer schon damals höchst selten! Doch was fängt man nun mit dieser haushohen Gewinnstellung an? Dem Weltklassemann war der Fall klar: nach 1. Te8!, so Fischer, hätte er aufgegeben! Sein Läufer und Turm bleiben eingefroren (1. ... Lg7 2. Txh8 Lxh8 3. f8D); der König kann nicht helfen, weil er entlang der e-Linie abgeschnitten ist und nicht auf den Königsflügel kommt. Von dem Mehrbauern, den Weiß ohnehin hat, ganz zu schweigen! Der Kb1 liefe

langsam ins Zentrum, und da Schwarz – von ein paar Bauernzügen abgesehen – nur noch den König bewegen kann, ginge in Kürze mindestens noch Be5 über den Jordan (dabei kämen die schwarzen Figuren aber nicht oder nur für ein, zwei Züge aus der Falle heraus).

Dieser Gewinn hätte bestimmt seine Zeit gedauert; doch er läßt Schwarz nicht die kleinste Schwindel- oder gar Rettungschance, da er – wie gesagt – kaum noch einen Stein bewegen kann. Was aber macht Weiß? Er sieht direkt und zwingend weitere Beute – und stürzt sich darauf. Hier denkt ein Spitzenspieler ganz sicher anders als der weniger Erfahrene: Ein dynamisches Plus hält er oft lieber fest als ein materielles. Aktive Figuren zu tauschen oder mit ihnen »auf die Dörfer zu gehen« – das macht er für einen Bauern nur, wenn er den Gewinn zwingend berechnet oder sich überzeugt hat, daß es nichts Stärkeres gibt.

1. Ta8?!

Verdirbt noch nichts, läßt aber Schwarz hoffen. 1. ... Kb7 würde Weiß nun direkt zu 2. Te8 zwingen, und sei es nur, um gleich den Be5 einzusammeln.

1. ... Kd6(!)

Bitte, bedienen Sie sich! Fischer merkt, daß Weiß der unschuldige Ba6 interessiert, und bietet ihn prompt gar mit Schach an. Der Gegner soll nur ja nicht auf die Idee kommen, doch noch 2. Te8 zu spielen ...

2. Txa6+? Ke7 3. Te6+

Sehr in Frage kam 3. Ta7+ Kf6 4. Ld3.

3. ... Kxf7 4. Txe5 b4 5. cxb4 Lxb4

Natürlich steht Weiß immer noch auf Gewinn; statisch betrachtet vielleicht sogar klarer als vorhin: Statt eines Mehrbauern, der als solcher nicht zu verwerten war, hat er nun zwei, sogar verbundene Freibauern! Doch aus dynamischer Sicht hat sich Schwarz völlig erholt: Seine Figuren »leben« alle wieder, und bei ungleichen Läufern gibt es auch mit zwei Minusbauern noch Hoffnungen. Das Unglaubliche geschah: Gut 20 Züge später kam Fischer mit einem blauen (Remis-)Auge davon! ·

Im Denken dessen, der auf Gewinn steht, spielt sich zudem oft ein wahrer Teufelskreis ab: Man merkt zu spät, daß man es sich schwer gemacht hat, wird nervös, will womöglich mit Gewalt das Versäumte zurückholen – und der nächste Fehler kommt von selbst. Die wenigsten schaffen es, wenn die Partie einmal schief läuft, sich innerlich wieder zu fangen und objektiv, konzentriert nachzudenken.

Jetzt das Gegenbeispiel, wie ein Meister die Sache richtig anpackt:

Bogoljubow – Marshall
New York 1924

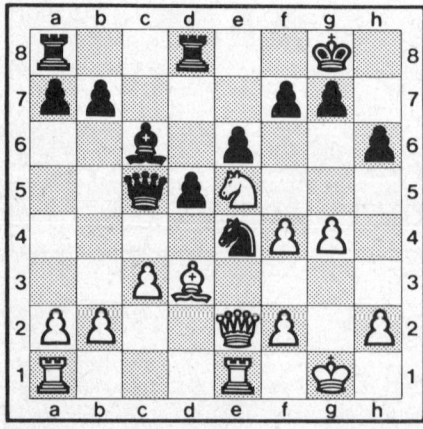

Diagramm 40

Weiß: Kg1, De2, Ta1, Te1, Ld3, Se5, Ba2, b2, c3, f4, f2, g4, h2
Schwarz: Kg8, Dc5, Ta8, Td8, Lc6, Se4, Ba7, b7, d5, e6, f7, g7, h6

Ein klarer Fall?! Weiß war gerade dabei, den Gegner am Königsflügel mit seinen Bauern niederzuwalzen, und um g4–g5 nebst Dh5 und K.o. auf h7 bzw. f7 zu verhindern, hat Schwarz eben Sf6–e4 gespielt. Muß man da lange überlegen? Es sieht doch alles sehr nach Verzweiflung aus – Nehmen auf c6, dann auf e4, und ein Bauer ist im Sack.

Vielleicht hätte so mancher gar nicht viel weiter gedacht, schon eben des Effekts wegen, daß man dem Gegner in seiner Not gar nicht mehr zutraut, kalkuliert und mit Chancen im Hinterkopf zu opfern. Nimmt man sich ein wenig Zeit, sieht wohl auch der Amateur schnell, daß 1. Sxc6 Dxc6 2. Lxe4 dxe4 3. Dxe4 Td2! (nicht Dxe4 4. Txe4 Td2, weil nach 5. Tb4! der Turm zugleich deckt und angreift) einige Beschwerden hat, da Schwarz Tad8 nebst evtl. Turmverdopplung auf der 2. Reihe droht. Daß Weiß also erst einmal mit einem guten Entwicklungszug scheinbar seine Drohung verstärkt, liegt nahe.

1. Tad1 Tac8

Ignoriert weiter den Bauernverlust! Die Verführung für Weiß »steigt« quasi: Jetzt kann er gar noch ein Turmpaar abtauschen, nämlich mit 2. Sxc6 Dxc6 3. Lxe4 dxe4 4. Txd8+ Txd8 5. Dxe4 Td2 6. Dxc6 bxc6. Das ist dasselbe Endspiel wie vorhin mit nur einem Turm beidseits – leider einem recht kläglichen weißen (der nach b1 müßte, um den Mehrbauern zu halten) gegen einen höchst wuchtigen schwarzen Turm.

Hat man einmal die erste Variante im Diagramm entdeckt, dann sicher auch diese, denn sie ist vom Denken her praktisch ein »Zwilling«. Doch allmählich drückt etwas anderes: Wie kriege ich mit Weiß, wenn ich nicht abwickeln will, diesen protzigen Se4 überhaupt los?, fragt man sich. Höchstens durch f2–f3; doch das vorzubereiten und dann den Angriff wieder aufzunehmen, das nimmt doch eine Menge Zeit in Anspruch.

Wir sind überzeugt, daß viele Durchschnittsspieler allein deswegen den Bauern verspeisen würden, obwohl sie sehen, daß das Turmendspiel Probleme macht. Motto: lieber schnell und ohne Risiko einen Bauern mehr, als sich mit vollem Brett, wo noch alles passieren kann, weiter zu plagen!

Der Meister freilich wählt genau diesen Zeitlupenplan, bei dem gut fünf Züge lang scheinbar überhaupt nichts Konkretes passiert. Von seinem Denken her verwertet es den Vorteil »sicherer«, wenn er die Figuren behält, solange sie nur auf Dauer den feindlichen überlegen sind. Und das garantiert hier die Schwäche der Diagonalen b1–h7; Schwarz kann sie nicht wirksam sperren, es sei denn durch Züge, die schwere Schäden verursachen. Solche positionell fundierten, dauernden Vorteile, die nur mit vielen Figuren auszubeuten sind, gibt der Meister nicht für einen im Gewinnsinn höchst zweifelhaften Bauernraub her.

2. Kg2!
Bereitet f2–f3 vor.
2. ... La4 3. Tc1 f6
Schwächt die Diagonale b1–h7 noch weiter; doch solange der Springer auf e5 steht, hilft späteres g6 wegen Sxg6 in der Regel auch nicht.

4. Sf3 Lc6 5. Sd4 Dd6 6. f3 Sc5 7. Lb1!
Spät, doch nun ist es soweit: 8. Dc2 droht höchst peinlich, zumal »nebenbei« noch 8. b4 nebst Einschlag auf e6 zu beachten ist. Das wäre ein ganz anderer Bauerngewinn, denn Weiß verliert dafür nichts an Figurenkraft. Natürlich scheitert 7. ... Dxf4? an 8. b4 nebst Sxe6 mit Qualitätsgewinn.
7. ... Ld7 8. Dc2 f5
Wieder ein höchst interessanter Moment: Dieser Bauerngewinn sieht für Weiß nun wirklich nicht toll aus, denn ihm bleibt der häßliche Doppel-Isolani auf f3/f4 – und trotzdem greift er jetzt gern zu!
9. gxf5 exf5 10. Sxf5 Dg6+ 11. Sg3 Dxc2 12. Lxc2

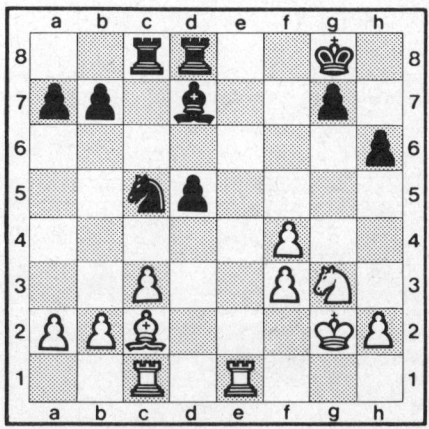

Diagramm 41

Schwarz hat es nun doch geschafft, den Angriff für einen Bauern zu beseitigen – genau wie er auch im 1./2. Zug wollte. Wo steckt der Unterschied? Die Bauernstruktur scheint – wie gesagt – nicht so günstig für Weiß; doch seine Figuren wirken aktiv, er hat die e-Linie und kann d5 unter Beschuß nehmen. Für Schwarz zeigt sich dagegen kein brauchbares Motiv; dem Bf4 wird nichts mehr anzuhaben sein, wenn er in Kürze nach f5 vorrückt.

Man kann so etwas schlecht in Formeln pressen, doch »rechnen« wir einmal zusammen: Von der Stellung her nur ein halber Mehrbauer, vom Figurenspiel her aber noch ein halber, macht einen ganzen. Dagegen das Turmendspiel im 2. Zug: Zahlenmäßig ein voller Bauer mehr, doch in punkto Figurenspiel mindestens ein halber minus. Bilanz also: höchstens ein halber plus!

Vergessen Sie dieses Rechenkunststück gleich wieder; es soll aber zeigen, daß man im Normalfall immer beides, statische und dynamische Elemente, und zwar gleich stark, bewerten muß. Tatsächlich gewinnt Weiß nun ohne viel Federlesen; zwar spät, aber komplett gefahrlos.

12. ... Se6 13. Se2 Tf8 14. f5 Sd8 15. Sd4

Zeigt, daß auf der f-Linie für Schwarz absolut nichts zu holen ist.

15. ... Sc6 16. Lb3! Lxf5 17. Lxd5+ Kh8 18. Lxc6 bxc6 19. Te5 Ld7 20. b4

Den Rest können wir uns schenken: Der Plusbauer ist jetzt völlig gesund, und das überlegene Figurenspiel bleibt. Bis zum Schluß dauerte es zwar noch 20 Züge, doch irgendeine Chance für Schwarz tat sich nicht mehr auf.

Auch wenn man sich über solche Dinge dem Verstand nach im klaren ist – es gibt Momente in einer Partie, wo das Denken dennoch über gewisse Hemmschwellen nicht wegkommt. Streß – besonders in

Zeitnot – mag auch dabei eine Rolle spielen. Geradezu typisch ist folgender Fall:

Spassky – Tal
Leningrad 1959

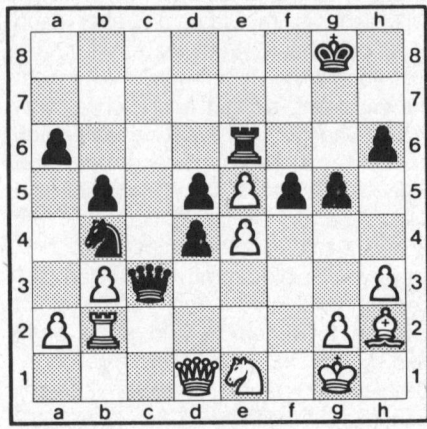

Diagramm 42

Weiß: Kg1, Dd1, Tb2, Lh2, Se1, Ba2, b3, e4, e5, g2, h3
Schwarz: Kg8, Dc3, Te6, Sb4, Ba6, b5, d4, d5, f5, g5, h6

Schwarz am Zug: Ein Turm hängt und ein Bauer. Was würden Sie nehmen?! Selbst der große Taktiker Tal, ein Spieler mit unvergleichlichem Sinn für dynamische Trümpfe in einer Stellung, wurde hier schwach und schnappte die fette Beute:

1. ... Dxb2? 2. exf5

Die Qualität hat Schwarz mehr; doch dynamisch bleibt Weiß mit den verbundenen Freibauern gegen die zerhackte schwarze Struktur, dazu mit der auf h5 eindringenden Dame, am längeren Hebel.

Ob Schwarz deswegen gleich verlieren mußte, ist nicht klar; doch jedenfalls kämpft er schon ums Überleben. Die Partie endete so:

2. ... Tc6 3. Lg3 d3 4. Dh5 d2 5. De8+ Kg7 6. De7+ Kg8 7. f6 dxe1D+ 8. Lxe1, Schwarz gab auf.

Wie sieht es im Diagramm aber nach **1. ... dxe4!** aus? Schwarz fehlt eine Figur, doch seine Bauernmacht wirkt nicht nur imposant, sie rollt auch schnell vorwärts. Dagegen hat Weiß keinen echten Trumpf mehr: der Turm hängt nun wirklich, die Dame allein, ohne die Freibauern wie in der Partie, ist zu schwach, um Schwarz zu beeindrucken (falls sie überhaupt ins Spiel kommt, da sie den Se1 decken muß). Eine Analyse von Euwe gibt z. B. an 2. Tf2 e3! 3. Txf5 d3 4. Sxd3 Sxd3 5. Df1 Dc5, und Schwarz gewinnt.

Den »großen« Turm statt des »kleinen« Bauern zu verspeisen – wer sagt da leichten Herzens nein?! Wie man sieht, spielen auch dem Denken von Meistern (mag sein, vor allem in Zeitnot) solche Dinge zuweilen einen Streich.

Am schärfsten und pointiertesten taucht das Problem logischerweise bei Opfern auf – das heißt, nicht bei Kombinationen, wo man etwas hergibt, um dafür mehr zu gewinnen oder gar mattzusetzen, sondern bei echten Opfern auf längere Sicht. Da kommt das Denken des Meisters, die Figuren mit ihrer Wirkung, quasi als »Kraftpakete« zu sehen, voll zu seinem Recht. Ein Läufer auf einer guten Diagonalen, ein Springer auf einem starken Feld kann so viel oder mehr wert sein wie ein Turm (Qualitätsopfer sind nicht zufällig die häufigste Form positioneller Opfer). Oder ein Freibauer auf dem Sprung zur Dame kann so stark wirken wie die Figur, die er

evtl. ausschaltet, weil sie ihn bewachen muß. Diese Umbewertung von Figuren nach dynamischer Kraft statt nomineller Stärke ist sicher mit das Schwerste im Schach, und es scheint nach dem, was wir im ersten Kapitel zu zeigen versucht haben, direkt im Denken zu wurzeln.

Dr. Pfleger – Ribli
Montilla 1974

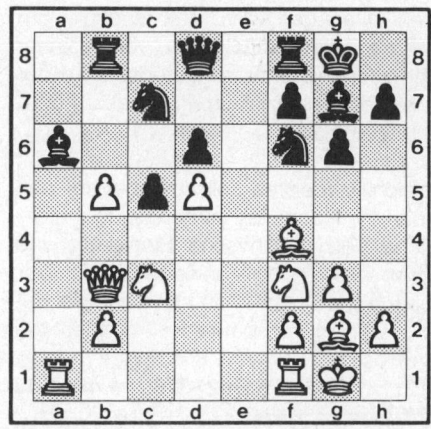

Diagramm 43

Weiß: Kg1, Db3, Ta1, Tf1, Lg2, Lf4, Sc3, Sf3, Bb2, b5, d5, f2, g3, h2
Schwarz: Kg8, Dd8, Tb8, Tf8, La6, Lg7, Sc7, Sf6, Bc5, d6, f7, g6, h7

Ein relativ einfaches, aber typisches Beispiel. Schwarz will sich den vermeintlich »geliehenen« Bauern auf b5 zurückholen, und dagegen scheint kein Kraut gewachsen, denn 1. Ta5 wird mit Lb7! gekontert, und selbst wenn Weiß dann d5 nochmals deckt, geht Scxd5 wegen Ta5.

1. b6!

Kein Zweifel, daß dieses Bäuerlein nicht die geringste Chance hat, in absehbarer Zeit das Ziel seiner Träume (die 8. Reihe) zu erreichen! Auch der Lf1, den Weiß für die Qualität bekommt, ist nicht gerade ein Riese und bleibt fast bis zum Schluß auf seiner Grundreihe kleben. Weitere kurzfristige Gewinne, Mattangriff etc.? Fehlanzeige. Warum also dieses Opfer?

Die simple Antwort: Es reicht, daß der Bb7 einfach da ist! Schwarz muß die ganze Zeit über einen Turm davor sitzen lassen, um den Störenfried zu bewachen – eine starke Kraft, die für alles andere ausfällt. Auch sonst kann Schwarz nicht, wie er gern möchte; er darf z. B. keinen Turm nach a8, keinen Springer nach c6 lassen und einiges mehr. Das heißt, die meisten seiner Figuren sind irgendwie engagiert und gebunden; ein echtes aktives Gegenspiel kommt kaum in Betracht. Obwohl der Bauer selbst also gar nichts ausrichten kann, geht von ihm doch eine Kraft aus, die die ganze schwarze Stellung mehr oder weniger lähmt.

Sicher gehört zur Entscheidung für solch ein Opfer auch eine Portion von dem, was wir als Schachgefühl bzw. Intuition schon manchmal angesprochen haben. Aber das Wichtigste, was Amateure von solchen Opfern meist abschreckt, daß nämlich nichts Konkretes droht oder drin ist, das läßt sich überwinden, sobald sich die Art des meisterlichen Denkens einstellt. Sonst allerdings bleibt es oft eine Hemmschwelle, mit einem materiellen Minus einfach ruhig weiterzuspielen, als wenn nichts los wäre – und zwar auf Gewinn.

1. ... Lxf1 2. Lxf1 Sa8 3. b7 Sc7 4. Ta7 Te8 5. Sd2 Lf8

Sonst drohte Sc4, nicht nur mit Blick nach d6, sondern auch mit dem Einmarsch via a5–c6 in petto. Jetzt muß Weiß mit Rücksicht auf seinen Bd5 etwas bedächtiger zu Werk gehen.

6. Dc4

So möchte der Springer über b3 nach a5 hüpfen.

6. ... Sd7

Offenbar mit der Idee 7. Sb3 Sb6; aber nun fehlt ein Teil des Drucks auf d5, und das läßt der weißen Dame mehr Freiheit.

7. Da4! Sf6 8. Dc6

Besiegelt das Schicksal des Bauern d6 und damit der Partie.

8. ... h6 9. Sc4 Se4 10. Sxe4 Txe4 11. Lxd6 Lxd6 12. Sxd6 Tb4 13. Lc4

Ideen wie Sxf7 nebst Dxc7+ und d6+ tauchen auf.

13. ... De7 14. b3 Se8 15. Sxe8 De1+ 16. Lf1 Dxe8 17. Ta8! Schwarz gab auf; er verliert mindestens einen Turm (T4xb7 18. Dxe8+; zieht die Dame von e8 weg, folgt 18. Txb8 Dxb8 19. Dc8+, ebenso auf Kf8).

Zum Schluß machte der Bb7 also doch das Rennen; aber vorher wirkte er, wie schon eingangs gesagt, mehr indirekt, einfach dadurch, daß er da war. Keine schwarze Figur kam so recht zur Entfaltung, während Weiß seine Stellung gemütlich verstärken konnte.

Es gibt natürlich viel kompliziertere und riskantere Opfer auf Position; doch das Grundprinzip des Denkens, daß man nicht nur Material gegen Material, sondern auch Material gegen Stellung quasi »tauschen« und dann ohne gewaltsame Mittel ganz ruhig auf Gewinn weiterspielen kann, bleibt das gleiche.

Das grundlegende Problem tritt nicht nur in Verbindung mit Materialgewinn oder -verlust auf. Auch z. B. die Bauernstruktur ist etwas Statisches, das zwar wichtig ist, doch trotzdem nicht überbewertet werden darf. Ganze Eröffnungssysteme beruhen darauf, eine wirkliche oder nur scheinbare Bauernschwäche in Kauf zu nehmen, die durch aktives Figurenspiel wettgemacht werden soll. Und was im Mittelspiel alles passieren kann – betrachten wir unser nächstes Beispiel!

Øgaard–Dr. Pfleger
Manila 1975

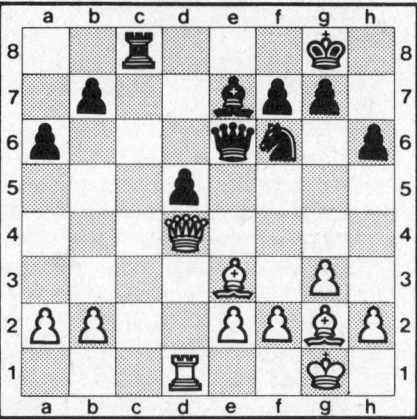

Diagramm 44

Weiß: Kg1, Dd4, Td1, Le3, Lg2, Ba2, b2, e2, f2, g3, h2
Schwarz: Kg8, De6, Tc8, Le7, Sf6, Ba6, b7, d5, f7, g7, h6

Man ist mit dem Urteil wohl schnell fertig in dieser Stellung: Weiß hat das Läuferpaar und riesigen Druck gegen den isolierten Bauern d5 – da kann für Schwarz bestenfalls ein mühsames Remis drin

sein. Die c-Linie spricht zwar für ihn; doch was das wert ist, bleibt eine Frage.

Um so interessanter, was jetzt passiert: Im Lauf von zehn Zügen verdirbt Weiß diese Stellung, in der ihm selbst wirklich so gut wie nichts droht, bis zum klaren Verlust – schlicht und einfach dadurch, daß er die schwarzen Figuren immer nachdrücklicher zu Wort kommen läßt! So etwas ist symptomatisch auch für viele Amateurpartien: Man erkennt durchaus seinen statischen Vorteil, versteht auch vielleicht, ihn herauszuspielen; doch dann kommt man mit der dynamischen Seite des Problems nicht zurecht.

1. Dd3

Für 1. Lxd5 kann er sich nicht begeistern: Sxd5 2. Dxd5 Td8 3. Db3 (nicht 3. Dxe6?? Txd1+) Txd1+ (und hier nicht Dxb3? 4. Txd8+) 4. Dxd1 Dxa2 mit eher besserem Endspiel für Schwarz. Den Läufer nach d4 zu spielen, scheint aber auch nicht der Stein der Weisen zu sein. Weiß sollte vielleicht dem Turmtausch in der c-Linie nach entsprechender Vorbereitung nähertreten; ein reines Leichtfigurenendspiel gar zwänge Schwarz in eine ekelhafte Bauchlage.

1. ... b5 2. Ld4 Se4

Das war also nichts für Weiß – der Läufer d4 schießt völlig ins Leere. Passiert freilich ist noch nichts Schlimmes; womöglich konnte man mit 3. Le3 sogar den letzten Zug zurücknehmen, so häßlich es aussieht.

3. b3?

Eine angenehme Überraschung; ein Feld wie c3 läßt man sich nicht entgehen!

3. ... b4 4. Lb2?

Noch eine »dynamische Sünde«: Der Zug kostet ein ganzes Tempo, denn Lf6 wollte Schwarz ohnehin spielen.

4. ... Lf6!
Den Trick 5. Dxd5? Td8! kennen wir schon – diesmal hätte er sogar noch mehr Pfeffer, da die weiße Dame nicht zurückkann.
5. Lxf6 Sxf6 6. e3
6. Lxd5 Sxd5 7. Dxd5 Dxe2 ist auch hier klar günstig für Schwarz.
6. ... Tc3 7. Dd2 Df5 8. De2 a5 9. h3 h5

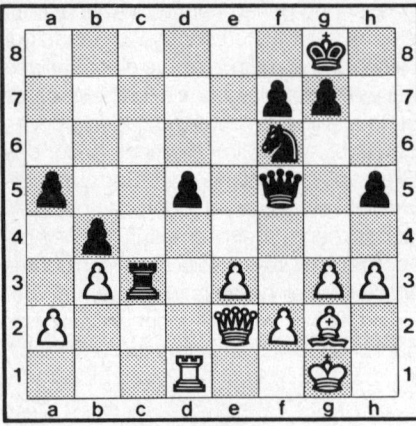

Diagramm 45

Erkennen Sie hier noch die Lage im letzten Diagramm wieder? Der Bauernstruktur nach vielleicht; d5 ist genauso isoliert wie zuvor. Doch wo sind inzwischen die weißen und schwarzen Figuren gelandet! Die weißen klammern nur noch gegen die Einbruchsdrohungen auf c2 oder evtl. c1; sie decken zwar noch alles, können sich aber kaum rühren. Selbst bei Abtausch muß Weiß achtgeben, daß im Endspiel nicht sein Damenflügel »abfällt«.

Was wirklich eine »Schwäche« ist, darüber entscheiden also auch dynamische Gesichtspunkte. Im Diagramm 44 konnte man den Bd5 noch schwach nennen: Die weißen Figuren drückten auf ihn und standen dabei gut; den schwarzen blieb nichts weiter übrig, als passiv zu verteidigen und auf bessere Zeiten zu hoffen. Jetzt ist gar nicht mehr daran zu denken, daß Weiß seine restliche Truppe noch zu einem Spiel gegen d5 formieren kann; im schlimmsten Fall wird Schwarz ihn geben, um dank seiner machtvollen Figuren anderswo fettere Beute zu machen. »Schwach« sind im Diagramm 45 eher die Bauern a2 und f2, denn auf sie muß Weiß ständig achtgeben!
Genau wie man beim Opfern Figuren nach dynamischer Wirkung statt nomineller Stärke »umbewerten« kann, so geht es oft auch mit anderen statischen Elementen. Ein der Bauernstruktur nach »starkes Feld« z.B. nützt keinen Pfifferling, wenn es die Figuren des Gegners viel öfter beherrschen können als unsere eigenen. Ein typischer Fall ist auch der rückständige bzw. isolierte Bauer, dessen Schwäche meist von der des Feldes vor ihm abhängt. Bekommt es der Verteidiger plötzlich mit seinen Figuren in den Griff, dann marschiert besagtes Bäuerlein einfach vor, und der Gegner schaut in die Röhre! (Das nun geht in unserer Partie wirklich nicht, denn wenigstens Feld d4 hat Weiß von Anfang an fest unter Kontrolle!)
Solche Dinge mit einzukalkulieren, das ist für das Denken des Amateurs und, wie man sieht, auch für das des Meisters oft ein Problem. Vom Diagramm aus geht es nun übrigens im gleichen Stil weiter: In einer Art Verzweiflungsangriff schickt Weiß Turm und Dame »auf die Dörfer«, gewinnt

zwar zwei Bauern, doch sein König muß die Zeche bezahlen. Die Übermacht des schwarzen Figurenspiels steigt quasi immer mehr bis zum Schluß!

10. Td4 g6 11. Tf4 De5 12. Da6

Daß passives »Mauern« Weiß retten könnte, ist auch kaum anzunehmen; so aber serviert er dem Gegner die Partie auf einem silbernen Tablett.

12. ... Kg7 13. Dxa5 g5 14. Txb4 h4 15. g4 Tc1+ 16. Lf1 Se4!

Droht Sd2, aber auch Sg3 oder gar Sxf2.

17. Txe4 Dxe4 18. Db5

Rein materiell wäre Weiß sogar jetzt nicht zu übel dran; doch sein König sitzt immer noch in der Patsche, und überhaupt legen die zwei schwarzen Riesenfiguren jedes Gegenspiel lahm.

18. ... Df3 19. Dd3 Dxh3 20. De2 Kf8 21. b4 f5 22. gxf5 Dxf5

Nicht einmal der König allein auf weiter Flur macht Schwarz Angst; denn womit soll Weiß ihm einheizen?

23. Da6 h3 24. Dd6+ Kf7 25. Dg3 g4 26. Dd6 De4 27. Dd7+ Kg6 28. Dd6+ Kh5 29. Dg3 d4, Weiß gab auf; nach 30. exd4 De1 verliert er noch mindestens eine Figur: 31. De5+ Dxe5 32. dxe5 h2+ oder 31. Dd3 Dxf1+ 32. Dxf1 h2+ 33. Kg2 Txf1.

Nun zu einem ganz anderen Thema, wo dem Meister im Denken wieder vor allem seine Muster zugute kommen. Es ist inzwischen fast Allgemeingut, daß Lehrbücher schreiben: Wenn du schlecht stehst, verteidige dich aktiv; gib lieber einen Bauern oder noch mehr, statt dich »einmachen« zu lassen! Gut gesagt; doch woher bzw. wann weiß eigentlich der Spieler, daß er schlecht steht? In Amateurpartien läuft der Hase oft so: Man spielt unter Druck so lange passiv, bis man merkt,

daß man irgendwelche Drohungen in den nächsten paar Zügen nicht mehr so recht parieren kann. Dann wirft man alles, was noch ziehen kann, in einen Verzweiflungsangriff – im Regelfall ganz einfach zu spät! Das wahre Problem, wenn eine Stellung in die Binsen zu gehen droht, ist, das so früh wie möglich zu sehen oder auch nur zu spüren. Oft hat man dann noch genug Reserven, die Partie auf ein anderes Gleis oder wenigstens den Gegner aus seinem vorgezeichneten Konzept zu bringen. Das ist nun genau der Fall, wo dem Meister seine Musterkenntnis unschätzbar hilft. Wenn er allein vom Typ einer Stellung her weiß: Hoppla, das wird brenzlig, sei es auch erst in zehn, zwanzig Zügen (oder im Endspiel, wenn im Moment noch das Brett voll ist) – dann wartet er nicht, bis wirklich etwas droht oder gar passiert. Schon dann, wenn er sieht, daß er bei »normalem« Weiterspiel in ein schlechtes Muster hineingeraten wird, kommt der Punkt, wo er, wenn es nicht anders geht, auch mit Gewalt auszubrechen versucht.

Marshall–Capablanca
New York 1927

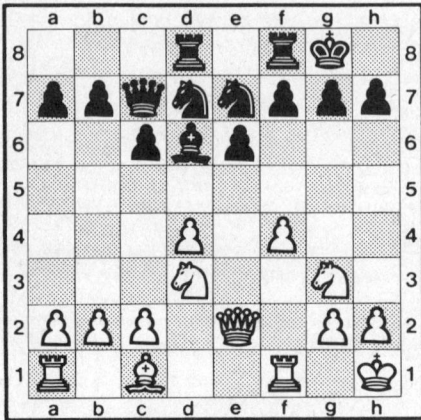

Diagramm 46

Weiß: Kh1, De2, Ta1, Tf1, Lc1, Sd3, Sg3, Ba2, b2, c2, d4, f4, g2, h2
Schwarz: Kg8, Td8, Tf8, Dc7, Ld6, Sd7, Se7, Ba7, b7, c6, e6, f7, g7, h7

Viel scheint in dieser Stellung wirklich nicht los zu sein; vielleicht glaubt mancher, daß Weiß vom ersten Eindruck her etwas besser steht: vier Reihen gegen drei, wie es in der Fachsprache heißt. Dann wird man merken, daß f5 kaum durchzusetzen ist wegen des massiven schwarzen Drucks auf den Sg3 und den Bh2 dahinter – also Chancen auf Angriff praktisch gleich Null; gut, dann wahrscheinlich etwa gleiches Spiel. So würden bestimmt viele über das Diagramm denken. Daß Weiß selbst in irgendeiner Gefahr schwebt – nein, das kann sich selbst mancher Meister kaum vorstellen!

Und dann dieser vernichtende Kommentar von Aljechin: »... Ohne jede Aussicht auf Initiative, mit ungeschickt gedeckten zentralen Feldern steht er (Weiß) außerdem vor dem drohenden Gespenst eines recht katastrophalen Endspiels, in welchem sich der Gegner der einzigen offenen Linie und vielleicht des glänzenden Springerfeldes f5 bemächtigen würde!«
Was tun, sprach Zeus? Genau die Reaktion, die wir vorhin geschildert hatten, kommt:
»Bei solchen Umständen muß man sich wohl oder übel zu heroischen Mitteln entschließen – und ein solches erblicke ich in dem gewiß nicht ästhetisch aussehenden Zuge 14. b2–b4!, der, indem er unmittelbar c6–c5 verhindert hätte, ein Spiel auf der linken Seite des Brettes einleiten würde. Dieses Spiel hätte vielleicht zu einigen Bauernabtauschen und folglich Linienöffnungen daselbst geführt, welche die Chancen des Anziehenden erhöht hätten. Daß Marshall diese und (im folgenden) ähnliche Möglichkeiten außer acht läßt zeigt nur, daß er sich der latenten Gefahr, in der er sich schon hier befand, gar nicht bewußt war.«
Natürlich spürt man solch kritische Punkte hinterher bei der Analyse leichter auf als am Brett; Hauptsache aber, man tut es überhaupt. Das ist ein Musterbeispiel einer Partie, wie sie Amateure hundertfach verlieren: man steht plötzlich schlecht, ohne eigentlich zu wissen, warum bzw. wo man einen Fehler gemacht hat! Wenn man danach sucht, muß man das oft schon früh tun, und sei es in so »harmlosen« Stellungen wie hier.
Sehen wir jetzt, wie die Sache weiterging:
1. Ld2?!

Der Normalzug, den wohl jeder machen würde, der nichts Böses ahnt!

1. ... c5 2. Se4?!

Sieht wie ein kraftvoller Zentralisierungszug aus; doch da Schwarz auf den Läufer d6 gern verzichten kann, hat Weiß gar nichts davon – im Gegenteil, der Se7 hüpft fröhlich wiehernd nach seinem Traumfeld f5. Weiß sollte gleich auf c5 tauschen, nach Aljechin mit verteidigungsfähigem Spiel.

2. ... Sf5

Auf 2. ... cxd4? 3. Sxd6 Dxd6 4. Lb4 fällt Schwarz nicht herein; nun droht auf 3. Sxd6? der Zwischenfraß Sxd4.

3. dxc5 Sxc5 4. Sdxc5 Lxc5 5. Lc3

Nach 5. Sxc5 Dxc5 6. Lc3 könnte Schwarz sofort die Türme verdoppeln; jetzt brächte ihm 5. ... Td7? (Td5?) 6. Sf6+! gxf6 7. Dg4+ Sg7 8. Lxf6 einen bösen Reinfall.

5. ... Ld4 6. Tad1 Lxc3 7. Sxc3 Txd1 8. Sxd1

Die d-Linie ist nicht zu halten, denn wegen des Bf4 darf nicht der Turm zurücknehmen, wie sich's gehören würde.

8. ... Td8

Nach 8. ... Sd4 hatte Weiß wieder einen Trick auf Lager: 9. De4, und nun scheitert Sxc2 an 10. Sc3! mit Springerfang (10. ... Sa3 11. Tc1 Sc4 12. Sb5, nach Aljechin).

9. Sc3

Nun ist es soweit, daß die Gefahr auf der Hand liegt: Wenn Weiß je auf die d-Linie will, müßte er erst f4 mit g2–g3 decken; doch die schwache Diagonale, die Springerfelder d4 und e3, der evtl. Turmeinbruch auf d2 nach Damentausch – all das läßt nichts Gutes für ihn ahnen. Tatsächlich meint Aljechin, daß nun nach 9. ... h6 überhaupt kein brauchbarer Verteidi-

gungsplan ersichtlich gewesen wäre. Schwarz spielte nicht so konsequent 9. ... Db6?! und ließ damit gerade 10. Td1 zu (die schwache Grundreihe!), gewann aber später doch noch.

Wenn wir einmal von hier aus mit den Augen des Durchschnittsspielers zurückschauen, der eben diese Partie verloren hat und seinen Fehler sucht – wer käme darauf, das schon im 1. oder 2. Zug zu tun?

Nun ein anderes Beispiel, in dem Kasparow gleich zweimal vorführt, wie man mit dem richtigen Denken beizeiten Ärger vermeidet:

Karpow–Kasparow
8. WM-Partie 1985 (zweites Match)

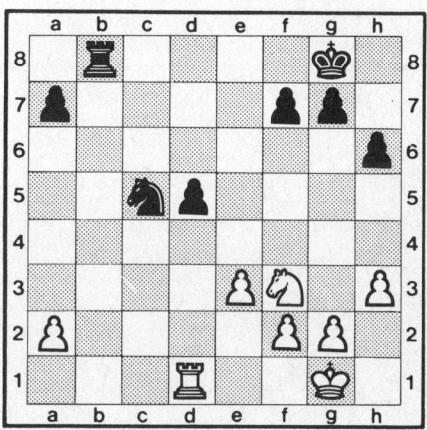

Diagramm 47

Weiß: Kg1, Td1, Sf3, Ba2, e3, f2, g2, h3
Schwarz: Kg8, Tb8, Sc5, Ba7, d5, f7, g7, h6

Schwarz am Zug muß sich damit befassen, daß sein Bd5 hängt. Das aktive Tb2 löst den Fall zumindest nicht auf Anhieb, denn 2. Txd5, um auf Springerzüge 3. Ta5 oder evtl. 3. Td2 folgen zu lassen, behält den Mehrbauern (es scheint freilich, daß 2. ... Se4 wenig Unterschied zur Partie gemacht hätte).

Und warum soll man den Bd5 nicht simpel mit Td8 decken? Nochmals angreifen und erobern kann ihn Weiß so schnell wirklich nicht. Und doch ist das mit Sicherheit genau die Stellung, auf die Karpow spekulierte. Schauen wir uns noch zwei Züge an: 1. ... Td8 2. Sd4 (droht 3. Sc6, und falls Schwarz das Schach auf e7 mit 3. ... Td7 parieren will, erwischt ihn 4. Txd5!) Kf8 3. Tb1. Jetzt hat Weiß statt Schwarz die b-Linie; den Bd5 kann er u. U. von der Seite genausogut angreifen wie von vorn und dazu evtl. auch den auf a7.

Der isolierte Damenbauer, dessen Blockadefeld total unter Kontrolle ist – das gehört zu den gängigsten Mustern, die ein Meister kennt. Und auch zu seinen liebsten, wenn dem Gegner nichts anderes bleibt als mit seinen Stücken an diesem Bauern zu kleben! Am Brett werden solche Stellungen im Normalfall gewonnen, auch wenn ein Gewinn theoretisch sicher nicht zu beweisen ist .

Dazu kommt freilich auch noch ein Schuß Matchtaktik: Vom Stil her liebt Karpow gerade Stellungen, wo er ohne Risiko den Gegner »massieren« kann – Kasparow fühlt sich da als Verteidiger wie ein Fisch auf dem Land!

Es gibt aber wohl auch keinen anderen Meister, der sich in so einer Stellung »auf den Bauch legt« – einfach weil er weiß, daß er dabei mit einiger Sicherheit zu ver-

lieren riskiert. Prompt beschließt Kasparow schon hier (früh, aber rechtzeitig!), einen Bauern für Gegenspiel zu opfern.

1. ... Se4 2. Txd5 Tb1+ 3. Kh2 Sxf2 4. Td8+ Kh7 5. Td7 a5 6. Txf7 Tb2 7. a4 Sd1 8. Te7 Tb4 9. Sd4 Sxe3 10. Sc6 Tc4 11. Txe3 Txc6 12. Te5

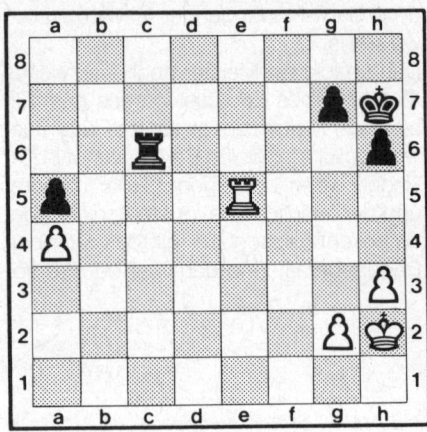

Diagramm 48

Das große Fressen gehörte nicht zu unserem Thema – jedenfalls hat Kasparow inzwischen durch aktives Spiel seinen Bauern wieder. Doch nun steht er zum zweitenmal vor dem gleichen Dilemma: Decke ich a5 von hinten und nehme in Kauf, daß mein Turm die nächste Zeit zuschaut, oder gebe ich die Schwäche gleich her? Dieser Fall ist fast noch typischer, denn es geht ums reine Prinzip; Schwarz hat diesmal nicht die geringste Chance, durch taktische Gegenangriffe etwas zu erreichen. Doch da erkennt nun jeder Meister sofort eins der berühmtesten Muster für praktische Turmendspiele wieder: Ganze Kapitel in Lehrbüchern sind diesem Thema gewidmet. Wenn ein Turm solch eine Schwäche angreift und dabei auch sonst noch aktiv wirkt, der gegnerische aber nur dahintersteht und Abwartezüge macht, gewinnt trotz gleichen Materials in fast allen Partiebeispielen, die man dazu kennt, der aktive Teil – natürlich auch hier meist, ohne daß ein zwingender Gewinn zu beweisen ist.

Dann packt ein Meister noch ein zweites Muster seines Endspielwissens aus: Ein einzelner Mehrbauer an einem Flügel (hier womöglich der weiße Ba4) gewinnt in der Regel, wenn der eigene Turm dahinter und der feindliche davor steht; nicht aber umgekehrt (besonders gilt das für einen Randbauern!). Und damit ist der Fall so-

fort klar: 1. ... Ta6 (und den Turm dort zu lassen) bringt gute Verlustchancen ein; den Bauern zu geben aber sehr wahrscheinlich Remis, wenn Schwarz nur den eigenen Turm hinter den Ba4 bekommt. Das ist offensichtlich kein Problem. Kasparow zog denn auch **12. ... Tc3 13. Txa5 Ta3** und brachte 15 Züge später den halben Punkt heim.

Soweit ein paar Beispiele anhand von Einzelproblemen, wie sich der Meister oft recht zuverlässig durch den Irrgarten des Mittelspiels findet und mit welchen Hilfen. Noch erstaunlicher aber wirken auf viele die Künste der großen Endspielspezialisten. Wollen wir nun im nächsten Kapitel versuchen, auch hier ein wenig hinter die Kulissen zu schauen.

5. Kapitel: Wer hat Angst vor Endspielen?

»O Endspiel, du unbekanntes Wesen« — sogar schwarz auf weiß hielt ein geplagter Schachfreund das traurige Fazit einer seiner ersten Verlustpartien der Jugendzeit fest ... Da ging es ihm sicher nicht anders als vielen Amateuren immer wieder. Der Durchschnittsspieler findet vom Denken her oft überhaupt keinen rechten Einstieg in die Materie. Er lernt »schön brav« die Grundstellungen, die jedes bessere Lehrbuch so anführt – und merkt dann, daß er sie vielleicht einmal im Jahr aufs Brett bekommt, manche wohl niemals. Ergebnis: Der ganze »langweilige Unsinn« verschwindet im Bücherschrank und schlummert dort vor sich hin; es sei denn, man hat im Klubturnier einmal eine Hängepartie, die aussieht, als könnte sie bei Awerbach oder Euwe oder Cheron irgendwo zu finden sein. Die praktischen Endspiele werden »frei nach Schnauze« erledigt gemäß einigen allgemeinen Erfahrungssätzen: Türme gehören hinter Freibauern; der König ist eine starke Figur im Endspiel; Springerendspiele gehen oft aus wie das Bauernendspiel ohne die Springer; im Damenendspiel kommt es nicht so sehr auf Plusbauern wie auf Freibauern an ... und was es da sonst noch an Einschlägigem gibt.

In einer Hinsicht geht es dem Meister nicht anders: Auch in hochkarätigen Turnierpartien sind theoretische Grundendspiele bestimmt eher die Ausnahme als die Regel. Warum quält er sich dann trotzdem durch diese trockene Materie, und sei es nur einmal im Leben zum Aufbau seines Basiswissens, wenn er sie gar nicht braucht?

Er braucht sie doch – nur anders, als man es sich üblicherweise vorstellt. Die Stunde der Wahrheit kommt nämlich meist lange bevor solch ein Buchendspiel überhaupt am Brett erscheint. Oft schon dann, wenn man im Mittelspiel gut steht und die Chance hat, Figuren bzw. Bauern zu tauschen – oder genauso, wenn einem der Gegner ans Leder will und man sich fragt, ob es einen Endspieltyp gibt, in den man sich flüchten kann oder ob man lieber bei vollem Brett alles auf eine Karte setzt. Noch viel konkreter wird das Problem, wenn man schon im Endspiel gelandet ist. Auf welche Grundstellungen kann es hinauslaufen, welche Figuren und Bauern darf man tauschen, welche nicht? Wenn jemand die Theorie nicht kennt, wird er in dieser Phase meist im dunkeln tappen. Der Meister benutzt auch im Endspiel das Grundwissen als Muster, als Wegweiser, um sich schon lange, bevor es zum Zug kommt, richtig orientieren zu können.

Das geht mit der Zeit auf immer höherer Ebene vor sich. Denn zunächst einmal bauen schon die Buchstellungen immer weiter aufeinander auf. Als nächstes gibt es Fälle, die man vielleicht »praktische Theorie« nennen könnte; z. B. die, die wir im letzten Beispiel Karpow–Kasparow gesehen haben: aktiver gegen passiven Turm oder auch vereinzelter Mehrbauer am anderen Flügel mit Turm davor bzw. dahinter. Man kann da im wissenschaftlichen Sinn kein Resultat beweisen, doch es gibt soviel praktische Fälle mit einer so eindeutigen Bilanz, daß davon ausgegangen wird: Solch ein Stellungstyp ist gewonnen bzw. Remis. Und noch eine Stufe höher kommt dann die reine Praxis. Nehmen wir uns also einmal solch eine elementare Buchstellung vor und verfolgen, wie weit ihre Wirkung ins Partieschach hineinreicht.

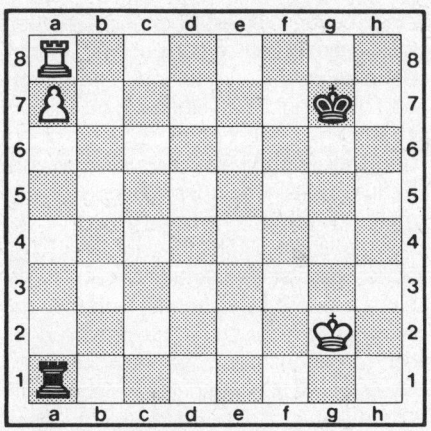

Diagramm 49
Weiß: Kg2, Ta8, Ba7
Schwarz: Kg7, Ta1

Daß diese Stellung Remis ist, weiß auch jeder Amateur: Der Ta8 steht so dumm wie nur irgend möglich, und wenn der weiße König zum Bauern läuft, um ihn zu decken (und damit den Turm freizumachen), wird er mit Turmschachs von hinten traktiert, da er kein Schlupfloch hat, um sich zu verstecken.

Interessant wird die Sache, wenn man Weiß noch einen zweiten Bauern dazugibt. Stellen wir ihn etwa auf die g-Linie, so ändert das überhaupt nichts; das Remis bleibt so »tot« wie ohne diesen. Den Vormarsch bis g6 straft der schwarze König mit Verachtung (nehmen darf er natürlich nicht, sonst folgt Tg8+). Genauso sieht es mit einem h-Bauern aus. Hier zieht Schwarz, sobald einmal h6+ kommt, einfach Kh7!, und Weiß ist so klug wie vorher.

Ein f-Bauer dagegen ändert alles. Weiß gewinnt ganz einfach mit f6+: Wenn Schwarz nimmt, macht ihm Tf8+ den Garaus; geht er nach h7, läuft der f-Bauer durch, und auf Kf7 – das ist der eigentliche Witz – schlägt der schon aus Lehrbüchern wie »Zug um Zug 3« bekannte Umgehungstrick zu: Th8!, und falls Txa7, wird der Turm mit dem peinlichen Schach auf h7 einkassiert. Es hilft Schwarz auch nichts, wenn er den König auf h7 statt g7 stehen hätte: Dann läuft der weiße Bauer genauso bis f6 – und einfach weiter …

Das war sozusagen die Elementartheorie. Jetzt geht es eine Stufe höher:

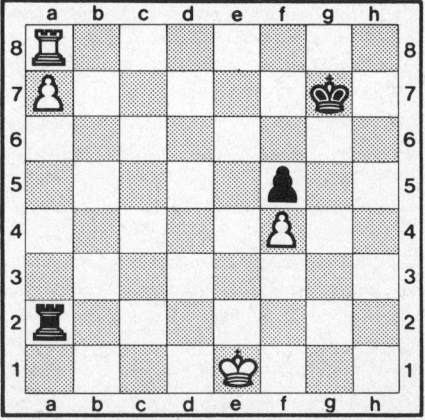

Diagramm 50
Weiß: Ke1, Ta8, Ba7, f4
Schwarz: Kg7, Ta2, Bf5

Wieder ein Buchbeispiel; doch so etwas könnte schon viel eher in Partien vorkommen. Für den Meister gehört es noch immer zum Wissen; doch auch der Amateur schafft vielleicht bereits den Sprung zum

Gewinnplan, nachdem er den Trick mit dem f-Bauern kennt. Das Problem reduziert sich nämlich nun darauf: Kann man Schwarz den Bf5 abluchsen? Versuchen Sie's einmal selbst und bedenken Sie: Es riecht nach Zugzwang, wenn der weiße König erst eingedrungen ist – sein schwarzer Widerpart darf nicht von den Feldern g7/h7 weg, der schwarze Turm nicht von der a-Linie …

Haben Sie's? Im Grunde dürfte die Idee klar sein: Der Ke1 muß erst einmal aus dem Gefängnis 1. Reihe heraus und dann Richtung e6 wandern, womit der schwarze Turm auf a5 »angeleint« wird. Dann braucht man nur noch den schwarzen König in Zugzwang zu bringen.

Halt – eines hätten wir fast vergessen: Mit dem Fall von f5 ist natürlich noch nicht die Partie aus! Aber da Sie nun wissen, wie's geht (aus dem vorigen Diagramm), wird der Rest zur berühmten Sache der Technik. Das auch noch gleich auszurechnen, damit belastet sich ein Meister am Brett nicht. Sollte f5 weg sein und der Gegner wirklich nicht das Handtuch werfen, muß man eben wieder kurz nachdenken und schnell den variantenmäßigen Ablauf »hervorkramen«.

Eine zwingende Zugfolge gibt es natürlich nicht; doch große Wahl hat auch keiner von beiden.

1. Kd1 Kh7 2. Kc1 Kg7 3. Kb1 Ta6 4. Kb2 Ta5 5. Kb3

Liefe der König gleich Richtung c3–d4, käme er nicht durch die Sperre auf der 5. Reihe.

5. … Ta1 6. Kb4 Ta2 7. Kb5 Ta1 8. Kc6 Ta5 9. Kd6 Kh7

Zieht Schwarz hier z.B. Ta1, wäre 10. Ke5! Ta5+ 11. Ke6 ganz einfach, da Schwarz nach 11. … Kh7 12. Kf6 sofort

in Zugzwang kommt. Jetzt gäbe 10. Ke6 Kg7 Weiß noch zu beißen.

10. Ke7! Ta6

Oder Kg7 11. Ke6, und die Uhr geht für Weiß wieder richtig.

11. Kf7 Ta4 12. Ke6

12. Kf6 Ta5 wäre wieder ungenau; aber jetzt ist es aus. Der Angriff auf f4 erschreckt Weiß nicht (Txf4 13. Th8+).

12. … Ta5 13. Kf6, und der Bauer fällt. Schauen wir uns noch einen möglichen Schluß an:

13. … Ta1 14. Kxf5 Kg7 15. Ke4

Den König braucht Weiß nicht; er läuft auf den Turm zu, um ihm möglichst schnell das Schachbieten auszutreiben.

15. … Ta4+ 16. Kd3 Ta3+ 17. Kc2 Ta2+ 18. Kb3 Ta1 19. f5, und gegen 20. f6(+) ist kein Kraut mehr gewachsen. Etwa zwanzig Züge also, wenn alles bis zum Schluß ausgekämpft würde; und doch leicht zu durchschauen, wenn man die Grundstellung des Diagramms 49 und damit auch den Gewinnplan kennt! Für den Meister aber geht das Spielchen weiter: Auch Diagramm 50, haben wir gesagt, gehört für ihn noch zum Wissen – d.h., er kann wesentlich schwerere Partiestellungen nun wieder darauf zurückführen, wenn das drin ist! Etwa diese:

Smyslov–Botwinnik
WM 1954

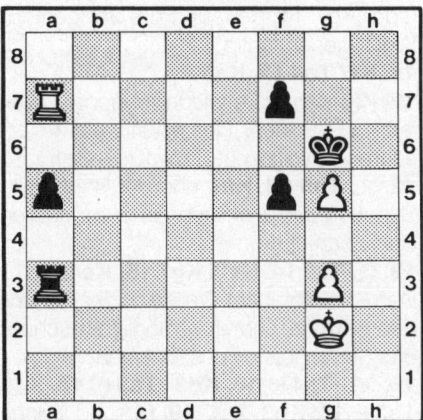

Diagramm 51

Weiß: Kg2, Ta7, Bg3, g5
Schwarz: Kg6, Ta3, Ba5, f5, f7

Ohne das Wissen der zwei vorigen Stellungen kommt hier wohl kaum jemand auf einen grünen Zweig. Sie aber ahnen vielleicht als »Eingeweihter« nun schon, wie der Hase läuft: a-Bauer nach vorn, damit der Ta7 nicht auf f7 schlagen kann; damit fällt Schwarz der Bg5 in den Schoß. Dann wird der vordere f-Bauer gegen den auf g3 getauscht, und der zweite gewinnt nach Muster. So einfach können Endspiele sein, wenn man weiß, wo es lang zu gehen hat!

Das wußte natürlich auch Smyslov und wich in seiner Verzweiflung mit 1. Kh3 aus, verlor aber nach 1.... f4 nicht weniger glatt. Die Analyse, wie der Gewinn nach Plan ausgesehen hätte, stammt von Euwe.

1. Kf2 a4 2. Kg2 Ta1 3. Kf3 a3 4. Kg2
Er muß schleunigst auf die sicheren Felder – sonst könnte ihn der Vormarsch a2 evtl. kalt erwischen und sofort das Ende bedeuten.
4. ... a2 5. Kh2 Kxg5 6. Kg2
Ein Problem taucht auf: 6. ...f4 wäre jetzt zu vorwitzig wegen 7. gxf4 Kg4 (Kxf4? 8. Txf7 mit Schach) 8. f5!, und nach Ta5 hat Weiß sich herausgemogelt, denn hier gibt es keinen Zugzwang wie in Diagramm 50: Geht der schwarze König nach e3, bleibt der weiße Turm frei; die Bauern müßten auf f4/f5 stehen! Auch 6. ... f6 7. Ta5 löst das Problem nicht. Und doch gibt es einen Trick, den Gewinn à la Nr. 50 zu erreichen:
6. ... Kf6 7. Ta5 Ke6 8. Kh2
Turmschach sofort ändert nicht viel, da der König ohnehin zum Damenflügel laufen will, wie wir es aus Nr. 50 kennen.
8. ... f4! 9. gxf4 f5, und alles Weitere hatten wir schon!

Können Sie sich nun vorstellen, wie es ein Meister fertigbringt, zwanzig, dreißig Züge in Stellungen wie ein Uhrwerk zu spielen, mit denen der Amateur rein gar nichts anzufangen weiß? Der Witz ist die Rückführung auf immer wieder einfachere bekannte Muster, also z. B. hier von Nr. 51 ausgehend auf Nr. 50, von dort aus auf Nr. 49 und dann endlich zum expliziten Gewinn. Natürlich denkt der Meister auch genauso in Stufen, d. h. erst nur soweit (von Nr. 51 aus), bis er Nr. 50 erreicht hat. Und jetzt zum Schluß noch ein Fall aus der eigenen Praxis, um zu zeigen, daß man solch ein Motiv zuweilen auch in etwas »untypischer« Stellung anbringen kann!

Wallner–Treppner
Linz 1980

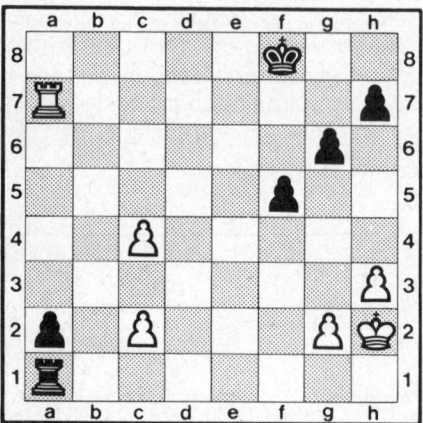

Diagramm 52

Weiß: Kh2, Ta7, Bc2, c4, g2, h3
Schwarz: Kf8, Ta1, Ba2, f5, g6, h7

Wenn überhaupt, kann hier sicher nur Schwarz gewinnen: Er hat praktisch einen Bauern mehr wegen der weißen c-Zwillinge, und der Ta1 im Verein mit dem Ba2 nageln die weißen Figuren mehr oder weniger fest. Nur, wie weiter? Den Ba2 gegen beide c-Bauern zu tauschen reicht nicht, selbst wenn es ginge (drei gegen zwei auf demselben Flügel ist im Normalfall Remis). Der Kf8 stoppt zwar den c-Bauern, doch damit hat er auch alle Hände voll zu tun; aktiv mitzuspielen scheidet für ihn aus. Und die Mehrheit am Königsflügel schafft keinen Durchbruch, da dort das weiße Oberhaupt persönlich mitverteidigt.

Großes Rätselraten also? Dem inzwischen auf f-Bauern-Tricks geeichten Le-ser aber fällt ganz bestimmt die seltsame Ähnlichkeit mit den jüngsten Ideen auf. Was, wenn man doch am Königsflügel auf einen Freibauern spielt, der zwar nicht direkt zur Dame kommen, aber evtl. nach bekanntem Muster gewinnen kann? Das müßte natürlich ein f-Bauer sein ... und hoppla, da steht ja auch der Bauer c2 höchst störend im Weg, falls man zum Schluß den Umgehungstrick an den Mann bringen will! Wichtig könnte zudem die Rolle der weißen Bauern am Königsflügel sein, die ihren Monarchen evtl. vor Schachs schützen, wenn er sich nach vorn wagt.

Das kennen wir eigentlich schon: Jetzt muß man prüfen, was all diese Details für unseren Plan zu bedeuten haben. Sicher läßt sich hier schlecht alles konkret aus-analysieren; doch der Schluß, der sich während der Partie aufdrängte, wer der: Es ist die einzig brauchbare Gewinnidee überhaupt, zudem für Schwarz ohne Risiko – also los! Tatsächlich lief alles, wie es besser nicht laufen konnte.

1. g3?!

Macht es leicht, den Freibauern auf f4 zu bilden. Doch auch 1. Kg3 g5 hat seine Beschwerden; Schwarz will mit h5, f4+, g4 usw. vorrücken, und der Gegenschlag 2. h4 löst das Problem schwerlich, z.B. 2. ... gxh4+ 3. Kh2 (falls 3. Kf2, dann sofort 3. ... h3) f4, und mit h4–h3 bekommt Schwarz doch den f-Bauern frei, da ja der König nicht nehmen darf wegen Th1+.

1. ... Ke8

Droht in bekannter Manier nach b8 und dann vorwärts zu wandern.

2. c5 Kd8 3. c6

Hält den schwarzen König fest, doch auch ein weißer Bauer, der bisher noch gefahrlos ziehen konnte, läuft sich tot.

3. ... Kc8 4. c7 g5 5. Kg2 f4 6. gxf4 gxf4 7. Kf2

Das geht hier, eben weil die Umgehung vorerst am Bc2 scheitert, aber ...

7. ... f3 8. h4 h5

Das war's: der König kann nicht mehr ziehen, der Bc2 genausowenig (sonst funktioniert ja die Umgehung wieder!), und c7 herzugeben schiebt das Zugzwangfinale nur ein wenig hinaus. Weiß gab auf.

Was sich nicht alles aus einer an sich »langweiligen« Grundstellung machen läßt! Es gibt übrigens auch im Endspiel Fälle, wo scheinbar jedes logische Denken auf den Kopf gestellt wird und wo es wirklich nur darauf ankommt: entweder man weiß es, oder man weiß es nicht. Klingt es z. B. nicht paradox, daß ein Bauer um so stärker ist, je weiter ... hinten er steht? Aber führen Sie sich einmal die nächsten Stellungen zu Gemüte:

Dieses Buchbeispiel ist »tot remis«: Weiß kommt nicht zu Mattdrohungen, weil sein König nicht nach g6 kann und der eigene Bauer auch h6 versperrt. Ihn zu opfern hilft nicht weiter, denn 1. h7 Lxh7 2. Kh6 Lg8 bringt höchstens Patt ein. Und sonst bleibt Schwarz einfach mit dem König in der Ecke bzw. mit dem Läufer auf der Diagonalen b1–h7.

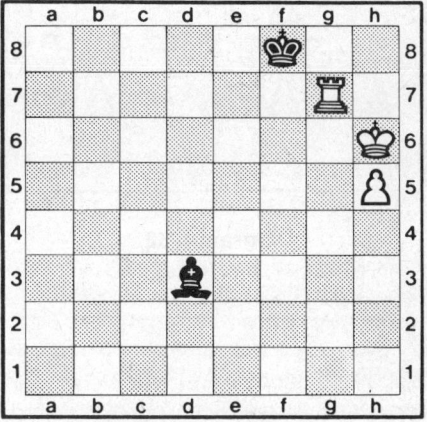

Diagramm 54

Weiß: Kh6, Tg7, Bh5
Schwarz: Kf8, Ld3

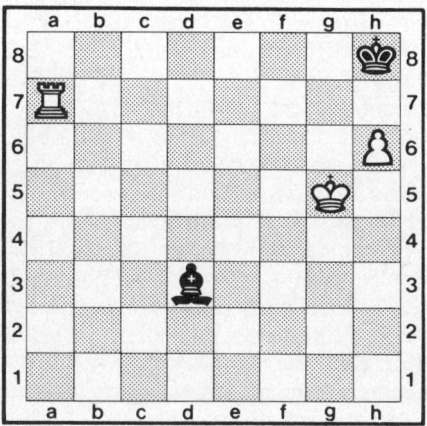

Diagramm 53

Weiß: Kg5, Ta7, Bh6
Schwarz: Kh8, Ld3

Der Bauer erst auf der 5. Reihe ... und die Aussichten steigen! Doch zwingend gewinnt Weiß noch immer nicht. Nur wenn es ihm gelingt, den schwarzen König ins Eck zu drängen, kann er hier das Feld h6 für den eigenen nutzen (der Beweis ist nicht ganz einfach). Stellt sich Schwarz richtig auf wie im Diagramm, ist nichts zu holen. Jetzt nützt das Feld h6 nämlich Weiß nichts mehr, sondern er müßte den

König von dort wegschaffen, um dem Bauern Beine zu machen, da der Kf8 abgeschnitten ist. Das klappt aber nicht, weil kein Platz da ist, den Kh6 hinter dem eigenen Turm von der h-Linie wegzuspielen (nach Tg6 darf Schwarz zwar nicht gleich nehmen, doch später wird es akut). Ein Versuch wäre z.B. 1. Tg6 Lc2 2. Kh7 (droht Kh8 nebst Tg8+), doch nach 2. ... Kf7 geht es auch hier nicht weiter.

Sie ahnen wohl, was passiert, wenn wir jetzt den h-Bauern erst auf die 4. Reihe stellen: Weiß gewinnt immer ...

(Die Analysen sind ziemlich schwer, doch die entscheidende Rolle spielt, daß Weiß mit der Drohung Tg5 nebst Kh5–g4 operieren kann.)

Wie man die theoretischen Grundstellungen beim Denken benutzt, ist durch all das vielleicht etwas klarer geworden. Eine Achillesferse, die dabei manchmal auftreten kann: Man kennt zwar eine ganz bestimmte Stellung und weiß genau: das muß laut Buch Remis bzw. gewonnen sein! Doch wie's geht, fällt einem plötzlich nicht mehr ein ... Kurioserweise passiert das Meistern ab und zu gerade in ganz einfachen Positionen; vielleicht deswegen, weil sie so trivial sind, daß man es der Mühe nicht wert findet, sie regelmäßig zu repetieren. Kommt dann z.B. noch Streß dazu oder der Ärger, daß der Gegner so etwas Simples noch weiterspielt, dann wird's gefährlich. Etwa Bobby Fischer, der gern »bis zum nackten König« kämpfte, hat manchen Punkt auf diese Art nach Hause getragen.

Fischer–Taimanov
2. Matchpartie 1971

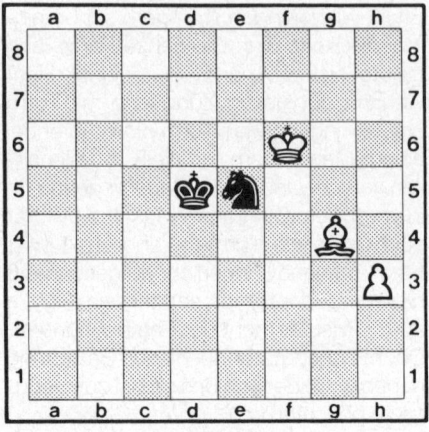

Diagramm 55

Weiß: Kf6, Lg4, Bh3
Schwarz: Kd5, Se5

Weiß hat den Randbauern plus falschem Läufer – ergo darf Schwarz seinen vollen Springer für nichts opfern, wenn nur dabei der König den Schlupfwinkel h8 erreicht. Ganz einfach ging das z.B. mit 1. ... Sd3 2. h4 Sf4, denn auf 3. Kf5 läßt Schwarz den Springer Springer sein und spaziert mit 3. ... Kd6 heimwärts (4. Kxf4 Ke7 5. Kg5 Kf7 6. Kh6 Kg8 oder ähnlich). Auch 1. ... Kd6 sollte gut genug sein.

Doch was zog der Unglücksrabe Taimanov? Er schickte sein bestes Stück mit **1. ... Ke4??** in eine ganz falsche Himmelsrichtung. Nach **2. Lc8! Kf4** (der Bauer ist nicht zu stoppen: Sf3 3. Lb7+ oder Sd3 3. Lf5+) **3. h4 Sf3** (oder Sg4+ 4. Kg7 nebst h5) **4. h5 Sg5 5. Lf5!** (Zugzwang!) **Sf3 6. h6 Sg5 7. Kg6 Sf3 8. h7 Sh4+**

9. Kf6 war das Trauerspiel endlich für ihn zu Ende.

So nebenbei scheint es, daß wir hier einen Effekt wiederfinden, von dem schon einmal die Rede war: Die ganze Partie lang mußte sich Taimanov nur seiner Haut wehren; gut vierzig Züge lang mit Turm plus Springer gegen Turm plus Läufer bei einem Mehrbauern für Weiß. So allmählich verschwanden die Bauern; genau im Zug vor dem Diagramm tauschte Fischer auch noch die Türme – endlich Remis, mag Taimanov innerlich aufgeschnauft haben. Und prompt setzte sein Gehirn aus ... (der Moment der Entspannung!).

Doch Schandtaten in dieser Beziehung haben wir leider von uns selbst zur Genüge zu berichten:

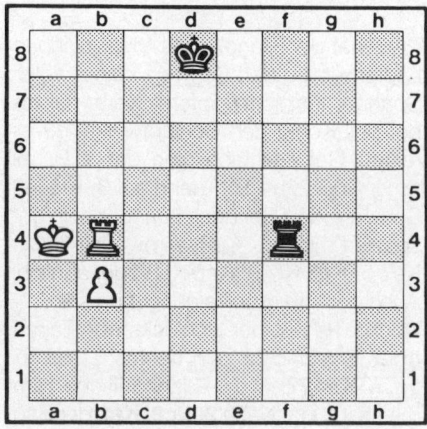

Dr. Hübner – Dr. Pfleger
Bundesliga 1984

Diagramm 56
Weiß: Ka4, Tb4, Bb3
Schwarz: Kd8, Tf4

Auch das ist ein Endspiel, in das man in seiner Not stets ohne Zögern abwickelt: der weiße Bauer noch weit zurück, der schwarze König nahe dem Umwandlungsfeld – das muß hundertprozentig Remis sein. Zwar kann Weiß den Kd8 mit Tc4 eben noch abschneiden, doch auch solche Fälle stehen im Buch.

Auch die Methode, wie's geht: Beim Bauern hinter der Brettmitte gibt der Turm am besten von vorne Schach – und zwar so weit weg wie möglich. Das sieht man hier ganz typisch bei 1. ... Tf7! 2. Tc4 Ta7+ 3. Kb4 (nach 3. Kb5 Tb7+ muß der König wieder umkehren; das ist der Witz) Tb7+ 4. Kc3 Kd7! (mit 4. ... Tc7? 5. Kd4! wäre Schwarz hereingefallen) 5. b4 Tc7, und nun hat Schwarz es geschafft, egal ob Weiß tauscht oder nicht (selbst wenn Weiß dem Turmtausch entwischen könnte, da der Kd7 aufs Umwandlungsfeld zu gehen droht).

Doch genau das lag im Moment nicht geistig parat – oder nur so verschwommen, daß es sich mit einem anderen Motiv mischte! Denn steht der König schon auf dem Umwandlungsfeld, dann gehört der Turm auf die sechste Reihe, um den Feind nicht mit Mattdrohung dorthin zu lassen. Das Urbild dieses Prinzips sieht so aus:
Weiß: Ka5, Bb5, Th7
Schwarz: Kb8, Tg6

Der Ka5 kommt nicht vorwärts, und nach 1. b6 Tg1 findet er keine Ruhe vor einer Turmschachlawine.

Das muß es sein, was im Gehirn durcheinandergeriet – heraus kam ein gräuslicher technischer Bock:

1. ... Tf6?? 2. Tc4

O Schreck – jetzt klappt es nicht mehr mit den Schachs von vorn: 2. ... Ta6+ 3. Kb5 (der Turm steht zu nah) Ta8 4. b4 Tb8+

5. Ka6 (dummerweise geht auch das noch, weil b4 »zufällig« gedeckt ist!) Ta8+ 6. Kb7 Ta4 7. Tc8+ nebst 8. b5, und der Springerbauer jenseits der Brettmitte gewinnt bei abgeschnittenem schwarzem König immer.

2. ... Kd7 3. b4 Ta6+, und nach Abbruch blieb nur das traurige Fazit, daß Weiß mit 4. Kb5 ganz ähnlich gewinnt wie eben gezeigt. Schwarz gab auf.

Damit aber nun endgültig genug von allem, was mit Endspieltheorie zu tun hat – kommen wir zur reinen Praxis. Es gibt durchaus viele taktische Endspiele, wo man ähnlich wie bei vollem Brett zu Werke gehen muß, um den besten Zug zu finden. Doch nicht dabei wird es den meisten Amateuren mulmig, sondern wenn fürs Auge scheinbar wenig los ist. Dann so etwas wie einen Plan zu finden, macht ihnen zu schaffen, vor allem, wenn es keine Anhaltspunkte in Form von allgemeinen Grundsätzen mehr gibt. Dynamische Werte wie »aktives Figurenspiel«, »Initiative«, die schon im Mittelspiel oft schwer zu fassen sind, werden in einfachen Stellungen meist noch nebuloser.

Doch trotzdem gibt es so etwas, zumindest im Denken des Meisters. Gerade wenn nichts Konkretes drängt und sofortige Entscheidung verlangt, hat er Zeit genug für die Frage: Wo gehören meine Figuren hin? Oft wird das Pferd quasi von hinten aufgezäumt: Man sucht sich erst seine denkbare Idealstellung und dann Mittel und Wege, seine Steine dahin zu befördern. Die Zeit, die das dauern mag, hat man gerade in einfachen Positionen. Dabei kommen freilich nicht selten Lavierpartien heraus, die als »Seeschlangen« enden, wo sich scheinbar im Lauf von zehn, zwanzig Zügen herzlich wenig tut.

Doch auch die erschrecken das Gemüt des ahnungslos Nachspielenden meist vor allem dadurch, daß ihnen nicht leicht eine Idee anzumerken ist.

Im ersten Beispiel ist die Frage der Idealstellung im Grunde leicht; es wirkt aber besonders typisch, weil man damit auf einen Schlag entdeckt, wieviel Leben noch in einer anscheinend völlig öden Stellung steckt.

Stoltz–Kashdan
Den Haag 1928

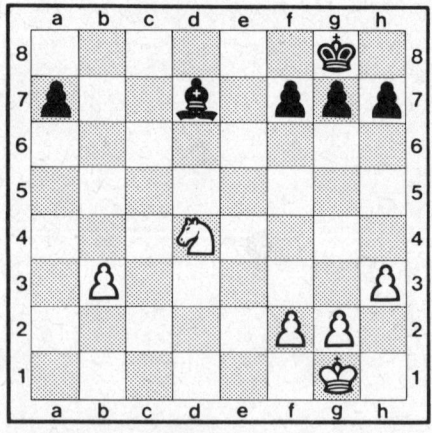

Diagramm 57
Weiß: Kg1, Sd4, Bb3, f2, g2, h3
Schwarz: Kg8, Ld7, Ba7, f7, g7, h7

Was soll hier noch los sein? Völlig spannungslose Bauernstruktur; die Könige gleich weit vom Zentrum weg; der Zentralspringer und der Läufer wiegen sich auf, wie es aussieht. Was um Gottes willen fängt man in solch einem Fall an, wenn man nicht gleich Remis geben will? Oder anders gefragt: Wer kann überhaupt etwas anfangen?

Eine Idee läßt sich nur finden, wenn man voraussieht, was im Lauf der nächsten fünf, zehn Züge die beste Aufstellung für beide sein wird. Die weißen Kräfte sollten auf dunklen Feldern landen, besonders die Bauern; wenn nicht freiwillig, kann evtl. der schwarze Läufer durch Sticheleien nachhelfen. Damit tun sich natürlich weißfeldrige Lücken auf. Die beiden Könige laufen ins Zentrum, möglichst in Opposition, um den Gegner nicht ins eigene Revier zu lassen – und plötzlich taucht das schwarze Ideal auf: König d5 (wo ihn der Springer so schnell nicht ärgern kann), der weiße entsprechend auf d3; doch dort kann er sich nicht halten, der Läufer treibt ihn mit Schach nach einer Seite, und der Kd5 bricht dann auf der anderen ein.

Auch Weiß hätte solch ein Ideal: Bauern auf b4 und f4, Springer auf c3 – dann käme Schwarz von a5 bis e5 niemals herein; sein Läufer würde total ins Leere schießen, da er nicht einen weißen Stein auch nur anrempeln kann.

Wie sieht die Sache nun tempomäßig aus (Schwarz am Zug)? Weiß braucht für seine Aufstellung ganz klar zu lange; d.h., wenn der schwarze König losläuft, muß es sofort auch der weiße tun, um nicht zu spät zu kommen. Schwarz hat also den dickeren Zipfel der Wurst. Ob das zum Gewinn reicht, ist eine andere Frage; doch es lohnt sich auf jeden Fall, die Partie weiterzuspielen!

Nicht Zug für Zug vorauszurechnen, sondern solche langfristigen Perspektiven vorauszusehen, ist wichtig fürs Denken in Endspielen dieser Art.

1. ... Kf8 2. Kf1 Ke7 3. Ke2 Kd6 4. Kd3 Kd5 5. h4

Sonst schnappt sich der Läufer später evtl. auf f1 einen Bauern.

5. ... Lc8 6. Sf3 La6+

Geschafft! Die Chancen von Schwarz sind nun bestimmt viel handgreiflicher als in der »harmlosen« Diagrammstellung.

7. Kc3

Auch 7. Ke3 Kc5 zwingt Weiß in die Defensive, da das Gegenspiel 8. Sg5 Kb4 wegen des fürchterlichen a-Freibauern nicht ausreicht.

7. ... h6 8. Sd4 g6 9. Sc2

Weiß mußte wohl 9. f3 nebst g3 versuchen, obwohl diese Blockade nicht unbedingt sattelfest wirkt; muß einmal der Bf3 ziehen, fällt alles zusammen. Doch den König aus freien Stücken nach e4 zu lassen, das kann kaum besser sein; dort beherrscht er die ganze Stellung.

9. ... Ke4 10. Se3 f5 11. Kd2 f4 12. Sg4 h5 13. Sf6+ Kf5 14. Sd7 Lc8 15. Sf8 g5 16. g3

Bei 16. hxg5 Kxg5 droht einfach der Springerfang Kh6–g7.

16. ... gxh4 17. gxh4 Kg4 18. Sg6 Lf5 19. Se7 Le6 mit Bauern- und baldigem Partiegewinn.

Das war ein doch recht geradliniger Plan – um einige Ecken denken muß man im nächsten Beispiel.

Baslavsky–Kondratjev
Tallinn 1947

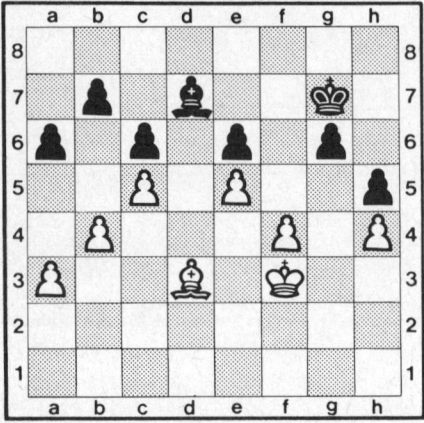

Diagramm 58

Weiß: Kf3, Ld3, Ba3, b4, c5, e5, f4, h4
Schwarz: Kg7, Ld7, Ba6, b7, c6, e6, g6,
h5

Wer besser steht, ist diesmal überhaupt keine Frage; man braucht nur das Prachtexemplar eines »Eunuchen« auf d7 zu betrachten. Doch solche Stellungen haben oft eine tückische Eigenart: Man weiß, eigentlich müßte man gewinnen, man sieht den riesigen Positionsvorteil – doch alles ist gedeckt, die Bauern verschachtelt; mit normalen Mitteln geht es nicht weiter. So wie hier: Die eine Idee wäre, mit dem König zum Damenflügel zu laufen; doch der schwarze erscheint noch schneller auf c7 und macht die Schotten dicht. In Frage kommt auch das Bauernopfer f4–f5 samt Einbruch über f4–g5; doch das würde erst spruchreif, wenn man sich den schwarzen König weit weg denkt.

In solchen Fällen – wenn man sieht, daß etwas drin sein müßte, nur im Moment noch nicht konkret – ist es besonders wichtig, erst einmal alles zu prüfen, was die eigene Stellung ausbaut. Da bietet sich hier nur eins an: Vormarsch am Damenflügel. b4–b5 ist leicht durchzudrükken; Schwarz muß praktisch die a-Bauern tauschen ... und dann? Ein Freibauer ist nicht in Sicht, genausowenig Einbruchsfelder für den König, da der Zugzwang nicht funktioniert.

Und doch gibt es da einen Witz: Kommt Weiß zu b5–b6, taucht die Drohung La6! auf; d.h., der weiße Läufer allein fesselt dann beide schwarzen Figuren, seinen Widerpart an die Deckung eines der Schwächlinge e6/g6 und den König an den Damenflügel. Ist es einmal soweit, hat der weiße Monarch freie Hand; und siehe da: nun wird f4–f5 tatsächlich akut! Kurios, aber logisch – der Gewinnplan geht darum so: Zuerst läuft der weiße König wirklich nach a5, doch nicht etwa, um einzudringen, sondern nur um den b-Bauern vorzuschieben. Und dann das Ganze kehrt; schleunigst dorthin zurück, woher man eben kam!

1. Ke3 Kf7 2. Kd4 Le8 3. Kc3 Ke7 4. Kb3 Kd8 5. Ka4 Kc7 6. Ka5 Lf7 7. Lc4 Lg8 8. a4 Lf7 9. b5 axb5 10. axb5

Das läuft alles wie ein Uhrwerk, nachdem man einmal die Idee kennt! Schlägt Schwarz jetzt nochmals auf b5, dringt Weiß tatsächlich ein, wenn er auch scharf kalkulieren muß: 10. ... cxb5 11. Lxb5 Lg8 12. Le8 Lh7 13. Kb5! (bedeutet ein Läuferopfer, doch bei der traurigen Gestalt auf h7 fällt das nicht schwer) Kd8 14. Kb6 Kxe8 15. Kxb7 g5 16. fxg5 Le4+ 17. c6 Ke7 (oder Kd8) 18. g6 und gewinnt (Kf8 19. Kb6; Lxg6 19. c7 Le4+ 20. Kb8).

10. ... Lg8 11. b6+ Kd8 12. Kb4 Lf7 13. Kc3 Kd7

Auf die e-Linie darf der König schon nicht mehr wegen La6; d.h., er kommt nie mehr zurück auf die andere Seite.

14. Kd4 g5

Ein Verzweiflungszug, nach dem Schwarz in ähnlicher Weise verlor wie »geplant«:

15. fxg5 Lg6 16. Ke3 Lc2 17. g6! Lxg6 18. Kf4 Lf5 19. Le2

Schwarz gab auf, da nach Fall von h5 der h-Bauer leicht gewinnt.

Der logische Schluß hätte ungefähr so ausgesehen: 14. ... Kd8 (Lg8) 15. Ke3 Kd7 (Lf7) 16. f5! gxf5 17. Kf4, und der Einmarsch nach f6 hebt Schwarz aus den Angeln, da Lg8 darauf wegen Kg7 einfach den Läufer verliert!

Solche Manöver – einmal hin und zurück übers ganze Brett – sind typisch für das besagte Denken. Oft reicht – wie in unserem Fall – ein kleiner Fortschritt irgendwo an einer Stelle, um eine festgefahrene Situation entscheidend in Fluß zu bringen. Dafür ist dann auch keine Mühe zu schade – doch erst einmal braucht man den zündenden Funken. Figuren bzw. Bauern auf bessere Felder zu bringen, eine Idealstellung zu suchen, das ist oft der Schlüssel, mit dem man schon vorhandene Ideen entscheidend verstärkt.

So lang es auch dauerte – immerhin gab es hier einen Plan, der konkret und nachweisbar den Gewinn erzwang. Man konnte genau festlegen: Erst kommt dieser Schritt, dann der nächste, dann noch einer, und es ist aus. Noch viel mehr zu kauen hat aber besonders der Amateur, wenn solch ein klares Konzept fehlt. Man

steht zweifellos gut, hat vielleicht sogar etwas mehr – doch wie man auch grübelt, nichts zeigt sich, worauf man eigentlich spielen soll!

Aljechin–Capablanca
34. (letzte) WM-Partie 1927

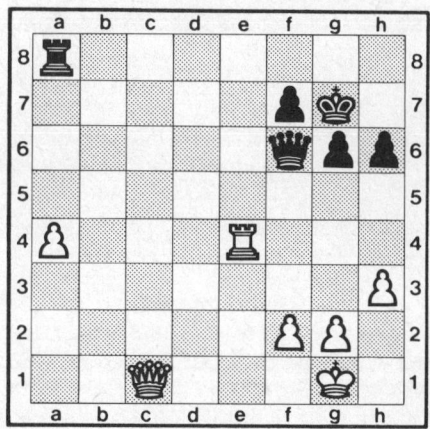

Diagramm 59
Weiß: Kg1, Dc1, Te4, Ba4, f2, g2, h3
Schwarz: Kg7, Df6, Ta8, Bf7, g6, h6

Das ist so eine Stellung, vor der vielen Spielern graut. Die Bauern liegen erst einmal fest; besonders a4, und ein Vormarsch am Königsflügel läßt das eigene Oberhaupt im Hemd stehen. Auch direkte Angriffsgedanken, bei Schwerfiguren immer im Hinterkopf, scheiden aus. Die meisten Amateure würden bestimmt erst einmal eins tun: Damen tauschen, so schnell man die schwarze erwischen kann! Doch wenn man Pech hat, macht das die Dinge zwar einfacher, freilich im ganz verkehrten

Sinn: Schwarz braucht im Turmendspiel nur seinen »Elefanten« hinter den a-Bauern zu dirigieren, und schon sieht es mit einem Gewinn ziemlich finster aus (dieses Muster haben wir schon einige Seiten früher erwähnt).

Auch mit dem »Verstärken der Stellung« freilich ist es hier so eine Sache: In Frage kommt nur, mit Dame und Turm zu manövrieren und nochmals zu manövrieren. Doch mit welchem Ziel? Wo gibt es hier eine »Idealstellung«? Lesen wir Aljechins eigenen Kommentar:

»Der Gewinnplan ... ist nun folgender: Der drohende Freibauer soll Dame und Turm des Gegners auf dem Damenflügel beschäftigen; dadurch wird der schwarze König etwas entblößt, so daß Weiß auch mit direkten Angriffen arbeiten kann und immer mehr Raum gewinnen wird. Zunächst wird die feindliche Dame schon nach wenigen Zügen die Schräge a1–h8 aufgeben müssen.«

Auch der Spieler selbst hat also beileibe noch kein konkretes Ziel in solch einer Stellung, weil es keins gibt. Wohl sieht er gewisse Motive, die »eventuell« in Frage kommen (Freibauer, Angriff, Tausch einer Figur unter günstigen Umständen). Doch er überstürzt nichts, sondern tut im Grund genau dasselbe wie bei den letzten Fällen: Bevor irgend etwas unternommen wird, müssen die eigenen Stücke so gut wie möglich postiert bzw. die feindlichen aus wirksamen Stellungen verjagt werden. Solange er dabei noch etwas herausholen kann, läßt sich der Meister auch nicht in Versuchung führen, wenn sich eins der Motive anbietet mit Folgen, die nicht einwandfrei überschaubar sind. Wir sehen das z.B. in punkto Damentausch beim 4. Zug im Text. Ein Motiv wird erst dann

tatsächlich angewandt, wenn es »reif« ist, d.h. wenn kein Zweifel mehr existiert, daß damit die Partie entschieden oder wenigstens der Vorteil vergrößert wird.

Diese Art des Manövrierens kommt dem Amateur vielleicht etwas »ins Blaue hinein« vor; sie ist aber ganz typisch für die Behandlung solch vereinfachter Endspielstellungen. Natürlich kann man dazu wenig konkrete Analysen bieten, eben weil keine zwingenden Wendungen auftauchen; was nun wirklich die beste Aufstellung ist, muß oft das Schachgefühl entscheiden. Doch das Grundkonzept zeigt der Partieverlauf ganz klar.

1. ... Tb8

Wartezüge auf der a-Linie wären bedenklich, weil Weiß im passenden Moment auf die 8. Reihe einfallen könnte. Die Dame von Schwarz steht auf der langen Diagonalen schon am besten, und ein Zug wie Kh7 bringt den König ins Abseits für den Fall vor allem des Damentauschs.

2. Te2 Ta8 3. Ta2 Ta5

Jetzt drohte der Bauer schon vorzumarschieren.

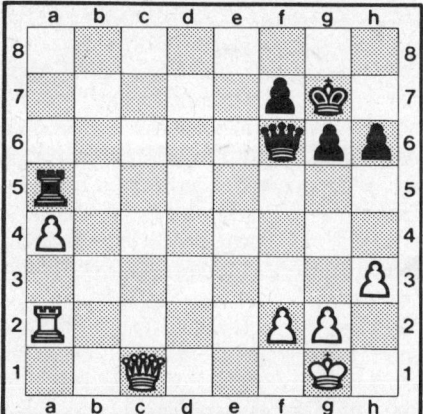

Diagramm 60

4. Dc7

Höchst interessant – warum denn nicht jetzt 4. Da1, wo doch der eigene Turm statt des feindlichen schon hinter dem Bauern steht? Bestimmt gab die beidseitige Königsstellung Aljechin zu denken: Der schwarze kommt via f6/e5 blitzschnell nach vorn und wäre nach Damentausch zudem am Zug; der weiße braucht da viel länger. Solche Gedanken sind typisch für das zu Anfang skizzierte Konzept: Man läßt sich Zeit, das Motiv Damentausch ist noch nicht reif genug; dafür werden bessere Momente kommen.

4. ... Da6

Zieht der Turm, läuft der Bauer los; Schwarz muß a5 also decken. So aber gesteht er das zu, was Aljechin schon zu Anfang als Teilerfolg in punkto Figurenstellung ansteuerte: Die Diagonale a1–h8 wechselt den Besitzer. Warum also nicht 4. ... De5, wo Weiß doch eben selbst dem Tausch noch ausgewichen ist? Weil

dann die Umstände etwas anders aussähen: Erstens kommt der Freibauer nach 5. Dxe5 Txe5 6. a5 mindestens noch bis a6; zweitens ist dann Weiß am Zug, d.h., er hat ein Tempo mehr. Etwa so könnte es weitergehen: 6. ... Te7 7. a6 Ta7 8. f4 Kf6 9. Kf2 Ke6 10. Ke3 Kd5 11. Ta5+ (der Freiraum dank des Vorrückens um zwei Felder!), und nun kommt der weiße König ins Zentrum mit auf Dauer sicherem Gewinn.

So kleine Veränderungen entscheiden oft genug solche Endspiele; und gerade deswegen unternimmt der Meister (im Gegensatz, wie gesagt, zu vielen Durchschnittsspielern) erst dann etwas Definitives, wenn er sich des Erfolgs sicher ist.

5. Dc3+ Kh7 6. Td2!

Zum ersten Mal hat Weiß dank der Diagonalen nun so etwas wie Angriff: Er droht direkt 7. Td8 mit Gewinn. Natürlich wirft das Schwarz nicht um und ist bequem zu parieren; doch man spürt, wie die weißen Figuren langsam immer mehr blühen und gedeihen, während sich Schwarz auf die Hinterpfoten setzen muß, um nicht taktisch baden zu gehen.

6. ... Db6 7. Td7 Db1+ 8. Kh2 Db8+ 9. g3 Tf5 10. Dd4

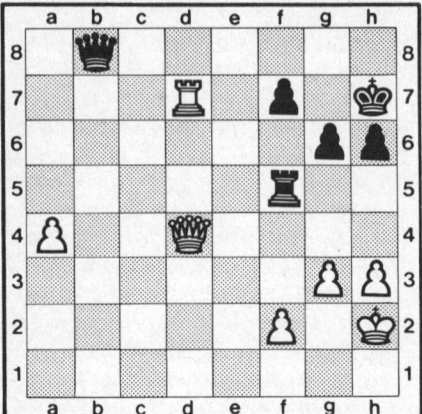

Diagramm 61

Vergleichen Sie dieses Diagramm nun einmal mit der Anfangsstellung! »Passiert« ist im direkten Sinn noch gar nichts; der a-Bauer steht weiterhin, wo er war, am Königsflügel sieht es nur um Nuancen anders aus. Praktisch als einzige aktiv waren Damen und Türme; doch »nach Punkten« hat Weiß dabei klar profitiert: die Dame mitten im Zentrum, der Turm fuhrwerkt im schwarzen Lager herum; dagegen ist die schwarze Konkurrenz von den besten Plätzen vertrieben. Im Grund hat dies doch zum größten Teil der Mehrbauer bewirkt, einfach, weil er da war und Schwarz dadurch in seinen Bewegungen behinderte.

10. ... De8

Mit der kleinen Gegendrohung Txf2+.

11. Td5

Weiß fühlt sich schon stark genug, um Tausch anzubieten; das Damenendspiel wäre allerdings mit dem »Riesenweib« auf d5 kein Problem, da 11. ... Txd5

12. Dxd5 Dxa4? 13. Dxf7+ Kh8 14. Dxg6 am Königsflügel mit Kahlschlag endet. Sonst aber könnte der a-Bauer laufen, da der Kh2 vor Dauerschachabsichten gut aufgehoben ist.

11. ... Tf3 12. h4 Dh8

Er hätte zu gern die Diagonale wieder und pocht darauf, daß nach Damentausch sein Turm auf dem Sprung nach a3 hinter den Bauern steht.

13. Db6

Weiß aber kann sie jetzt leichten Herzens zurückgeben; seine Figuren haben inzwischen den Vormarsch des a-Bauern unter Kontrolle, während ihn Schwarz nur noch durch Damentausch unter ungünstigsten Umständen stoppen kann.

13. ... Da1 14. Kg2

Gegen Df1 hat er verständlicherweise etwas.

14. ... Tf6

Nach 14. ... Ta3 15. a5 ist dem Bauern nichts anzuhaben, und die schwarzen Figuren sind deutlich vom Pfad der Tugend abgeirrt; sie stehen viel zu schlecht, um gleichzeitig den Vormarsch zu stoppen und den eigenen König zu schützen.

15. Dd4!

Endlich! Erst jetzt ist der Damentausch »reif«, verglichen mit der Stellung z.B. nach 4. Da1: Weder kommt nun der Turm von Schwarz hinter den a-Bauern noch sein König als erster ins Zentrum, im Gegenteil: Der weiße ist jetzt näher am Ball, dem der Weg über f3—e4 offensteht!

Im Grund manövrierte Weiß also 15 Züge nur solch kleiner Fortschritte wegen, bevor er sich zum Handeln entschloß. Anders aber hätte er wohl die Partie nicht gewonnen ...

15. ... Dxd4

Das Damenendspiel nach 15. ... Da2

16. Dxf6 Dxd5+ 17. Df3 ist ähnlich hoffnungslos wie vorhin.

16. Txd4 Kg7

Selbst gleich 16. ... Ta6 muß er sich verkneifen, denn der weiße »Opa« käme dann sofort Richtung d5 und weiter nach b5 anspaziert.

17. a5 Ta6 18. Ta4 Kf6 19. Kf3 Ke5 20. Ke3 h5 21. Kd3 Kd5 22. Kc3 Kc5 23. Ta2!

Jetzt ist die Partie dort angelangt, wo sie der Meister mit allem Komfort nach Hause schiebt: Das Muster mit dem eigenen Turm hinter dem Freibauern bei etwa gleichwertiger Königsstellung zählt zu den »leichtesten Übungen«. Schwarz kommt einfach in Zugzwang und muß den Gegner nach einer Seite vorlassen; relativ besser noch Richtung Königsflügel, doch dann gibt Weiß irgendwann den Ba5 auf und sammelt dafür den Rest mit seinen beiden Figuren ein, während die Schwarzen am Damenflügel nur zuschauen können. Wir zeigen diesen Schluß noch schnell ohne Kommentar.

23. ... Kb5 24. Kd4 Td6+ 25. Ke5 Te6+ 26. Kf4 Ka6 27. Kg5 Te5+ 28. Kh6 Tf5, und nun gewann laut Aljechin am einfachsten **29. Kg7 Tf3 30. Kg8 Tf6** (oder Tf5 31. f4 Tf6 32. Kf8 Tf5 33. Kg7) **31. Kf8 Tf3** (Tf5 32. f4 siehe eben) **32. Kg7 Tf5 33. f4,** und der Zugzwang bringt Schwarz zur Strecke.

Soweit also ein paar Beispiele, wie man vom Denken her auch scheinbar unfruchtbaren Endspielen zu Leibe rücken kann. Nun ein ganz anderes Thema und eigentlich ein höchst heikles, die wohl häufigste gedankliche Fehlerquelle, die schon beim Abwickeln ins Endspiel oft genug ihre Opfer fordert. Denn nichts ist gefährlicher – und liegt dabei so nahe! –

als das Urteil über eine Stellung oder auch nur einzelne Details davon aus dem Mittelspiel automatisch zu übertragen. Das passiert meist sogar unwillkürlich. Wenn etwas im Lauf einer Partie vielleicht stundenlang als »gut« oder »schlecht« im Gehirn festsitzt, wer kann dann schon schlagartig umschalten und dieses Urteil um 180 Grad drehen? Paradebeispiel: die Stellung des Königs. Dabei weiß man ja eigentlich, daß im Endspiel Seine Majestät nicht im Winkel verkümmern soll; und auch für den Amateur gehört es schon zur Routine, den König etwa von g1 oder g8 aus ins Zentrum zu beordern, wenn viele Figuren getauscht sind. Viel tückischer aber ist z. B. dieser Fall: Man hat im Mittelspiel den »Opa« des Gegners aufgescheucht, ihn in der Mitte festgehalten und ins Kampfgetümmel verstrickt. Das gilt als stattliches Plus; besonders wenn der eigene, wie sich's gehört, gut rochiert weitab vom Schuß zuschaut. Doch dann verschwinden der Reihe nach Figuren vom Brett – und ohne daß sich die Königsstellung ändert, bekommt sie für beide einen ganz neuen Wert! Der »schwache« König im Zentrum wird im Endspiel zum Riesen; der »starke« und »sichere« zum Nachtwächter. Daß sich etwas total im Wert ändert, obwohl es genauso steht wie vorher, ist gedanklich selbst für Meister oft schwer zu verkraften.

Sax–Piket
Lugano 1987

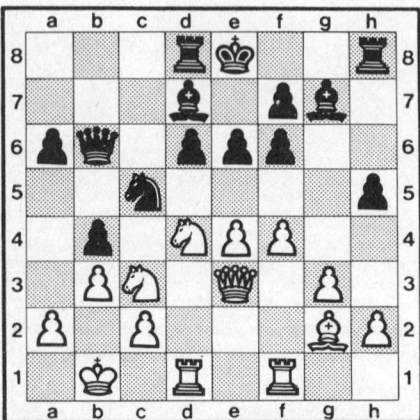

Diagramm 62

Weiß: Kb1, De3, Td1, Tf1, Lg2, Sc3, Sd4, Ba2, b3, c2, e4, f4, g3, h2
Schwarz: Ke8, Db6, Td8, Th8, Ld7, Lg7, Sc5, Ba6, b4, d6, e6, f6, f7, h5

Die Szene ist aufgebaut: Der weiße König scheint vorerst sicher wie in Abrahams Schoß, dem schwarzen dagegen »zieht« es ein wenig. Das provoziert natürlich einen gefürchteten Taktiker wie Sax, der sich nicht zweimal bitten läßt und ein Handgemenge vom Zaun bricht. Das gehört eigentlich nicht zum Thema; wir wollen es aber trotzdem zeigen, damit man sieht, wie der König im Zentrum in der Folge zur Zielscheibe wird.

1. Sf5 bxc3 2. Txd6 Db4 3. Sxg7+ Kf8 4. Sxe6+ Sxe6 5. Tfd1 Ke7 6. f5 Lc8 7. e5

Bestimmt dachte Sax hier, das wär's! Es droht Da7+; der Springer hängt, und

überhaupt scheint der Durchbruch e5 die letzten Feigenblätter des schwarzen Königs davonzublasen. Wenn Weiß mit allem gerechnet hatte – damit bestimmt nicht, daß ihm nun eine Abwicklung vorgesetzt wird, bei der Schwarz alles zurückgibt und das Endspiel gewinnt – wobei die Könige ihre Rollen komplett tauschen ...

7. ... fxe5 8. Da7+

Es scheint gerade alles zu klappen in der Verteidigung, z. B. 8. Txe6+ Lxe6! 9. Dg5+ f6 10. Dg7+ Lf7

8. ... Lb7! 9. Dxb7+ Dxb7 10. f6+

Natürlich erzwungen, weil sonst d6 hängenbliebe.

10. ... Kxf6 11. Lxb7 Txd6 12. Txd6 h4

Ironie des Schicksals! Der so lange total sichere weiße König wandelt sich nun zum größten Sorgenkind: auf der Grundreihe droht manche Peinlichkeit. Sein einstmals gejagter schwarzer Kollege dagegen fühlt sich inzwischen im Zentrum ganz wohl und mischt kräftig mit.

13. a4 hxg3 14. hxg3 e4!

Räumt e5 wegen des Tricks 15. Lxe4? Ke5! – der König als starke Figur!

15. Lxa6 Th1+ 16. Ka2 Tc1 17. b4 Ke5 18. Tc6 Txc2+ 19. Kb1 Sd4

Nun geht es dem weißen Oberhaupt schon direkt an den Kragen; z. B. droht 20. ... Tb2+ 21. Kc1 Sb3+ 22. Kd1 Td2+ 23. Ke1 c2 nebst Td1+.

20. Tc5+ Kf6 21. Lc4 Td2 22. Ld5 Td1+ 23. Ka2 c2 24. Lxe4 und 0 : 1

Der Schluß war auch von Zeitnot diktiert; doch es dürfte schwer sein, ab dem 15. Zug für Weiß noch etwas Ausreichendes zu finden.

Ähnliche Tücke steckt oft in vereinfachten Mittelspielen, die schon auf dem Sprung zum Endspiel sind, – besonders nach frü-

hem Damentausch in der Eröffnung. Typisch etwa die Altindische Verteidigung:
1. d4 Sf6 2. c4 d6 3. Sc3 e5 mit der »Verlockung« zu 4. dxe5 dxe5 5. Dxd8+ Kxd8. Nun parkt Schwarz den König nach c7–c6 meist auf c7, und da steht er auch völlig sicher, doch zweifellos defensiv, solange die meisten Figuren am Brett bleiben. Oft freilich passiert dann folgendes: Weiß rochiert kurz, auf der einzig offenen d-Linie werden alle Türme getauscht … und plötzlich wandelt sich der schwarze König zum reißenden Wolf und fällt via b6 (d6)–c5 über den weißen Damenflügel her!

Der Fallstrick beim Denken ist jedesmal derselbe: Wenn ein König zum Auftakt des Endspiels aktiviert wird, d.h. etwa sich aus der Rochadestellung ins Zentrum bewegt, nimmt man dadurch seinen steigenden Wert zur Kenntnis. Aber daß sich seine Rolle ändert, ohne sich überhaupt vom Platz zu rühren – daran denkt kaum jemand!

Mit anderen Kriterien einer Stellung kann es genauso gehen. Ein ähnlich typischer Fall: vorgerückte Freibauern. Auch ihr Wert kann sich durch Abtausch vom Guten zum Schlechten ebenso ändern wie umgekehrt.

Spassky–Karpow
6. Matchpartie 1974

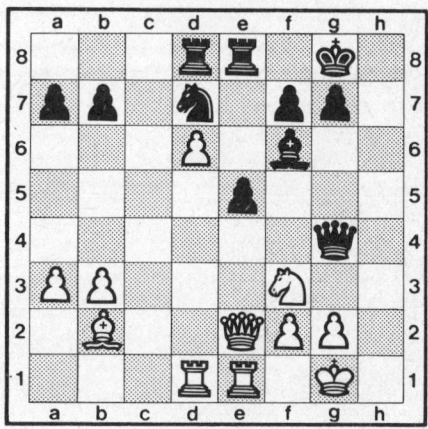

Diagramm 63

Weiß: Kg1, De2, Td1, Te1, Lb2, Sf3, Ba3, b3, d6, f2, g2
Schwarz: Kg8, Dg4, Td8, Te8, Lf6, Sd7, Ba7, b7, e5, f7, g7

Die Stellung einzuschätzen fällt nicht ganz leicht, doch eines steht fest: Der Stolz des Weißen ist sein Freibauer d6. Das schwarze Gegenspiel beruht auf e5–e4, was einige Figuren (Lf6, Sd7) zum Leben erweckt. Spätere Analysen gaben als Hauptvariante 1. Db5 e4 2. Sh2 De6 3. Lxf6 Sxf6 4. Dxb7 Td7 5. Dc6 Ted8 an, wonach sich beide Vorteile aufheben, insbesondere der Freibauer verschwindet und die Partie remis werden dürfte.

Das Problem liegt jetzt im Denken: Spassky war das ganz offensichtlich zu wenig, und er beschließt, e4 zu verhindern, auch auf Kosten des Damentauschs, d.h., Ideen mit Db5 fallen weg, und Weiß setzt

89

allein auf die Einengungskraft seines Bd6. Doch das ist Anschauung des Mittelspiels! Mit jedem Tausch – und den kann Schwarz sicherlich erzwingen, nicht zuletzt der offenen c-Linie wegen – verschieben sich die Gewichte; vor allem wird der schwarze König ein arger Feind des Bauern d6. Dagegen kann der weiße ihn nicht decken, weil er schon zu weit vorn ist.

Es mag sein, daß Weiß auch später noch besser spielen konnte und nicht zu verlieren brauchte. Doch daß er letztlich verlor, lag einwandfrei an der Schwäche des jetzt noch so kraftstrotzend scheinenden Bd6!

1. Sd2?! Dxe2 2. Txe2 Tc8 3. Se4 Ld8 4. g4 f6 5. Kg2 Kf7 5. Tc1

Weiß nützt einen Moment zum Tausch, in dem ihm dabei die c-Linie zufällt. Doch auf lange Sicht umsonst: Zum Schluß muß sie, wie oft in solchen Fällen, doch wieder geräumt werden, um die Schwäche decken zu können!

5. ... Lb6 6. Tec2 Txc2 7. Txc2 Ke6 8. a4 a5 9. La3 Tb8 10. Tc4 Ld4 11. f4 g6 12. Sg3

Erlaubt weiteren Tausch, wobei zudem die c-Linie sofort verlorengeht. Vermutlich war in dieser Phase Zeitnot im Spiel; schon statt des radikalen f4 wurde Sc3 als besser empfohlen. Schwarz tauscht auch dann, um den Springer nicht auf das schöne Feld b5 zu lassen; doch immerhin bliebe Weiß so vorerst die c-Linie.

12. ... exf4 13. Txd4 fxg3 14. Kxg3 Tc8 15. Td3 g5 16. Lb2 b6 17. Ld4

Es gab schon nichts Besseres, als in den sauren Apfel zu beißen und mit 17. Tc3 den Bauern sofort herzugeben, denn der schwarze Turm ist inzwischen viel stärker als der weiße. Nach 17. ... Txc3 18. Lxc3

Kxd6 19. b4 hat Weiß Chancen, den Damenflügel aufzulösen.

17. ... Tc6 18. Lc3 Tc5

Bezeichnenderweise will nun Karpow die gleiche Fortsetzung (18. ... Txd6 usw.) nicht.

19. Kg2 Tc8 20. Kg3 Se5 21. Lxe5 fxe5 22. b4?

Genau im falschen Moment. Die letzten Remischancen bot nach allgemeiner Ansicht 22. Kf3 und erst auf Td8 23. b4 Txd6 24. Tb3.

22. ... e4!

Das hatte Spassky wohl übersehen; nach 22. ... axb4 23. d7 Td8 24. Tb3 Txd7 25. Txb4 könnte Schwarz aber kaum gewinnen.

23. Td4 Ke5 24. Td1 axb4 25. Tb1 Tc3+ 26. Kf2 Td3 27. d7 Txd7 28. Txb4 Td6 29. Ke3 Td3+ 30. Ke2 Ta3

Weiß gab auf; ob er die Damenflügelbauern tauscht oder nicht, der schwarze König kommt jezt mit entscheidender Kraft nach f4.

Natürlich enthält solch eine Partie viel mehr Feinheiten, als man in ein paar Zeilen anführen kann; doch bestimmt konnten Sie sehen, wie der Bauer d6 im Endspiel schwächer und schwächer wurde. Jetzt der umgekehrte Fall:

Miles – Garcia
TV-Turnier Bath 1983

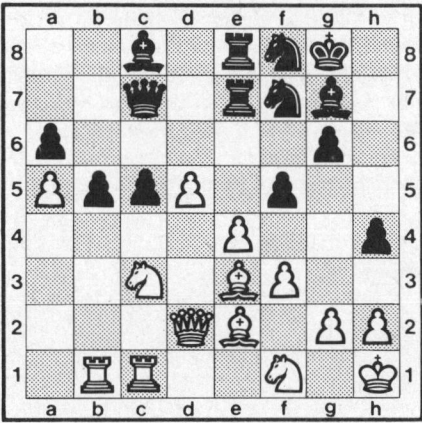

Diagramm 64

Weiß: Kh1, Dd2, Tb1, Tc1, Le2, Le3, Sc3,
Sf1, Ba5, d5, e4, f3, g2, h2
Schwarz: Kg8, Dc7, Te8, Te7, Lc8, Lg7,
Sf8, Sf7, Ba6, b5, c5, f5, g6, h4

Wir fangen ein wenig früher an, um die
psychologische Entwicklung klarzuma-
chen: Der Kandidat, der zum Schluß das
Rennen machen wird, ist nämlich nicht etwa der Bd5, wie man denken könnte,
sondern der auf e4! Der Schwachpunkt
des Weißen also im Mittelspiel; von ganzen fünf schwarzen Figuren am Vormarsch gehindert, mit f7–f5 seit ein paar
Zügen direkt unter Beschuß. Vor allem bei
Schwarz saß dieser Bauer, wie die eigenen Kommentare zeigen, als »Schwäche« im Denken fest; bis zum Schluß blieb
der Nachziehende blind gegenüber der
Umwertung, die ein Tausch nach dem
anderen mit sich brachte!

**1. d6 Dxd6 2. Dxd6 Sxd6 3. Lxc5 Td7
4. Sd5**

d5 ist weg, und wenn auch Weiß kräftig
Figurenspiel hat, fürs Auge bleibt doch
der Eindruck, daß von der Bauernstruktur
her ein starker weißer Trumpf gefallen und
damit der übrigbleibende Bauer e4 um so
mehr als Schwäche gebrandmarkt ist.
Garcia dazu: »Ich muß seine direkten Drohungen parieren; wenn ich mich nur kon-
solidieren kann, stehe ich gar nicht so
übel mit dem Druck auf e4(!!) und meinem
gedeckten Freibauern b5 ...«

4. ... Lb7 5. Sb6

Auch Miles denkt in diesem Moment noch
ähnlich, nämlich recht skeptisch: »Wenn
ich ihn Atem holen lasse, verschwindet
e4, und alles fängt an, rückwärts zu
schwimmen. Hoffentlich habe ich da
nichts falsch gemacht ...«

**5. ... Tdd8 6. Lxd6 Txd6 6. Tc7 Lc6
7. Td1 Txd1 8. Lxd1 Ld7?**

Der Läufer sah auf a8 gewiß nicht aus wie
das blühende Leben, vor allem, da ihn der
Sb6 im Auge behält; aber es gab nichts
Besseres. Die Idee von Schwarz freilich
würde durchaus funktionieren – wenn es
nicht eben den e-Bauern gäbe! Als er-
stem dämmerte hier Miles, daß aus der
ewigen Schwäche plötzlich ein entscheidender Trumpf werden könnte. »Aber
warte mal, was ist mit dem Tier auf e4, hat
das nicht Stiefel Größe 48 an?«

9. Sxd7 Te7 10. Lb3+ Kh8 11. e5!

Der »Mann in den dicken Stiefeln« (Miles)
ist nicht in die Schranken zu weisen wegen 11. ... Lxe5? 12. Tc8, und Weiß behält eine Figur mehr.
Garcia: »Oha, e5, das habe ich übersehen! Er droht e6, also muß ich die Figur
sofort zurücknehmen.«

(Daß der Bauer an sich eine Gefahr sein könnte, diese Idee kommt dem Kubaner bis zum letzten Zug nicht! So stark wirkt der Eindruck des Mittelspiels nach.)

11. ... Txd7 12. Txd7 Sxd7 13. e6

Garcia: »Ach, das war seine Idee, er will durchmarschieren. Aber mein Springer ist ja auch noch da.«

(Endlich geht ihm ein Licht auf – doch immer noch scheint sich sein Denken zu weigern, den »schwachen« Bauern für voll zu nehmen! Zeitnot war nicht im Spiel, wie er zum Schluß selbst zugibt.)

13. ... Sf6 14. e7 Lh6 15. Lf7

Garcia: »Jemine, jetzt begreife ich erst, daß ich eine Figur verliere ...« (der b-Bauer kommt zu spät, wie man leicht ausrechnen kann). Schwarz gab auf.

Das sagt eigentlich deutlich, wie kritisch beim Abwickeln ins Endspiel diese Umbewertung von Schwächen in Stärken und umgekehrt ist und wie schwer sich das Denken oft darauf einstellt! Und damit wollen wir auch diesen gerade für Amateure manchmal gefürchteten Partieteil verlassen.

6. Kapitel: Charakter und Stil
Kasparow und Karpow: die beiden Größten

Diskussion zwischen Spitzenleuten der Firma Audi und den Großmeistern Darga, Schmid und Dr. Pfleger. Das Thema: Welche Parallelen und Unterschiede gibt es zwischen dem Schachdenken und dem normalen Geschäftsleben – insbesondere: kann das eine vom andern profitieren? Die Frage kommt auf, wie ein Schachmeister eigentlich seine Züge »findet«. Darauf Dr. Pfleger: Kein Mensch wisse in letzter Konsequenz, warum er einen bestimmten Zug macht. Der Widerspruch Schmids regt sich energisch: »Ich weiß sehr wohl, warum!«

Die Wahrheit liegt wohl wie meist in der Mitte; doch Tatsache ist, daß auf das Denken des Spielers viel einwirkt, was nicht zu beeinflussen bzw. dessen man sich nicht einmal bewußt ist. Das macht es letztlich so schwer, zu erraten oder gar zu beweisen, was genau bei dem oder jenem Zug im Gehirn des Meisters X vorging. Wir haben versucht, uns auf Beispiele zu konzentrieren, wo es entweder Aussagen, zumindest Anhaltspunkte, gab oder wo man feststellen konnte: So und so müßte man »logisch« gedacht haben, um das zu finden, was am Brett schließlich herauskam. Die subjektive Komponente im Denken eines Schachmeisters fehlte bislang, und ihr gilt nun dieses letzte Kapitel.

Das Problem fängt schon mit der Frage an: Gibt es in einer bestimmten Stellung einen objektiv besten Zug oder Plan? Manchmal ja; relativ häufiger aber nein. Was wir im ersten Kapitel zum gedanklichen Herantasten an den Gehalt einer Stellung sagten, läuft oft darauf hinaus, daß man zwei, drei Züge bzw. Ideen findet, die gleich gut zu sein scheinen. Klar, daß man in solch einem Fall das spielt, was einem vom Geschmack resp. Stil her am nächsten liegt.

Was ist überhaupt »Stil« eines Schachmeisters? Sicherlich eine Mischung von bewußten und unbewußten Komponenten. Ein Spieler mag durchaus imstande sein festzustellen, welch schachliche Kriterien bzw. Gedankengänge einen Zug gestützt bzw. einen anderen verworfen haben. Der eine spielt lieber auf Angriff, der andere auf Abtausch; lieber offene bzw. geschlossene Stellungen; lieber sizilianische Bauernstrukturen als spanische usw. Doch was für psychologische, charakterliche Gründe dahinterstecken, das weiß er selbst nicht. Man muß sogar die Ansicht, daß sich im Schachstil der Charakter des Menschen ausdrückt, cum grano salis nehmen. Oft genug paßt das, was ein Meister am Brett wie im Leben bietet, exakt zusammen; oft auch nicht. Der berühmte Anderssen z. B. galt im Leben als extrem umgänglicher, gutmütiger und fairer Charakter (»Er scheint sich, eine Rarität unter Schachmeistern, keine Feinde gemacht zu haben«, schreibt Schonberg z. B.); doch am Brett tobte er sich geradezu aus mit kompromißlosen, ja brutal anmutenden Angriffen. Ähnliches wird von anderen Größen wie Spielmann berichtet. Typen wie Staunton und Steinitz dagegen – egozentrisch, arrogant, keinem Streit abhold, wenn jemand ihre Größe in Zweifel zog – spielten eher solide, bescheiden, auf Anhäufung kleiner Vorteile bedacht.

Oft genug kommt also im Spiel eine Seite des Wesens zum Vorschein, von der man selbst keine Ahnung oder die man verdrängt hat. Psychoanalytiker gehen sogar soweit, den Schachfiguren eine tief ins Unterbewußtsein reichende Symbolik zu unterlegen. In einer berühmten Arbeit, die freilich einen Extremstandpunkt darstellt und sicher mit Vorsicht zu genießen ist, sieht Fine z. B. den König als Vater- und Penissymbol sowie als solches für Narzißmus und Heldenverehrung. Und Laskers Vorliebe für die Spanische Abtauschvariante mit frühem Damentausch z. B. soll neben dem Streben nach Klarheit und Ordnung den Wunsch zeigen, seine sexuellen Regungen zu verneinen oder zu regulieren: »Um die Situation zu klären, entledigt er sich der Frauen.«

Man mag solche detaillierten Schlußfolgerungen glauben oder nicht; jedenfalls spielen ins Schachdenken unzählige subjektive Momente bewußt oder unbewußt mit hinein. Ein wichtiges Problem folgt daraus, nämlich ob und wie stark ein Spieler solch subjektive Anstöße akzeptiert bzw. sogar bewußt mit ins Spiel einbaut. Anders gesagt: ob er versucht, den besten Zug zu finden oder den, der zu seinem Stil am besten paßt. Das zweite bringt logischerweise oft mit sich, daß man es auch auf den Gegner ausrichtet und sich überlegt, was dem nach seinem Stil am wenigsten schmecken dürfte. Ein Meister dieser Taktik war Lasker, dem man nachsagt, daß er überhaupt keinen eigenen Stil hatte, sondern nur darauf spielte, den des Gegners zu torpedieren. Gegen Positionsspieler stürzte er sich gern selbst in Abenteuer; wilde Haudegen pflegte er positionell staubtrocken anzugehen und ähnliches mehr. Meisterkollegen wie Reti behaupteten gar, Lasker spiele oft absichtlich schlecht, um die Partie auf das Gleis zu bringen, wohin er sie haben wollte.

Gibt es Spieler, die »immer Glück« und andere, die »immer Pech« haben? Manche Schachpsychologen meinen ja, und sie sehen direkte Zusammenhänge dazu, wie stark subjektiv ein Spieler denkt. Tut er das gern, kommt er öfter in Stellungen, die objektiv verdächtig sein mögen, ihm aber die große Chance bieten, daß der Gegner Fehler macht bzw. sich einfach schwerer zurechtfindet. Der objektive Typ dagegen sucht immer den größtmöglichen Vorteil ohne viel Rücksicht darauf, ob ihm dann die Stellung auch liegt, und er wird so nicht selten anfällig für Fehler. Auch wenn der eine Typ im Turnier genausoviel Punkte macht wie der andere, sieht das für den Betrachter meist so aus, daß der erstere »gar nicht so viel hätte machen dürfen«, für den zweiten aber »viel mehr drin war«. Setzt sich das über längere Zeit fort, gilt prompt der eine als Glücksspieler, der andere als Pechvogel. Wie oft liegt das praktische Ideal in einer gesunden Mischung beider Extreme, und die Gefahr für kompromißlose Vertreter des einen oder anderen Typs auf der Hand. Der allzu Subjektive verliert leicht bei der Zugwahl das Gefühl fürs Vertretbare; ihm kann es passieren, daß ihm ein Zug gefällt und alles weitere Denken (sogar unbewußt) darauf abzielt, diesen ersten Zug zu rechtfertigen, auch wenn er wirklich nichts taugt. Aus Überobjektiven dagegen werden oft unentschlossene Grübler, denen kein Zug gut genug ist, weil es noch einen besseren geben könnte. Dabei reiben sie sich leicht auf und »patzen« oder überschreiten in Turnierpartien schlicht die Zeit.

Zu allen Zeiten war man versessen darauf, Welt- und andere Großmeister psychologisch zu durchleuchten und Spuren ihres Charakters im Spiel nachzuweisen. Die Geschichte der sage und schreibe bisher 96 WM-Partien zwischen Karpow und Kasparow verlockt dazu erst recht. Da findet man alles: den Zusammenprall zweier konträrer Charaktere, die Einstellung aufeinander und den Kampf gerade gegen die Schwächen des anderen. Der Diplompsychologe Dr. Reinhard Munzert schrieb zur WM-Revanche 1986 Porträts der beiden, die den Grundstein dafür abgeben.

Was Partien betrifft, interessiert natürlich nicht so sehr der schachliche Verlauf wie einige Dinge, die Schlüsse zulassen auf das, was in den grauen Zellen vorging.

Erst einmal gehört unbedingt ein Vorurteil vom Tisch, das zumindest in der überspitzten Form, wie man es oft zitiert, nicht haltbar ist. Kasparow wird dabei abgelegt in die Schublade »Kombinatoriker« (der sich nur wohl fühlt, wenn's auf dem Brett drunter und drüber geht), Karpow indes in die gegenteilige: »Positionsspieler« (ein Schieber und Würger, der nur auf kleinste Vorteile und vor allem ohne jedes Risiko spielt). Solche Einseitigkeit kann sich heute kein Spieler von Format mehr leisten. Was in solchen Urteilen zum Ausdruck kommt, sind in der Tat schon Aspekte des Charakters bzw. Denkens. Natürlich spielt Kasparow lieber taktisch-aggressiv und Karpow lieber positionell-solid, doch das heißt keineswegs, daß sie das jeweils andere Metier nicht beherrschen. Sie fühlen sich nur darin nicht so wohl, weil es weniger zu ihrer Persönlichkeit paßt, und wenden es darum nur an, wenn es nicht anders geht. Man hat übrigens zur Zeit fast das Gefühl, daß Kasparow das Metier Karpows (die eigene weniger perfekte Seite also) besser im Griff hat als umgekehrt – vielleicht macht das seine im Moment kleine, aber klare Überlegenheit

aus. Wir werden sehen, was das vierte Match bringt…

Im Fall von K&K scheint es so zu sein, daß der Schachstil auch dem persönlichen Wesen entspricht, also nicht wie bei den genannten Anderssen oder Spielmann das auslebt, was man in Wirklichkeit nicht kann, will oder darf. Die Wurzeln dazu sieht der Psychologe wie meist in der Kindheit. Über Kasparows Familie (als er sieben war, starb sein Vater; die Mutter bedeutet ihm heute noch alles) zitiert Munzert einen Satz Freuds über Goethe: »Wenn man der unbestrittene Liebling der Mutter gewesen ist, so behält man fürs Leben jenes Eroberergefühl, jene Zuversicht des Erfolges, welche nicht selten wirklich den Erfolg nach sich zieht.«

Boshaft formuliert kann das auch heißen: Um Erfolg zu haben, reicht es manchmal aus, wenn man selbst daran glaubt. Doch daß er gut sei, brauchte Kasparow sich nicht einzureden; alle Quellen bezeugen, daß er es von Anfang an war. Es heißt auch über ihn, daß schon früh sein Talent auffiel, Varianten zahlreich und tief zu berechnen – was, siehe Kapitel 1, an sich der weniger prägnante Teil meisterlicher Überlegenheit ist. Kasparow hatte also vielen anderen Jungstars noch dieses besondere Plus voraus.

Dem Eroberergefühl, der unbedingten Erfolgsgewißheit, stand von klein auf aber auch der Negativpol gegenüber: Ungeduld, impulsives Handeln, Erregbarkeit, wenn es einmal nicht so lief wie es sollte. Botwinnik, in dessen Schachschule er mit zehn kam, mußte ihn immer wieder warnen, erst zu denken und dann zu ziehen. In Schachstil umgemünzt heißt diese Schwäche z. B. auch: Unfähigkeit zu zäher Defensive sowie zur geduldigen Ansammlung kleiner Vorteile, also zu allem, was lange dauert und nicht schnell große Fortschritte bringt.

Die Blitzkarriere Kasparows hat sicher zunächst einmal diese Charakterzüge, gute wie schlechte, verfestigt; denn sie lief exakt so ab, wie es sich ein siegreicher Eroberer vorstellt. Der Art, wie er Partien anging, war keiner gewachsen: Dank seines taktischen Riesentalents löste er selbst haarsträubendste Verwicklungen – und sein Siegesgefühl, durch den tatsächlichen Erfolg zementiert, gab ihm die Kraft, sich immer wieder in solche Stellungen zu stürzen. Diese Kombination, die sich durch Rückkopplung immer höher schaukelte und ihm zudem einen sagenhaften Ruf eintrug, wirkte tödlich auf fast alle Gegner.

Noch heute blitzt diese Einstellung in seinen Partien wie seinem Wesen auf. Munzert schreibt: »Mut und Entschlossenheit charakterisieren ihn. Draufgängerisch scheut er kein Risiko, weder im Schach noch im sonstigen Leben. Er sagt sehr oft, was er denkt und tut, was er für richtig hält, auch wenn er weiß, daß er dafür Unannehmlichkeiten bekommen könnte. Keinesfalls läßt er sich – durch wen auch immer – einschüchtern. Sein Selbstvertrauen ist beträchtlich, grenzt aber nie an Arroganz.«

Höchst erstaunlich sei dies übrigens, wie Munzert an anderer Stelle meint, bei jemand, der von klein auf mit Erfolg und Lob überhäuft wurde. Ganz offenbar sah sich Kasparow erst dann am Ziel, wenn er wirklich der Erste von allen sein würde; zuvor war er weder zufrieden noch von sich überzeugt.

Munzert schrieb diesen Artikel vor der WM-Revanche. Interessant, daß erst später Spuren dieser Attitüde »ich bin der Größte« auftauchten. Der Leichtsinn z. B., in der 17. Partie eine unklare Variante zu wiederholen, ohne auf Verbesserungen Karpows gefaßt zu sein (der galt als erledigt), spricht dafür. Auch Äußerungen vom Frühjahr in Hamburg, daß weder von Sokolov noch Karpow(!) echte Gefahr drohe, verblüfften in ihrer Unverblümtheit. Das ist wahrscheinlich auch die einzige Haltung, die ihm zur Zeit gefährlich werden könnte. Wie er seine übrigen Schwächen und darauf fußende schachliche Denkfehler erkannte und ausmerzte, so daß er rein spielerisch fast nur noch Stärken hat – das zeigt die fesselnde Psycho-Geschichte dieser 96 Partien.

Noch fesselnder zu durchleuchten als die Heldenfigur (Kasparow) ist im Drama oft der, den die Nachwelt zum »Bösen« macht – Anatoli Karpow. Sein Schachstil war zu keiner Zeit populär, und politische wie persönliche Querelen mit seinen WM-Gegnern sorgten dafür, daß man ihm noch mehr Mißtrauen entgegenbrachte. Was läßt sich über Denken und Charakter eines »Ungeliebten« sagen?

Auch da muß man in der Kindheit ansetzen. Karpow wird beschrieben als kränkelnder Junge, der keinen normalen Sport treiben konnte und wohl auch generell wenig Kontakt zu anderen fand. Dabei galt er als hochintelligent – und als »Musterschüler«, wie seine Noten bezeugten; ein Image, das ihm bis heute geblieben ist. Dazu paßt, daß seine Eltern ihn, wie Munzert schreibt, »streng, nüchtern und fordernd« erzogen – Leistung, Pflichtbewußtsein und Selbstbeherrschung waren gefragt.

Ein paar Grundzüge seines Schachdenkens folgen daraus schon von selbst: vor allem, mit geringsten Mitteln den größten Erfolg zu erreichen. Karpow sucht immer den zuverlässigsten Weg zum Ziel; d.h. meist auch einen ohne Risiko. Schönheit zählt nichts, wenn sie nichts einbringt – Erfolg ist alles. Wenn er merkt, daß er anders nicht zu Stuhle kommt, dann ist es völlig »logisch«, daß Karpow auch etwas riskiert – aber nur dann.

Dieses ganze Denken, das nüchtern auf Technik setzt und Verwicklungen nur als äußerstes Mittel zum Zweck »zuläßt«, paßt unter ein psychologisches Motto: Karpow will alles im Griff haben. Sich wie Kasparow auf etwas Undurchsichtiges einzulassen im Vertrauen darauf, daß es gut ausgeht, weil man der Stärkere ist, diese Haltung und Selbstsicherheit ist Karpow fremd. Nicht verwunderlich bei einem Kind, das von Anfang an auf Widerstand stieß, nichts äußerlich Attraktives hatte, sondern sich durch den Erfolg die Achtung der anderen erkämpfen mußte. Dazu paßt auch, daß er sogar als Weltmeister stets unter dem Zwang stand, das Recht seines Titels zu beweisen – er hatte ihn ja kampflos erhalten, und kaum jemand glaubte, damals hätte Karpow gegen Fischer gewinnen können!

Offenbar kam schon früh die Gegenreaktion: Nun wollte auch er selbst es allen zeigen. Karpow original nach Munzert: »Ich will immer Erster sein. Wenn ich kein Schachspieler wäre, hätte ich in irgend einem anderen Gebiet danach gestrebt, Erster zu werden.«

Ein Typ, der sich durchsetzen will, obwohl und gerade weil er den Eindruck hat, daß die Welt ihn nicht liebt; intellektuell selbstbewußt, doch gefühlsmäßig tief verunsichert – da kann die Folge nur sein, daß er eben alles im Griff haben muß. Er traut

dem Frieden erst, wenn er seine gefühlsmäßige Unsicherheit durch logisch-rationale Kriterien überwinden kann. Das Wichtigste für ihn ist, alles auszuschalten, nicht nur, was der Gegner ihm antun, sondern schon wodurch er ihn wieder verunsichern kann. Nur das erklärt das Bedürfnis nach absoluter Kontrolle, das aus Karpows Partien spricht.

Munzert zitiert Roschal, einen langjährigen Vertrauten Karpows: »Verfolgt man Karpows Spiel als Außenstehender oder auch als Partner, wird man nie das Gefühl los, als seien alle seine Figuren durch unsichtbare Fäden miteinander verknüpft. Dieses Netz bewegt sich gemächlich, überzieht nach und nach die gegnerischen Felder und gibt dabei wunderbarerweise die eigenen nicht frei...«

Ganz ähnlich übrigens klingen auch die Vorwürfe, die man Karpow (schach-)politisch macht. Mit einem gleichen Netz soll er erst den sowjetischen Schachverband und dann den Weltschachverband überzogen haben... Wir wollen nicht tiefer in dieses Kapitel einsteigen; doch auch der Kampf beider Giganten hinter den Kulissen zeigt ihr konträres Denken genau wie die 96 Schlachten am Brett.

Und daraus nun ein paar Kostproben. Zu Anfang des allerersten Matchs triumphierte das Denken Karpows in einer Weise, die jeden verblüffte. Am meisten wohl Kasparow selbst! Man muß sich vorstellen: Nichts hatte bislang seinen Siegeszug gestoppt; in ein paar kritischen Situationen stand Fortuna hinter ihm (z.B. als er den Kampf mit Kortschnoi doch noch bekam, obwohl der am grünen Tisch schon zum Sieger erklärt worden war; oder als der »schreckliche Viktor« das Endspiel der 6. Partie so »schrecklich« mißhandelte, daß er in seinem Tief gleich noch die nächste Partie und damit praktisch das Match verlor!). Nichts war passiert, was Kasparow gezwungen hätte zu glauben, daß nun Schluß sei mit seinem Sturmlauf. Dazu paßt, was im Licht der späteren Partien Experten vermuteten: So paradox es klingt, Kasparow hatte Karpow, also der Herausforderer den Weltmeister, unterschätzt(!).

Mag das wahr sein oder nicht, zu Anfang kamen im Denken bzw. der Psychologie der Partien nur Karpows Stärken und Kasparows Schwächen zum Vorschein. Das Desaster fing um ein Haar schon in der 2. Partie an:

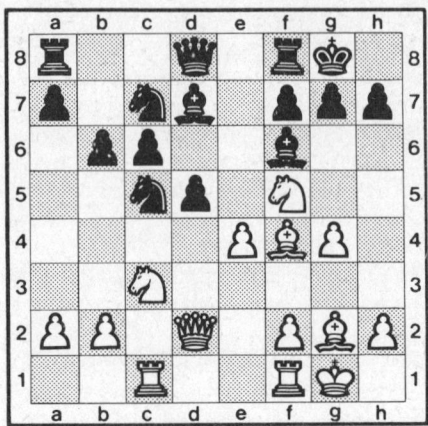

Diagramm 65

Kasparow–Karpow
2. Partie

1. d4 Sf6 2. c4 e6 3. Sf3 b6 4. g3 Lb7 5. Lg2 Le7 6. 0–0 0–0 7. d5 exd5 8. Sh4 c6 9. cxd5 Sxd5 10. Sf5 Sc7 11. Sc3 d5 12. e4 Lf6 13. Lf4 Lc8 14. g4

Solche Varianten (Angriff für Bauernopfer) gehören zum Leib- und Magen-Programm von Kasparow. Rein optisch sieht nach dem »kläglichen« Lc8 das schwarze Spiel fürchterlich aus. Kaum jemand bezweifelte, daß es dem Weltmeister anders gehen könnte als allen Gegnern des Jungstars zuvor. »Kasparow macht Schaschlik aus ihm!« soll ein begeisterter Fan prophezeit haben...

Doch Karpow wartet: er hat noch keine Schwächen und einen Bauern mehr.

14. ... Sba6 15. Tc1 Ld7 16. Dd2 Sc5

17. e5?!

Der impulsive, auf der Hand liegende Zug! Viel stärker war das optisch seltsame 17. Lxc7, wenn auch noch längst nicht gewonnen oder klar günstig für Weiß, wie Kasparow gleich nach der Partie meinte. Den Bauern bekommt er nach 17. ... Dxc7 18. exd5 zurück, die Lage bei 18. ... Lxf5 19. gxf5 Tad8 bleibt weiter umstritten.

Hatte Kasparow das nicht gesehen oder gar geglaubt, es müsse mehr drin sein? Auf jeden Fall spielt er die nächsten fünf Züge viel zu stürmisch, um nicht zu sagen hemdsärmelig; so im Hurrastil ist eine Stellung Karpows, des Meisters der absoluten Kontrolle, nicht über den Haufen zu rennen!

17. ... Le7 18. Sxe7+?!

Auch hier gab Kasparow später eine ruhigere Verbesserung an: 18. Lg3. Noch in der Hitze des Gefechtes wollte er wohl kein »Tempo verlieren« und zwingend spielen – ein typischer Denkfehler des impulsiven Charakters.

18. ... Dxe7 19. Lg5 De6

Natürlich nicht Dxe5? 20. Tfe1 und falls Dd6 21. Le7.

20. h3 Dg6 21. f4?!

Alles im selben Stil; doch nun rächt es sich endgültig. In Frage kam erst einmal 21. Le7.

21. ... f6! 22. exf6 gxf6 23. Lh4 f5!

Mit zwei Zügen ist der Angriff gestoppt, und zudem fällt die weiße Bauernfront in Stücke; es sei denn, daß er mit 24. g5 »zumacht« – was bei gesundem schwarzem Mehrbauern nebst schöner Kontrolle des Zentrums ganz sicher chancenlos wäre.

Trotz allem behielt Kasparow wenigstens zur Hälfte recht – in Zeitnot gelang es ihm tatsächlich noch, Karpow zu »beschwindeln«! Genau im 40. Zug vergab der Weltmeister den Gewinn, und in der Hängepartie rauchte man dann bald die Friedenspfeife.

In punkto Denken war der Grundansatz des Herausforderers unzweifelhaft richtig: Karpow in eine Lage zu zwingen, die nicht leicht im Griff zu halten, weil zu verwickelt war. Doch so impulsiv im Hau-Ruck-Stil, wie er drauflosstürmte, mußte das schiefgehen. Mit reiferer Denkkultur, um es einmal so auszudrücken, machte Kasparow später aus diesem Konzept eine tödliche Waffe.

Doch in diesem Moment sah er die Zeichen an der Wand noch nicht – und beim nächsten Mal gab es keine Schwindelchancen mehr!

Karpow–Kasparow
3. Partie

1. e4 c5 2. Sf3 e6 3. d4 cxd4 4. Sxd4 Sc6 5. Sb5 d6 6. c4 Sf6 7. S1c3 a6 8. Sa3 Le7 9. Le2 0–0 10. 0–0 b6 11. Le3 Lb7 12. Db3

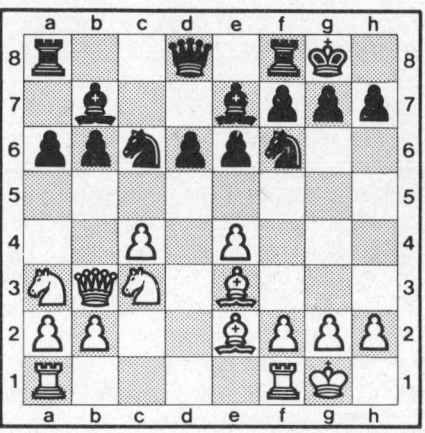

Diagramm 66

Das muß vom Denken her Karpows Stellung sein! Er braucht eigentlich nichts weiter zu tun, als Schwarz auf seinen drei Reihen festzunageln (alles im Griff!), und dieser geht irgendwann an Luftmangel ein. Der Weltmeister selbst hatte gezeigt (z. B. gegen Small, Luzern 1982), wie man das auf 12. ... Sd7, den scheinbar erzwungenen Normalzug, macht.

Bestimmt war Kasparow nicht so naiv, dieses Abspiel zu wählen, um seine eigene Hinrichtung zu genießen. Er hatte etwas auf Lager, was anscheinend auf schlagartige Befreiung gemünzt war...

12. ... Sa5?! 13. Dxb6 Sxe4 14. Sxe4 Lxe4 15. Dxd8 Lxd8 16. Tad1 d5?

Zäh verteidigen kann sich Kasparow nicht (siehe das Munzert-Porträt)! Statt Sb7 oder auch Tb8 nebst Lc7, wonach er passiv, aber haltbar stand, steckt er wieder spekulativ einen Bauern ins Geschäft. Doch diesmal wird nichts daraus.

17. f3 Lf5 18. cxd5 exd5 19. Txd5 Le6 20. Td6 Lxa2 21. Txa6, und der Bauer entschied. Zwar mußte Karpow ein paar genaue, ja feine Züge finden; die früheren Gegner Kasparows wären vielleicht gestolpert – doch dafür ist man schließlich Weltmeister!

Ob 16. ... d5 noch Heimarbeit oder ein Einfall im Brett war, weiß niemand. Das macht im Grund auch nichts aus. Kasparow lag jedenfalls gedanklich schief, als er ausgerechnet auf Karpows speziellem Terrain mit Gewalt sein eigenes Spiel machen, den Weltmeister mit einer dazu noch fragwürdigen Neuerung »schokken« wollte. Der Schuß ging aber nach hinten los!

Auch in den nächsten Partien nutzte Karpow die psychologischen Schwächen des Gegners gnadenlos aus. In der 6. etwa hatte Kasparow an sich wieder seinen Wunsch-Stellungstyp: komplexes, dynamisches Spiel mit vielen taktischen Chancen. Prompt stand er riesig, ließ wohl auch den Gewinn aus (was verzeihlich, weil höchst kompliziert war). Wie er jedoch dann die Partie verdarb, deckte vertraute Schwächen auf:

Kasparow–Karpow
6. Partie

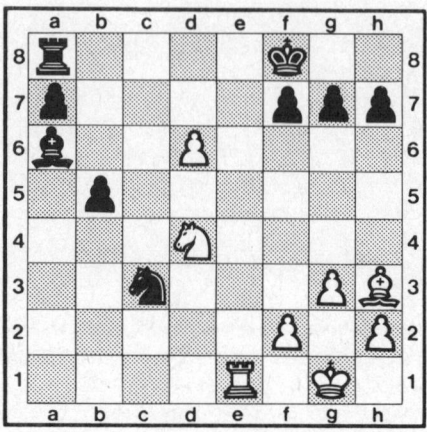

Diagramm 67

Weiß: Kg1, Te1, Lh3, Sd4, Bd6, f2, g3, h2
Schwarz: Kf8, Ta8, La6, Sc3, Ba7, b5, f7, g7, h7

Weiß hat einen Bauern zuwenig, doch der quirlige Bursche auf d6 stiftet allerhand Unruhe. Mehr als Remis war aber wohl nun nicht mehr drin, erreichbar z.B. mit 32. Lg2 Td8 33. Lc6! (droht d7 nebst Te8+) Lc8 34. Sxb5 Sxb5 35. Lxb5.

Was macht Kasparow? Er spielt, wieder impulsiv und stürmisch, auf alles oder nichts. Noch typischer, wenn es stimmt, wäre, daß er bei Karpows hochgradiger Zeitnot »mitgeblitzt« haben soll – typisch für jemand, der sich nicht in der Gewalt hat. Und so passierte es:

32. Sc6?! Lb7 33. Lg2 Te8

Vielleicht war nun 34. Ta1 noch immer gut genug (zum Remis), doch Kasparow folgt seinem impulsiven Trugbild:

34. Se5?!
Die Doppeldrohung Sd7+ bzw. einfach Lxb7 sieht fürchterlich aus; doch hätte Kasparow nicht mitgeblitzt, wäre auch ihm vielleicht dasselbe Licht aufgegangen wie Karpow:
34. ... f6!!
Entlarvt die weiße Idee als Seifenblase. Nach 35. Sd7+ Kf7 behält Weiß genauso etwas weniger, wie er es dreht.
35. d7 Td8 36. Lxb7 fxe5 37. Lc6,
und nun bestand ein recht klarer Gewinn in 37. ... e4. In hochgradiger Zeitnot zog Karpow 37. ... Ke7?! 38. Lxb5 Sxb5 39. Txe5+ Kxd7 40. Txb5, gewann aber das Endspiel, wenn auch äußerst knapp. Auch die nächsten zwei Punkte hätte Karpow im 2. oder gar 3. Match wohl kaum mehr gemacht. Doch beide sind typisch für sein Denken und dafür, wie verwundbar Kasparow in dieser Phase dem gegenüberstand. Nehmen wir die (weitaus kürzere) 7.:

Karpow—Kasparow
7. Partie

1. d4 d5 2. c4 e6 3. Sf3 c5 4. cxd5 exd5

Die Tarrasch-Verteidigung; Kasparows Lieblingswaffe bis zu diesem Match. Der Grund leuchtet ein: Schon ihr geistiger Vater Tarrasch hatte sie als einzigen Weg für Schwarz im Damengambit betrachtet, nicht gedrückt zu stehen und sich lange verteidigen zu müssen. Der isolierte Bauer d5 ist im Prinzip schwach, aber Schwarz geht davon aus, daß aktives Figurenspiel dies mindestens aufwiegt.
Das gedankliche Ziel bei solch einer Eröffnungswahl ist klar: Entweder der andere

spielt auf Gewinn; dann muß er eine Widerlegung suchen und dabei etwas riskieren; das führt zu dem Typ aktiven, dynamischen Spiels, der einem selbst am besten liegt – oder er bleibt zahm; dann hat man schnellen Ausgleich, d. h. im modernen Turnierschach oder gar im Zweikampf mit Schwarz einen Erfolg.
Doch Karpow setzt auf einen Schelmen anderthalbe – und dreht vom Denken her den Spieß um: Er denkt nicht daran, Kasparow ins taktische Messer zu laufen; er setzt seinen »Kontrollstil« durch und blockt alles ab, was verdächtig aussieht – auch wenn er dabei objektiv nichts Zählbares übrigbehält (wenn doch, um so besser). Die Stellung mag ruhig gleich sein, doch nun ist es Karpows Stellung, und Kasparow steht psychologisch mit dem Rücken zur Wand!
5. g3 Sf6 6. Lg2 Le7 7. 0–0 0–0 8. Sc3 Sc6 9. Lg5 cxd4 10. Sxd4 h6 11. Le3 Te8 12. Db3 Sa5 13. Dc2 Lg4 14. Sf5 Tc8

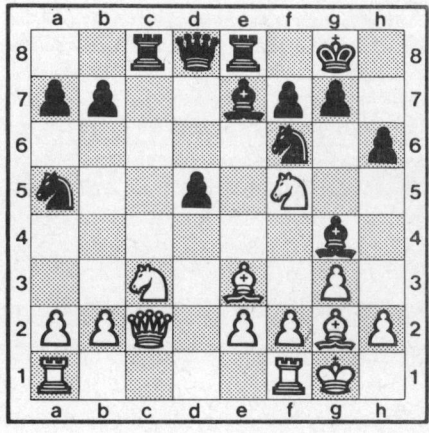

Diagramm 68

Ein interessanter Moment: Karpow will jetzt direkt dem Bauern d5 ans Leder; doch er wird merken, daß ihn Kasparow ganz gut hergeben und damit sein eigenes aktives Spiel spielen kann. Die Konsequenz: In der 9. Partie zog der Weltmeister hier 15. Ld4, hielt die Partie fast um jeden Preis ruhig, holte freilich nur einen akademischen Vorteil heraus. Doch er »massierte« den Gegner weiter, bis in die Hängepartie hinein – und tatsächlich: Trotz Analyse verlor Kasparow endlich doch die Geduld, kam im Endspiel dem Weißen entgegen und fiel einem verblüffenden Konter zum Opfer! Ein Verlauf wie nach psychologischem »Drehbuch« Karpows ...

15. Sxe7+ Txe7 16. Tad1 De8 17. h3 Lh5 18. Lxd5 Lg6 19. Dc1 Sxd5 20. Txd5 Sc4 21. Ld4

Das Nehmen auf a7 ist keine Frage der Psychologie – 21. Lxa7? b6 22. b3 Se3 23. fxe3 Txa7, und Weiß hat fast nur schwache Bauern.

21. ... Tec7

Nun hat Schwarz recht viel für den Bauern: den Druck auf b2/c3, evtl. weißfeldrige Chancen oder im Remissinn die ungleichen Läufer. Und Karpow merkt: das ist nicht mein Spiel! Flugs gibt er den Bauern zurück, beschränkt das schwarze Figurenspiel (Turmtausch; Verjagen des Sc4) und besetzt selbst das Zentrum. Objektiv steht die Partie dann wohl gleich; doch psychologisch hat er den Spieß wieder richtiggedreht!

22. b3 Sb6 23. Te5 Dd7 24. De3 f6 25. Tc5 Txc5 26. Lxc5 Dxh3 27. Td1

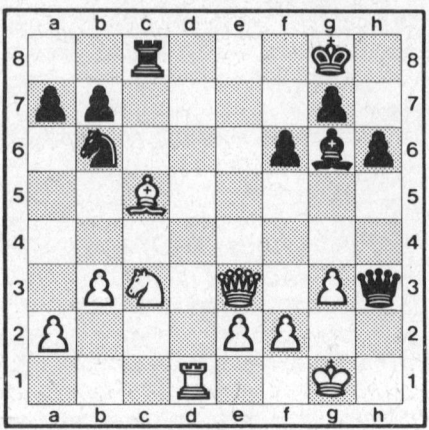

Diagramm 69

Schwarz kann hier kaum schlecht dran sein; allein das Problem mit dem eigenen König sollte Weiß daran hindern, große Sprünge zu machen. Nur mußte Kasparow jetzt so spielen wie sonst sein Gegner: Figuren auf bessere Felder bringen, nichts Halbseidenes riskieren, zur Not auch ein paar Abwartezüge machen. Als Bestes galt hinterher konkret 27. ... Sd7 mit der Idee Te8 nebst evtl. Se5.

Statt dessen will Kasparow voll Ungeduld »auf Verdacht« angreifen ...

27. ... h5?!

Im Moment schadet es nichts ; doch wenn solch eine Schwächung nichts Aktives bewirkt, rächt sie sich später meist im unerwartetsten Moment!

28. Td4

Natürlich läßt er h4 nicht zu (Txc5?? Td8+).

28. ... Sd7 29. Ld6 Lf7 30. Sd5 Lxd5 31. Txd5

Ein klein wenig hat Weiß nun schon in der Hand: Der Springer ist auf d7 gestrandet und weiß vorerst nicht, wohin, da c5 und e5 dem Feind gehören. Zudem ist der Läufer in offener Stellung mit Bauern auf beiden Flügeln meist ohnehin einen Tick stärker.

31. ... a6 32. Lf4 Sf8 33. Dd3 Dg4 34. f3 Dg6 35. Kf2

Nun sollte 35. ... Dxd3 36. Txd3 Tc2 remis sein; doch eine Kleinigkeit bequemer lebt es sich mit Weiß zweifellos, der besagten Gründe wegen. Wenn man die 9. Partie kennt, ist klar, daß Kasparow auch hier eine endlose »Massage« geblüht hätte. Doch alles war besser als sein Zug (freilich in Zeitnot), der die einfache Antwort übersieht:

35. ... Tc2? 36. De3!

Es geht nicht um den Bauern a2, solange die Damen noch da sind! Weiß droht Td8 nebst Ld6 und überhaupt allerlei Nadelstiche auf der schutzlosen 7./8. Reihe gegen den schwarzen König.

36. ... Tc8

Solch ein Rückzug gleicht einer psychologischen Bankrotterklärung. Kein Wunder, daß in diesem Zustand plus Zeitnot der nächste Fehler gleich kommt:

37. De7 b5?

Mit Df7 38. Dxf7 Kxf7 39. Txh5 (ein wenig rächt sie sich doch, diese Schwächung!) Tc2 war vielleicht noch etwas zu retten.

38. Td8 Txd8 39. Dxd8 Df7 40. Ld6 g5 41. Da8 Kg7 42. Dxa6

Da alle schwarzen Figuren gelähmt sind, pflückt Weiß gemächlich die schutzlosen Bauern. Deckt Schwarz b5, verliert er nach 43. Lxf8+ Kxf8 den Bf6 gar mit Schach. Kasparow gab auf.

Karpow gewann einfach dadurch, daß er immer mehr Raum bzw. Felder be-

herrschte bzw. dem Gegner wegnahm. Überhaupt spürt man, wie es in einem solchen Match darum geht, dem Gegner den eigenen Stil aufzuzwingen.

Es ist höchst anschaulich, die Phase ab Diagramm 69 in punkto Psychologie mit einer anderen zu vergleichen, die derselbe Karpow drei Jahre zuvor spielte – gegen Viktor Kortschnoi. Auch er liebt dynamisches, kämpferisches Spiel (wie Kasparow); auch er lag in diesem Moment mit zwei Punkten zurück (wie Kasparow) – und auch er neigte zu impulsiven, unbedachten Reaktionen (wie Kasparow), vor allem, weil das Polit-Theater rund um das Match offenbar seine Nerven angegriffen hatte.

Karpow – Kortschnoi
WM 1981, 4. Partie

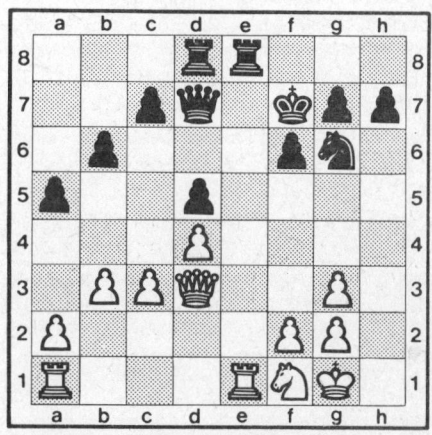

Diagramm 70

Weiß: Kg1, Dd3, Ta1, Te1, Sf1, Ba2, b3, c3, d4, f2, g2, g3
Schwarz: Kf7, Dd7, Td8, Te8, Sg6, Ba5, b6, c7, d5, f6, g7, h7

Eine regelrechte Remisstellung – gleicher geht's nicht! Warum Kortschnoi nun mit Schwarz vom Pfad der Tugend abwich, bleibt sein Geheimnis. Aus irgendeinem Grund aber muß er sich verpflichtet gefühlt haben, etwas zu unternehmen.

1. ... h5?

Derselbe impulsive Scheinangriff wie eben bei Kasparow – und im Effekt nur eine Schwäche!

2. Txe8 Txe8 3. Df3 Th8

Der Stil und das Denken Karpows sprechen aus dieser Partie fast noch klarer als aus der vorigen: Indem er immer wieder die schwachen Bauern und Felder angreift, stellt er seine Figuren besser und besser; die des Gegners drängt er immer wieder zurück. Das »Spinnennetz« nach Roschal in voller Aktion ...

4. Se3 Se7 5. Te1 g6

Alles gedeckt – doch ein paar »krumme« Züge wie Th8 oder Se7 mußte Schwarz schon machen. Sofort sieht sich Weiß nach neuen Zielscheiben um.

6. Df4

Schielt nach h6, da der schwarze Turm nicht ewig das Eckfeld zieren möchte.

6. ... Kg7 7. g4

Langsam, aber sicher vorwärts! Was soll Schwarz nach 7. ... hxg4 8. Sxg4 tun? f5 9. De5+ ist fürchterlich, und Sg8 verbannt gleich Turm und Springer ins Verlies.

7. ... g5

Ein gleich ungeduldiger Zug wie 1. ... h5, doch eher begreiflich in seiner prekären Lage.

8. Df3 hxg4 9. Sxg4 Dd6 10. g3 c6 11. c4

Karpows Steine gewinnen immer mehr Raum, während die schwarzen einfach nicht zusammenfinden.

11. ... f5?

Wieder ein unkontrollierter Gewaltzug, der die Stellung völlig ruiniert. 12. Se5 Dh6 wäre nun zwar eine Chance, doch Karpows Konter macht allen Träumen ein Ende.

12. De3! Sg6

Genauso hoffnungslos ist fxg4 13. Dxe7+ Dxe7 14. Txe7+ und Tc7.

13. c5 Dd8 14. Se5 bxc5 15. Sxc6 Df6 16. De6 cxd4 17. Dxd5 d3 18. Dd7+ Df7 19. Se7 Kh7 20. Kg2

Die weißen Figuren hausen fürchterlich – vergleichen Sie z. B. einmal diese Stellung mit der völlig gelähmten Kasparows zum Schluß der 7. WM-Partie 1984!

20. ... Te8 21. Th1+ Sh4+ 22. gxh4 Dxe7 23. Dxf5+ Kg7 24. hxg5, und nach ein paar Agoniezügen gab Schwarz auf.

Nun aber zurück zum Moskauer Match. Ein Kampf auf sechs Gewinnpartien mußte beim Stand von 0:4 nach menschlichem Ermessen hinüber sein; das wußte Kasparow selbst. »Der Wettkampf ist sowieso verloren; so will ich wenigstens gute Partien liefern«, meinte er später zu seiner Einstellung.

Genau damit gelang ihm, ob absichtlich oder nicht, ein Coup. Er spielte, so schien es, gar nicht mehr darauf, zu gewinnen, sondern nur eine gute Figur zu machen, möglichst viele Partien noch durchzuhalten. Die Tarrasch-Verteidigung verschwand – bis heute gegen Karpow – in der Schublade; statt dessen griff er zu einer viel solideren Abart des Damengambits. Mit Weiß produzierte er eine Anzahl farbloser Remisen. Es wirkte, als wolle er alles, was ihm das Anfangsdesaster eingebracht hatte – Impulsivität, Unbeherrschtheit, vielleicht Unterschätzung des Gegners – verbannen. Daß solch ein Lernprozeß im Lauf eines Matchs und noch dazu in solch hoffnungsloser Lage möglich ist, hört sich unglaublich an; doch genau dies erwähnt z. B. Munzert als beeindruckendstes Beispiel für Kasparows enorme Willensstärke, psychische Stabilität und Ausdauer. Der Eroberer hatte sich beim ersten Sturm auf die Festung Karpow ein blaues Auge geholt; doch das warf ihn nicht um, sondern holte ihn auf den Boden der Tatsachen zurück und überzeugte ihn davon, den zweiten Anlauf um so gründlicher vorzubereiten.

Seine Schwächen erkannte er dabei nach eigenen Worten selbst: »Ich bin sehr impulsiv, heißblütig, manchmal hitzköpfig; das bedeutet aber nichts für mein Schachspiel, weil ich meine Erregung üblicherweise auf einem bestimmten Niveau halten kann . . .« So sagte Kasparow später und sprach dabei auch von der Wirkung autogenen Trainings; man kann also nur annehmen, daß er in seiner Katastrophenphase seine Erregung eben noch nicht zügeln konnte und dann dieser Schwäche mit allen zur Verfügung stehenden Mitteln zu Leibe rückte.

Karpow aber stand dadurch vor ganz neuen Problemen. Sein Stil wirkt, wie man sich denken kann, optimal, wenn es soweit ist, daß der Gegner »kommen« muß. Und das war er als Weltmeister nie anders gewohnt, denn von Haus aus liegt dieser Druck ja auf dem Herausforderer. Jetzt aber saß da einer am Brett, der zu sagen schien: ich will gar nicht mehr unbedingt gewinnen, auch Remis ist mir recht; ich will nur gut spielen; überleg du dir, wie du die Punkte noch holst, die du brauchst (das Match ging auf unbegrenzte Partienzahl)!

Alle (auch Kasparow selbst) meinen, Karpow hätte glatt gewonnen, wenn er in diesem Moment aus sich herausgegangen wäre – vielleicht nur 6 : 2 bis 6 : 4, doch er hätte gewonnen. Aber das tat der Weltmeister nicht. Ein nach seinem Denken so unnützes Risiko auf sich zu nehmen – warum? Das Match mußte sich doch so »heimschieben« lassen, wie eine gut stehende Einzelpartie auch. Welche Rolle die Überlegung dabei spielte, vielleicht zu Null zu gewinnen, ist nicht klar. Es kann sein, daß Karpow die Gefahr spürte, die auf lange Sicht von diesem Gegner kam und er ihn deswegen psychisch demolieren wollte, um ihn später besser im Griff zu haben. Es kann aber auch sein, daß ihm die Zu-Null-Idee als Argument vor sich selbst diente, den ungeliebten Angriffsstil nicht ins Feld führen zu müssen.

Man könnte sagen, daß Karpow »recht behielt«, weil er es war, der nach siebzehn Unentschieden (der längsten Remisserie in der WM-Geschichte) den nächsten Punkt holte, und z. B. in der 41. Partie nahe daran war, den »coup de grace« anzubringen. Mit gleichem Recht läßt sich freilich behaupten, daß das Match von der 10. bis 46. Partie völlig ausgeglichen verlief: je ein Sieg für beide, und Kasparow ließ bestimmt nicht weniger Chancen aus als der Weltmeister.

Daß dieser schon fast zertrümmerte Gegner psychisch so aufbauen konnte, diese innere Stärke muß Karpow schwer zugesetzt haben. Zudem schienen seine körperlichen Kräfte zur Neige zu gehen. Vom 5:1 an blieb ihm nur die eine Chance in der 41. Partie; ansonsten spielte er immer druckloser. Sie wissen, wie es dann kam: Zusammenbruch in der 47./48. Partie nebst unrühmlichem Ende des Wettkampfs durch Campomanes' Entscheidung. Das kann kein Thema für uns sein; doch wenigstens eins: Ohne Zustimmung Karpows läßt sich der Abbruch kaum denken; der Weltmeister scheint also auch psychisch so ausgelaugt gewesen zu sein, daß er nicht mehr daran glaubte, in nächster Zeit am Brett diesen verflixten sechsten Punkt zu holen.

Die Ausgangslage zu Match Nummer zwei hieß »unklar« (ein oft benutztes orakelhaftes Urteil in Theoriewerken, wenn niemand genau weiß, was vor sich geht!). Ganz sicher hatte Kasparow dazugelernt und würde sich psychologisch nicht mehr so leicht in die Enge treiben lassen; doch dafür besaß Karpow aufgrund der Matchbedingungen (Begrenzung auf 24 Partien) auch ein gewisses Plus, das seinem Schachdenken entgegenkam: Ein 12:12 reichte ihm. Die Remis-Taktik aus dem 1. Wettkampf fiel für Kasparow flach.

Es ging hin und her, doch bis nach Halbzeit des Kampfes glichen sich Schwächen und Stärken der beiden aus. Gleich in der Auftakt-Partie gelang Kasparow ein Schlag, der zeigte, daß er in punkto Eröffnungspsychologie dazugelernt hatte: War er zum ersten Match noch mit seinen weithin bekannten Leib- und Magen-Varianten angetreten und dadurch leicht auszurechnen, so brachte er nun gegen Karpows Nimzoindisch ein Abspiel aufs Tapet, das nach eigenen Angaben bei ihm selbst ungewöhnlich, in Karpows Praxis aber völlig neu war. Prompt brauchte der Weltmeister sofort eine Unmenge Zeit, und die Verunsicherung tat ein übriges. Trotz späterer Ungenauigkeiten hüben wie drüben kam Karpow im Grund nicht heil aus der Eröffnung und ging unter.

Fast hätte er darüber gleich auch die 2. Partie verloren, wo es Kasparow gelang, seine bevorzugten undurchschaubaren Verwicklungen aufs Brett zu zaubern; doch im Abgabezug und wohl auch noch danach vergab dieser gute Chancen. Dann schwang das Pendel komplett zurück: In der 4. Partie machte Karpow »sein« Spiel (im Damengambit, wenn auch nicht in der Tarrasch-Verteidigung, verpaßte er dem Gegner einen isolierten Bauern, tauschte dafür später andere kleine Vorteile ein, ließ aber Kasparow nie eine Chance, ein wirksames Gegenspiel aufzuziehen). Prompt fiel der Herausforderer in der 5. Partie in seine alten Fehler zurück: Er wollte mit dem Kopf durch die Wand, spielte in etwa gleicher Stellung zu unbeherrscht und aggressiv und wurde von Karpow geschickt ausgekontert. Präzise Verteidigung hätte wohl noch zum Remis gereicht, doch das schaffte er nicht mehr.

Nach ein paar spannenden Remisen mit beidseitigen Chancen brachte Karpows berühmter Lapsus, den wir schon im 2. Kapitel gezeigt haben, den Ausgleich (11. Partie). Doch immer noch lag der Titelverteidiger psychologisch gesehen vorn: Kasparow mußte weiterhin kommen, und das mit jedem Tag dringender ...

Die 16. Partie, die Sternstunde, in der ihm die große Wende gelang und mit der er de facto auch Karpow entthronte, zählt schon zur Schachgeschichte. Analysiert wurde sie wohl ein Dutzend mal. Das Schachdenken der beiden prallte in ihr so drastisch aufeinander, daß wir wenigstens aus dieser Sicht ein paar Höhepunkte zur näheren Betrachtung herausgreifen wollen.

Karpow – Kasparow

1. e4 c5 2. Sf3 e6 3. d4 cxd4 4. Sxd4 Sc6 5. Sb5 d6 6. c4 Sf6 7. S1c3 a6 8. Sa3 d5

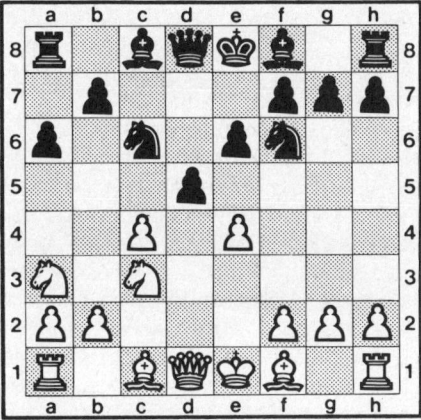

Diagramm 71

Damit fängt alles an; d. h., genauer gesagt schon bei der 12. Partie! Dort brachte Kasparow zum ersten Mal dieses Gambit, in einem Moment, als Karpow nach seinem Bock in der 11. angeschlagen schien und der Herausforderer »nachsetzen« wollte. Doch der Weltmeister blockte alles Zweischneidige radikal ab, um die Lage unter Kontrolle zu halten, und war nach 18 Zügen mit Remis zufrieden. Dann lief die Analyseküche auf Hochtouren; in der 14. (der nächsten Weißpartie) war Karpow noch nicht soweit und wich der ganzen Variante aus, doch nun stellt er sich zum Kampf.

9. cxd5 exd5 10. exd5 Sb4 11. Le2

Ein Giftpfeil à la Karpow – obwohl er so gar nicht giftig aussieht! Beim ersten Versuch spielte Karpow geiziger 11. Lc4, doch nach 11. ... Lg4 wurde es ihm mulmig, und er zog den Läufer doch auf e2 zurück. (Übrigens hätte dann 12. ... Lf5 zum Text geführt, doch Kasparow war wohl fürs erste mit dem Prestigeerfolg eines raschen Remis zufrieden und tauschte die Läufer!)

Wo steckt nun das Gift? Nimmt Schwarz auf d5, folgt etwa 11. ... Sbxd5 12. Sxd5 Sxd5 13. 0–0 Le7 14. Lf3. Weiß hat etwas Entwicklungsvorsprung, und seine Figuren wirken aktiver. Ihm droht selbst überhaupt nichts; in aller Ruhe und Bequemlichkeit könnte er zur Massage ansetzen.

Das wahre Duell geht also im Denken vor sich. Wahrscheinlich hoffte Karpow, sein Gegner habe vor allem das Festhalten des Bd5 analysiert. Mit dem Textzug will er ihm die Pistole auf die Brust setzen: Entweder du spielst mein Spiel, wenn du den Bauern zurücknimmst, oder ich stelle den Läufer auf f3, wo er z. B. Feld g4 wegnimmt und ganz sicher steht. Dann sieh zu, ob du noch genug für den Bauern hast!

Müßte Kasparow das nun wirklich am Brett entscheiden, könnte er ganz leicht ins Schleudern kommen. Doch alles war Hausanalyse; und so fällt Karpow vom Denken her letztlich in die eigene Grube!

11. ... Lc5 12. 0–0

Die fast makabre Pointe kam erst langsam nach dieser Partie heraus: 12. Le3! wirft anscheinend das schwarze Konzept über den Haufen – und ausgerechnet Karpow kam damit 1986 in Brüssel gegen van der Wiel klar in Vorteil (12. ... Lxe3 13. Da4+ Sd7 14. Dxb4 usw.)! Doch trotz fieberhaftester Analyse hatten das bei der WM alle zwei nicht gesehen, und so nimmt das Schicksal für Karpow seinen Lauf ...

12. ... 0–0 13. Lf3

Natürlich konnte Weiß den Bauern noch immer zurückgeben; jetzt freilich, da Schwarz gut entwickelt ist, ohne Hoffnung auf Vorteil. Auch gewarnt mußte er sein, denn Kasparow reagierte auf das blitzschnelle 11. Le2 kaum weniger prompt. Doch Karpow schien sich offenbar sicher, daß es nicht lange dauern kann, bis er alles unter Kontrolle hat: ein Bauer mehr, keine Schwächen, kein Entwicklungsrückstand. Nur ein paar dynamische Ressourcen von Schwarz muß er zunichte machen, denn dessen Figuren stehen erst einmal gut.

Darin liegt wohl die einzige Schwäche von Karpows Denken in dieser Partie: Der Meister der nüchternen Logik und Technik, der Gefühle nicht kennt oder ihnen zumindest mißtraut, hat diese Ressourcen, die man nur gefühlsmäßig beurteilen kann, unterschätzt. Doch ihm fehlte auch die unglaublich weite und tiefe Hausanalyse Kasparows (beim 19. Zug hatte dieser nur 15 Minuten verbraucht!!). Ob der Herausforderer auch am Brett sicher gewesen wäre, daß seine dynamische Kompensation für den Bauern wirklich so stark ist?!

13. ... Lf5 14. Lg5 Te8 15. Dd2 b5 16. Tad1 Sd3

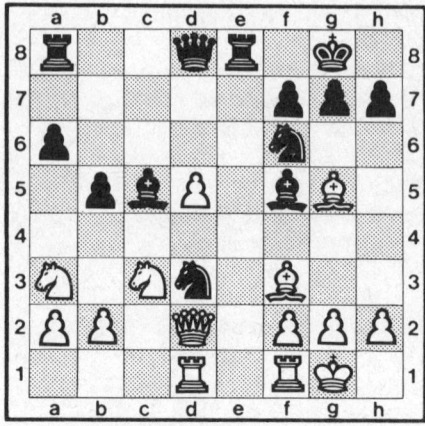

Diagramm 72

Das ganze Denkproblem verkörpert nun dieser Springer d3: Wird Weiß ihn jemals los, ist alles in Ordnung; doch das schafft er nicht. Dabei sind es nur immer wieder kleine »Zufälligkeiten«, die ihn daran hindern und die Kasparow schon zu Hause vorausgesehen hat, wenn er, was der Zeitverbrauch anzeigt, mindestens bis zum 19. Zug auf vertrautem Terrain war.

17. Sab1 h6 18. Lh4 b4 19. Sa4 Ld6 20. Lg3 Tc8 21. b3 g5!

Jetzt kämpft Schwarz gegen die »Drohung« Sb2, z.B. hier mit 22. Sb2? Sxb2 23. Dxb2 g4 24. Le2 Tc2 und Figurgewinn. Die taktischen Details würden den Rahmen sprengen; auf jeden Fall kommt Weiß nie dazu, den »Riesenkraken« (Keene) auf d3, der die ganze Kraft des schwarzen Spiels trägt (siehe oben), zu beseitigen.

22. Lxd6 Dxd6 23. g3 Sd7 24. Lg2 Df6

Nun sieht es jeder, daß Schwarz fest im Sattel sitzt: fast keine weiße Figur hat mehr vernünftige Züge! Karpow ging es im Grund so wie oft seinen Gegnern: nun hat Kasparow ihn im eisernen Griff; die schwarzen Figuren wurden Zug um Zug mächtiger, die weißen ins Abseits getrieben. Die Partie ist entschieden; der Rest zweifellos eine psychische Demontage des Weltmeisters, denn daß der Gegner so mit einem spielt, ohne daß man sich wehren kann, zerstört das Ego, wie Fischer einmal sagte.

25. a3 a5 26. axb4 axb4 27. Da2 Lg6 28. d6 g4 29. Dd2 Kg7 30. f3 Dxd6 31. fxg4 Dd4+ 32. Kh1 Sf6 33. Tf4 Se4 34. Dxd3 Sf2+ 35. Txf2 Lxd3 36. Tfd2 De3 37. Txd3 Tc1 38. Sb2 Df2 39. Sd2 Txd1+ 40. Sxd1 Te1+, Weiß gab auf.

Die Wirkung auf Karpow muß doppelt verheerend gewesen sein, denn dieser Verlust warf ihn zudem in die Rolle dessen, der angreifen muß – und die ist ihm weder lieb noch gewohnt. Kasparow dagegen triumphierte. Mit diesem Sieg hatte der Eroberer die Festung Karpow praktisch gestürmt und geschleift ... Nach zwei ereignislosen Remisen ging der Titelverteidiger in der 19. Partie abermals unter. Beim Abbruch in haushoher Gewinnstellung schlug Kasparow, wie berichtet wurde, als »offenen Abgabezug« mit seiner Dame einen Bauern und streckte die Hand mit der Dame triumphierend dem Publikum entgegen. Während die Menge den Sieger feierte, verschwand Karpow still und heimlich aus dem Saal.

Es wirkt im Rückblick fast wie ein Zufall, daß es bei solch glasklarem psychologischem Plus Kasparows überhaupt noch eine Entscheidungspartie gab. Die 20. Partie brachte Karpow mit Weiß gar nichts, obwohl er sie 85 Züge lang hinzog; die 21. sah ihn erneut am Rand des Ab-

grunds, und auch die 22. mußte Kasparow nicht verlieren. Doch unter dem Druck der Zeitnot und des greifbar nahen Ziels gingen ihm anscheinend doch wieder einmal die Nerven durch. Dafür stand er in der 23. mit Weiß nochmals gut, es reichte aber nicht zur vorzeitigen Entscheidung.

Doch wenn Karpow auch plötzlich noch eine Chance bekam, seinen Titel zu retten; die Spuren der Schläge, die er in der 16. und 19. Partie eingesteckt hatte, konnte er nicht verleugnen. Und so spielte in der kritischen Phase der, der nichts zu verlieren hatte, eher ängstlich und zaudernd; der, dem ein Remis reichte, dagegen mit Schwung und Selbstvertrauen geradezu aggressiv! Nur der Charakter der beiden und die psychologische Entwicklung der Partien zuvor machen diesen fast paradoxen Verlauf begreiflich.

Karpow–Kasparow
23. Partie

**1. e4 c5 2. Sf3 d6 3. d4 cxd4 4. Sxd4
Sf6 5. Sc3 a6 6. Le2 e6 7. 0–0 Le7 8. f4
0–0 9. Kh1 Dc7 10. a4 Sc6 11. Le3 Te8
12. Lf3 Tb8 13. Dd2 Ld7 14. Sb3 b6
15. g4 Lc8 16. g5 Sd7 17. Df2 Lf8
18. Lg2 Lb7 19. Tad1 g6 20. Lc1 Tbc8
21. Td3 Sb4 22. Th3 Lg7**

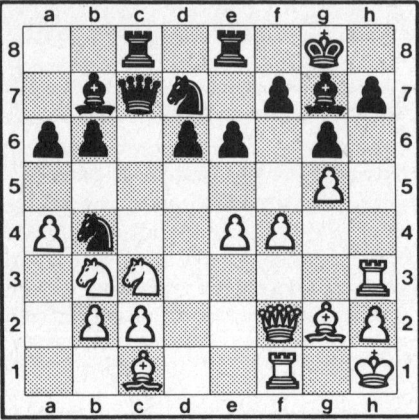

Diagramm 73

Soweit gehören die Züge eigentlich zwei anderen Herren: Ein paar Tage(!) vor dieser Partie spielten ganz ähnlich die Großmeister Sokolov gegen Ribli beim Kandidatenturnier im französischen Montpellier. Das weiße Spiel ist komplett identisch; Kasparow mit Schwarz hat hier den Damenflügel etwas anders aufgebaut als Ribli es tat. Diese Partie gewann Weiß, und zwar im Königsangriff mit dem Dolchstoß f4–f5. Kasparow meint in seinem eigenen WM-Buch, daß 23. f5 zwar nicht

zu beweisbarem Vorteil führt, doch auch hier Schwarz die härtesten Nüsse zu knacken gibt.

Doch Weiß hat Karpow – und ein Zug wie 23. f5 ist ohne klare Erfolgsaussichten ein Schritt ins Ungewisse, ein irreversibler dazu! Natürlich fürchtet er nicht, die Partie zu verlieren; Remis und Verlust heißen für ihn dasselbe. Doch im Moment hat er noch alles unter Kontrolle; für Schwarz zeigt sich in den nächsten paar Zügen kein Gegenspiel, das zum Handeln zwingt. Und nun sitzt Karpow in der geistigen Patsche: den Zug machen, der gefühlsmäßig die Folge des ganzen Aufbaus, doch nicht kalkulierbar ist – oder die Kontrolle behalten, die Spinnennetztaktik versuchen und nur dann angreifen, wenn es konkret die Entscheidung bringt?

Wie sein Psycho-Porträt nahelegt, entscheidet sich Karpow fürs nüchterne Kalkül, gegen die Intuition, und vergibt damit vielleicht seine einzige Siegchance in der ganzen Partie. Doch man muß sagen: Gegen jeden anderen als Kasparow hätte er womöglich recht behalten, denn der kommende Weltmeister spielt ab hier nicht nur fein, sondern für jemand, der nur Remis will, auch ganz erstaunlich aggressiv! Doch damit folgt er eigentlich nur seinem Stil – und dem, was die Stellung verlangt.

23. Le3 Te7 24. Kg1 Tce8 25. Td1
Er nimmt seinen ganzen Aufbau zurück! Und doch, wenn Schwarz nichts macht, könnte nach Dd2 so etwas wie Massage beginnen. Aber Kasparow erkennt das Wesen der Stellung: Sobald Weiß die Figuren vom Königsflügel abzieht, wird die Schwächung durch das Vorpreschen der Bauern fühlbar, d. h. Schwarz muß dort selbst das Spiel öffnen!

25. ... f5!? 26. gxf6 Sxf6!?
Ein Bauernopfer in solch einem wichtigen Moment!
27. Tg3 Tf7 28. Lxb6 Db8 29. Le3
Aus praktischer Sicht mußte Weiß wohl 29. Lf3 probieren, denn nun bleibt ihm nur die Wahl zwischen Zugwiederholung oder einem Himmelfahrtskommando. Durch Zeitnot war Karpow wohl hier schon so verunsichert, daß er die Dinge nicht mehr im Griff hatte.
29. ... Sh5 30. Tg4
Nach 30. Tf3 Sf6 hat Weiß kaum Besseres als wieder Tg3.
30. ... Sf6 31. Th4
Jetzt erst fühlt Karpow den Zwang zu handeln – und nun stürzt er sich trotz Zeitnot sogar in einen Hexenkessel (Verwicklungen als äußerstes, letztes Mittel, wie früher gesagt!). Doch dies Heldentum zahlt sich nicht aus; der Moment zum Losschlagen ist längst verpaßt ...
31. ... g5!
Daß Kasparow solch eine Stellung gerade im Zeitnotduell gewinnt, weil er sich da zu Hause fühlt, wird niemand wundern. Der Schluß ist für unser Thema nicht mehr interessant.
32. fxg5 Sg4 33. Dd2 Sxe3 34. Dxe3 Sxc2 35. Db6 La8 36. Txd6 Tb7 37. Dxa6 Txb3 38. Txe6 Txb2 39. Dc4 Kh8 40. e5 Da7+ 41. Kh1 Lxg2+ 42. Kxg2 Sd4+, Weiß gab auf.
Im Grund ging es beim 3. Match ohne Unterbrechung da weiter, wo das 2. aufgehört hatte: Karpow brachte in den ersten vier Partien kein Bein auf den Boden gegen den neuen Weltmeister, der sein psychologisches Arsenal noch weiter gefüllt und vervollkommnet hatte. Der Eröffnungs-Coup beim 2. Kampf war ein Volltreffer gewesen – nun ging Kasparow auf

diesem Weg noch weiter: Mit Schwarz heckte er nicht nur eine Variante, sondern gleich eine ganz »neue« Eröffnung aus, um Karpow kalt zu erwischen. Grünfeld-Indisch hatte er selbst noch nie in wichtigen Partien gespielt (obwohl es zu seinem typischen Stil eigentlich paßt), und es heißt auch, daß Karpow mit Weiß relativ selten damit zu tun hatte. Wieder ging das Konzept nach Wunsch auf: Seine ersten zwei Weißpartien vergab Karpow fast kampflos durch blasse Sicherheitsremisen, um das unbekannte neue Repertoire des Gegners abzutasten – und mit Schwarz ging es ihm schlecht. Obwohl Kasparow die 2. Partie kurz vor Toresschluß aus der Hand gab, wirkt sie psychologisch besonders eindrucksvoll: Der Weltmeister spielt fast perfekt das eigentliche Spiel Karpows! Es drückt natürlich schwer auf die Moral, wenn man in dem Stil auseinandergenommen wird, in dem man an sich dem anderen überlegen sein wollte – so muß man glauben, daß dieser wohl überhaupt keine Schwächen mehr hat!

Kasparow – Karpow
2. Partie

1. d4 Sf6 2. c4 e6 3. Sc3 Lb4 4. Sf3 c5 5. g3 Sc6 6. Lg2 d5

Merkwürdig genug, doch die letzten zwei schwarzen Züge, so handgreiflich sie sind, gelten als »Neuerung«, zumindest 6. ... d5. Man merkte es auch am Brüten Kasparows. Verblüffend aber, wie dieser nun reagiert: Abholzung en masse in ein auf den ersten Blick lebloses Endspiel! Genauso würde wohl Karpow in gleicher

Lage handeln, weil das sein Lieblingsstil ist: minimaler Vorteil und alles im Griff.

7. cxd5 Sxd5 8. Ld2 cxd4 9. Sxd4 Sxd4 10. Sxd5 Lxd2+ 11. Dxd2 Sc6 12. Sf4

Vom Standpunkt des Denkens fast eine »Bombe«. Wahrscheinlich ist 12. De3 objektiv keineswegs besser, doch man hatte »selbstverständlich« geglaubt, daß Kasparow die Damen behalten wird, wenn er auf Gewinn spielt! Nun dachte man, Karpows Neuerung habe dem Weltmeister den Giftzahn gezogen, und er wolle ein schnelles Remis, um sich die Sache daheim genau zu besehen. Nichts da! Wie ist das nun eigentlich, wenn sich jemand auf den Stil seines Gegners einläßt? Normalerweise, wie gesagt, freut das denselben. Doch das kann sich ändern, wenn dieser Gegner merkt, daß man selbst diesen seinen Stil tatsächlich beherrscht! Natürlich ist das psychologisch gesehen auch immer eine Gratwanderung: Ein einziger Ausrutscher, und der Gegner gewinnt sein Selbstvertrauen zurück, weil er erkennt, daß er eben doch in dieser Stellung besser zu Hause ist. Dann fällt er mit doppelter Kraft über einen her. Doch bei der psychischen Überlegenheit, mit der Kasparow in dieses Match ging, brauchte es wahrscheinlich nicht viel, um Karpow zu »überzeugen«, daß sich der Weltmeister auch in diesem Stil sicher fühlt.

12. ... Dxd2+ 13. Kxd2 Ld7 14. Thc1 Ke7 15. Sd3 Thc8 16. Sc5 Tab8

Es ist schwer zu entscheiden, wo Schwarz Ungenauigkeiten begeht, die seine fast gleiche Stellung allmählich in Gefahr bringen. Interessant scheint die Möglichkeit, die hier alle Experten angaben: 16. ... b6 mit der Hauptidee 17. Sa6

Td8! nebst Tac8, weil auf 18. Lxc6 mit Schach Lxc6 zurückschlägt.

17. Tc3 Sd8 18. Tac1 Lc6 19. Sd3 Ld7 20. Se5 Txc3 21. Txc3 Le8 22. b4 a6 23. Le4 h6 24. a3

Man sieht, wie Schwarz ständig unter Druck bleibt, obwohl ihm bis jetzt nichts Konkretes droht. Der Kampf um die besten Figurenstellungen, um Raum und Felder ist in vollem Gang (das typische Karpow-Spiel!). Verfolgen Sie einmal, wie Schwarz in den nächsten Zügen den weißen Springer erst von e5, dann durch Tauschangebot auch von c5 vertreiben will; doch er hüpft immer wieder nach einem anderen guten Feld!

24. ... f6 25. Sd3 Lc6

Der Le8 wirkt viel bescheidener als der Lg2; also muß der Tausch für Schwarz ein Plus sein. Doch Karpow übersieht, daß dieser Tausch nicht weglief und Schwarz wie folgt spielen konnte: 24. ... a5 25. bxa5 Ta8 26. Tc5 Kd6 27. Sd3 Lc6, und Schwarz kommt zu Sc6 nebst Rückgewinn des Bauern, was schon eher nach Befreiung aussieht. Doch allmählich wurde Karpow die Zeit knapp (ein Beweis, daß er schon zuvor seine Aufgabe nicht als leicht ansah), und vielleicht konnte oder wollte er sich nicht mehr mit Varianten abgeben, in denen so verpflichtende Dinge wie zeitweise Bauernopfer vorkamen.

26. Lxc6 Sxc6 27. Sc5 Se5 28. f4 Sd7 29. Sb3 Kd6 30. e4 g5 31. Ke3 e5 32. fxg5 fxg5 33. Sa5 g4 34. Tc2 h5 35. Tc1

Stille Züge in Zeitnot des Gegners sind besonders »gemein«, denn der denkt natürlich in erster Linie nur an die direkten Drohungen und muß sich nun zudem entscheiden, ohne das, was in Frage kommt, genau prüfen zu können! In punkto Denken ist bei sehr knapper Zeit das Reagieren meist doch viel einfacher als das Agieren.

Hier hat Weiß aber auch objektiven Grund zum Abwarten: Schwarz steckt in einer Art Zugzwang (ein häufiges Produkt des Spiels auf überlegene Figurenwirkung)! Egal was kommt, tut sich für Weiß ein Einbruchsfeld auf; z.B. 35. ... Sf6 36. Tc5! Sd7 (sonst fällt nach Sc4+ der Bauer e5) 37. Sc4+ Ke6 38. Tc7.

35. ... b6 36. Tc6+ Ke7 37. Sc4 Tf8 38. Ke2 Tf3?

Ein richtiggehender Bock in schlimmer Zeitnot. Notwendig war Tf6, wenn auch Weiß nach 39. Tc7 oder Tc8 klaren Vorteil hat.

39. Se3?

Revanchiert sich; wie inzwischen jeder weiß, gewann 39. Tc7!, drohend Txd7+ nebst Sxe5+ oder auch simpel Schlagen auf e5 bzw. b6, einwandfrei. Jetzt lebten die schwarzen Figuren wundersam auf, und nach **39. ... Sf6 40. Txb6 Sxe4 41. Txa6 Tf2+** kam Karpow mit einem blauen Auge davon.

In der 4. Partie aber war es dann soweit: Karpow behandelte eine strategisch anspruchsvolle Variante auffallend passiv (bei der Olympiade ein paar Monate später in Dubai brachte der Rumäne Suba mit einer vorbereiteten, viel kampflustigeren Idee Kasparow sogar in Schwierigkeiten), stand bald mit dem Rücken zur Wand, und diesmal ließ ihn der Weltmeister nicht mehr entwischen. Wie es im Innern aussah, davon zeugt das »ärztliche Gutachten« von Dr. Ricardo Calvo schon etwa um die Mitte der Spielzeit: Karpows Haltung am Brett deutet darauf hin, daß er sich verloren weiß!

Auf jeden Fall wirkte die »Underdog«-Rolle des Herausforderers bis zu dieser 4. Partie eklatant. Der ungeliebte Zwang, angreifen zu müssen; das psychologische Plus Kasparows von Haus aus; die Eröffnungs-Keule Grünfeld-Indisch; die Demonstration des Weltmeisters, daß er auch einfache Stellungen inzwischen perfekt spielen kann – das alles fand sich zusammen. Doch nach der 5. Partie, die wir schon brachten, schien Karpow wie ausgewechselt. Das Erfolgserlebnis an sich und wohl auch, daß er Kasparows neue Eröffnung erschüttert hatte, bauten den Herausforderer auf. Kasparow selbst hatte sich zu dieser 5. Partie übrigens konträr geäußert: In einem Interview mit dem ungarischen Großmeister Adorjan, seinem Freund und mehrfachen Sekundanten, behauptet er, sein Verlust habe nicht an der Eröffnungsvariante gelegen; doch vor der 8. Partie sagte er, diese und die nächste würden sehr wichtig, weil bisher beide Spieler mit Schwarz nicht mit Erfolg zum Ausgleich gekommen seien. Wir bleiben bei unserer Vermutung, daß mit der Analyse etwas nicht stimmte; denn der Weltmeister hielt zwar an Grünfeld-Indisch fest, doch diese bestimmte Variante tauchte nie mehr auf. In der 7. Partie spielte Kasparow Damengambit, d.h., sein Grünfeld-Indisch befand sich »in Reparatur«; dann holte er es wieder hervor, wich in der 9. und 11. aber schon früh ab.

Auf jeden Fall sah man jetzt einen gleichwertigen Kampf, zunächst auch aus psychologischer Sicht. In der 6. Partie packte Kasparow wieder etwas aus, das nach »Bombe« roch: Er spielte erstmals 1. e4 und brachte eine Neuerung in einer Variante zum Vorschein, die er selbst nach dem zweiten Kampf als gut für Schwarz (das war in diesem Fall Karpow) bezeichnet hatte! Doch diesen Schock hielt der Herausforderer aus und brachte die schweren Verwicklungen kaum zehn Züge später gut über die Runden in ein völlig gefahrloses Endspiel. Zweifellos ein Beweis, daß Karpow auch gut kompliziert spielen kann – solange er die innere Sicherheit besitzt, daß alles unter seiner Kontrolle ist!

Die nächsten Partien scheinen zu bestätigen, daß das der Schlüssel dazu sein könnte, warum ein an sich nüchtern-logischer Typ wie Karpow zum Teil durchaus brillant kombinieren kann, doch manchmal auch völlig den Faden verliert. In der 7. stand Kasparow 25 Züge lang am Rand des Verlusts: weniger Zeit und schlechtere Position. Doch dann traf Karpow nicht den besten Plan und verbrauchte dafür gar noch sein Plus auf der Uhr. Ab diesem Moment, wo er (selbst in Zeitnot) nicht alles mehr ausrechnen konnte, geriet er ins Schwimmen. Kasparow dagegen war in seinem Element, schüttelte den Gegner mit einem verblüffenden taktischen »Hammer« (der an sich vielleicht gar nicht so gut schien) total durch und hätte fast noch gewonnen. Bei Abbruch gab man Remis.

Und dann kam die schon fast legendäre 8. Partie ...

Kasparow–Karpow
8. Partie

1. d4 d5 2. c4 e6 3. Sc3 Le7 4. cxd5 exd5 5. Lf4 Sf6 6. e3 0–0 7. Ld3 c5

Ausgerechnet Karpow, der so gern gegen den isolierten Bauern d5 spielt, bietet dasselbe jetzt seinem Gegner an! Wahrscheinlich hatte er aber zu Hause schon so weit gerechnet, daß er zwingend zu d5–d4 kommt und damit – wie er meint – alles im Ausgleichssinn geklärt wird.

8. Sf3 Sc6 9. 0–0 Lg4 10. dxc5 Lxc5 11. h3 Lxf3 12. Dxf3 d4

So weit, so gut! Objektiv mag es sehr wohl sein, daß Schwarz hier ohne allzuviel Bänglichkeit in die Zukunft schauen kann. Doch der echte Kampf fängt erst an; der Kampf des Schachdenkens und der Charaktere nämlich: hüben Karpow, der mit aller Gewalt die Lage unter Kontrolle zu halten sucht; drüben Kasparow, der sie ihm mit beeindruckender Phantasie um jeden Preis entreißen will!

13. Se4

Ein kleiner Schimmel, dem man noch nicht anmerkt, was für ein Schlachtroß aus ihm wird! Anscheinend sah Karpow – mit Recht – hier die ersten konkreten Probleme, denn er dachte über 20 Minuten nach und spielte dann einen Zug, der von manchen Seiten jedoch ein Fragezeichen erntete.

13. ... Le7?!

Besser, so hieß es, wäre 13. ... Sxe4 14. Dxe4 g6 15. exd4 Te8 oder 14. Lxe4 dxe3. Was darauf alles möglich ist, sieht aber nicht im Geringsten einfacher aus als der Textzug und war am Brett unmöglich voll auszuschöpfen. Sollte sich Karpow hier wirklich vergriffen haben, liegt das mit Sicherheit in der Bandbreite, die man beim Spiel gegenüber der Analyse zubilligen muß.

Dabei ist es keineswegs ausgemacht, daß Schwarz in den Wirren der Partie zwingend untergehen mußte.

14. Tad1 Da5 15. Sg3 dxe3 16. fxe3

Ein Beweis radikaler Entschlossenheit: Nicht nur die Bauern am Damenflügel,

auch positionelle Aspekte (die »Schwäche« e3) wirft der Weltmeister über Bord –
alles für die f-Linie und seinen Angriff.

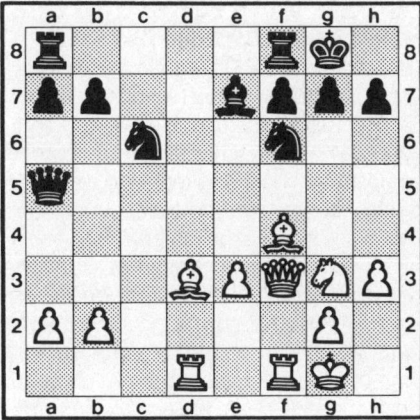

Diagramm 74

16. ... Dxa2
Daß der »solide« Karpow solch einen
Bauern nimmt, riß das Publikum in London vom Sitz. Im Analyseraum unter den
Meistern brach ein Tumult aus. »Karpow
ist sicher ein kolossaler Verteidiger, doch
es gibt Grenzen!« ließ sich der offizielle
Kommentator Timman vernehmen, als
prompt das Angriffsgewitter des Weltmeisters sich entlud.
Paradox, daß ein jedem Risiko abholder
Spieler wie Karpow den Supertaktiker
Kasparow dermaßen provoziert? Dem
Psycho-Porträt nach gar nicht so sehr,
wie man denkt. Für Karpow war es zweifellos ein »kalkuliertes Risiko«; er hatte bestimmt schon daran gedacht, später Material herzugeben, um dem Angriff die
Wucht zu nehmen, auch wenn er viel-

leicht die Textvariante noch nicht explizit
voraussah. Das war für ihn die Chance,
die wirre Lage wieder unter Kontrolle zu
bringen – und wohl einfach auch das beste, denn sonst bekommt Weiß den Angriff gratis.
17. Sf5 De6 18. Lh6 Se8 19. Dh5
Der Angriff schaut wirklich zum Fürchten
aus; es gibt in Hülle und Fülle schöne Varianten, wenn Schwarz nicht aufpaßt.
Jetzt muß Karpow seinen einzigen
Trumpf, das defensive Opfer, ausspielen.
19. ... g6 20. Dg4 Se5

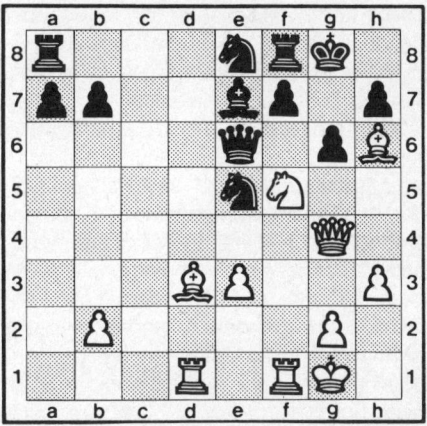

Diagramm 75

Nun kämpft Kasparow mit zwei Seelen in
seiner Brust! Soll er die Qualität nehmen
(21. Sxe7+ Dxe7 22. Lxf8 Kxf8 23. Df4),
was zweifellos stark, aber nicht zwingend
gewonnen ist – oder aber weiter angreifen, was intuitiv auch sehr gut aussieht,
doch vermutlich genausowenig Konkretes hergibt?!

Die Analytiker meinten einstimmig, daß in der Partie Schwarz nicht verloren war, wogegen der »Spatz in der Hand« zumindest auf lange Sicht Gewinn versprach (so ganz sicher war freilich auch niemand!). Doch bei etwa 30 Minuten für 20 Züge beiderseits kann niemand mehr solch ein Getümmel, wie es sich im Text ergibt, vernünftig durchblicken; die Entscheidung fällt nicht zuletzt psychologisch. Bestimmt war Kasparow sich klar: Wenn man die Qualität nimmt, droht nichts Direktes mehr; Schwarz steht zwar schlechter, doch soweit man davon sprechen kann, hat er die Lage »im Griff« und kann zudem in Zeitnot relativ flott spielen. Greift man aber weiter an, kommt bald der Moment, wo Karpow nicht mehr alles kalkulieren kann und nach Gefühl spielen muß – das ist die Chance!

Man kann das kein Pokerspiel nennen, denn Kasparow riskierte nichts Unverantwortliches. Die Notbremse eines Remis z. B. durch Dauerschach hat er später jederzeit. Es war einfach die intuitiv richtige Wahl, um Karpows psychologische Schwachstelle zu treffen und ihn dadurch auch innerlich so zu verunsichern, daß er Fehler »machen muß«.

21. Dg3 Lf6 22. Lb5 Sg7

Solange Karpow noch Zeit hat, alles auszurechnen, spielt er auch die Verwicklungen nach wie vor gut! 23. Td6 scheitert z. B. nun an Sxf5, und auch die giftige Idee 23. Sd4 Db6 24. Txf6 Dxf6 25. Tf1 Dd6(e7) 26. Lxg7 nebst Sf5+ mußte Schwarz sehen (er hat die Ausrede 25. ... Sh5!, statt die Dame zu ziehen). Nicht weniger typisch: Er läßt lieber ein paar Minuten mehr ablaufen, statt einen Zug zu machen, der nicht voll kalkuliert ist (jetzt waren's nur noch 14 Minuten für 18 Züge!).

Das Letztere sah man bei Karpow in diesem Match öfter. Schon bei der Fortsetzung der 2. Partie fiel ihm im 49. Zug die Wahl zwischen zwei wohl Remis sichernden Möglichkeiten so schwer, daß er seine Uhr bis auf vier Minuten für sieben Züge ablaufen ließ. Böse Folgen hatte das bei der einfachen Stellung nicht; doch in der 16. etwa kostete es ihn die letzten Chancen. Da besaß Karpow fast immer ein Zeitplus und ließ sich auf horrende Verwicklungen ein, offenbar unter dem Zwang, zu gewinnen. Nach Kasparows 32. Zug hatte der Weltmeister selbst nur noch neun Minuten; Karpow dagegen volle 31. Was dann geschah, hat man wohl selten erlebt: Das ganze riesige Polster verbrauchte der Herausforderer an dieser einen Stelle bis auf sage und schreibe drei Minuten! So groß schien die Hemmschwelle, in einer kritischen Stellung einen Zug zu machen, bevor alles rational abgesichert war. Natürlich kam es, wie es kommen mußte: Ein paar Züge später sah Karpow in rasendem Blitzspiel einen vermeintlichen Gewinn durch Damentausch (bei einer Figur mehr) und fiel dabei einem teuflischen Nadelstich zum Opfer.

Diese Schwächen in Karpows logisch-nüchternem Denken, in seinem Drang, alles zu kontrollieren, hat Kasparow präzis erkannt und in diesem Match virtuos ausgenutzt. Doch einmal fiel er auch herein – in der 18. Partie, als er im gleichen Stellungstyp sogar auf Gewinn stand, doch viel weniger Zeit als Karpow hatte (noch acht Minuten für zwölf Züge gegenüber 28 des Herausforderers). Da wich der Weltmeister dem möglichen Remis aus und warf im Blitzduell selbst die Partie weg.

Nun aber zurück zum packenden Schluß des Londoner Dramas:

23. Lxg7 Lxg7 24. Td6 Db3 25. Sxg7 Dxb5 26. Sf5

Das alles war erzwungen und von Karpow fraglos bei 22. ... Sg7 berechnet – doch nun muß er wieder nachdenken, und das bei acht Minuten für 15 Züge ... Trotzdem versucht er nochmals einen Rest von Kontrolle zu bewahren und läßt sich die Antwort weitere vier Minuten kosten (d. h. die Hälfte seiner übrigen Zeit!).

26. ... Tad8

Ob hier schon Besseres drin war oder erst später, darüber mögen sich die Glossatoren heute noch streiten. Doch das hat alles nur akademischen Wert; solch einen Hexenkessel mit vier Minuten für 14 Züge heil zu überstehen, das verlangt fast göttliches Allwissen. Praktisch gesehen ist hier schon die Partie entschieden, das psychologische Duell für Kasparow gewonnen.

27. Tf6 Td2 28. Dg5 Dxb2

In höchster Not entdeckt Karpow den letzten Hauch einer Chance auf Klärung: Das Endspiel nach Opfer auf g2 und zum Schluß Schlagen auf f5 ließe sich spielen, auch manuell in Sekunden ...

29. Kh1

Rien ne va plus!

29. ... Kh8 30. Sd4 Txd4 31. Dxe5, und Schwarz überschritt die Zeit.

Wie sich bald herausstellte, stand Weiß inzwischen ohnehin auf Gewinn.

Fast alles, was sich zum Denken und Charakter der beiden Spieler erahnen läßt bzw. bekannt ist, kulminiert in dieser einen Partie. Es gab auch danach noch eindrucksvolle Höhepunkte; z. B. die 11. Partie, wo Karpow in der Eröffnung ein offenbar am häuslichen Herd ausgekochtes tückisches Qualitätsopfer brachte. Oder die 16. und 18., von denen vorhin schon die Rede war. Schließlich die 22., in der Kasparow am Brett in nur ca. 10 Minuten einen Abgabezug fand, der zum Besten des ganzen Wettkampfs gehörte. Doch grundsätzlich Neues, so scheint uns, kam bei all dem nicht mehr zutage. Interessant vielleicht noch, wie untätig Karpow die 23. Partie verstreichen ließ, seine rechnerisch letzte Chance (mit zwei Siegen in zwei Partien hätte er den Titel noch zurückholen können) – während, wenn überhaupt jemand, dann Kasparow in dieser Partie aktives Spiel vorbereitete bzw. zum Schluß auch verwirklichte. Das wirkt wie eine ins Extrem überzeichnete Parallele zur Entscheidungspartie des zweiten Matchs, der 24.

Wenn dieses Buch erscheint, steht das vierte Match zwischen K&K ins Haus oder hat schon begonnen. Manche Experten meinen, daß es das schwerste wird, weil beide inzwischen natürlich all ihre Stärken und Schwächen kennen. Andere glauben, daß Kasparows psychologische Stärke inzwischen so groß ist, daß ihm vorerst nichts Ernstes droht. Warten wir ab ...

Nachwort

Der Leser hat vielleicht gemerkt, wie problematisch es sein kann, beschreiben zu wollen, was im Gehirn eines Spielers vorgeht. Allein deshalb, weil es »das« Schachdenken nicht gibt! Wie das letzte Kapitel nur andeutet, sind auch die Größten auf den 64 Feldern keine mit unbestechlicher, gefühlloser Präzision arbeitenden Denkmaschinen, sondern es spielt kaum weniger Subjektives, Psychologisches, ja Unterbewußtes mit hinein wie bei Schachfreunden auf Amateurniveau. Jeder Mensch hat auch im Denken eine eigene Persönlichkeit.

Zudem fällt es oft schwer, wirklich klar herauszubekommen, was ein Spieler denkt. Zitate und Anmerkungen in Büchern, auf die man sich neben eigenen Erlebnissen und (immer noch zu wenig) wissenschaftlichen Untersuchungen stützen muß, geben oft genug das wieder, was der Meister erst hinterher über seine Partien ausanalysiert hat (und mancher hilft dabei dem guten Gesamteindruck etwas nach . . .).

Was bleibt, sind hoffentlich besonders für die Amateure unter Ihnen ein paar grundlegende Dinge, die so essentiell zum Schachdenken gehören, daß man sie bei aller persönlicher Färbung und Abwandlung im Kern immer wiederfindet. Auch wenn Sie vielleicht nicht mehr dazu kommen werden, mit Kasparow um den Weltmeistertitel zu kämpfen – vielleicht bringt es Sie in Ihrer eigenen Spielpraxis ein wenig vorwärts!

Gesamt-Programm

Essen und Trinken

Köstliche Suppen
für jede Tages- und Jahreszeit. (5122)
Von E. Fuhrmann, 64 S., 38 Farbfotos,
2 Zeichnungen, Pappband. ●●

Was koche ich heute?
Neue Rezepte für Fix-Gerichte. (0608)
Von A. Badelt-Vogt, 112 S., 16 Farbtafeln,
kart. ●

Kochen für 1 Person
Rationell wirtschaften, abwechslungsreich und schmackhaft zubereiten.
(0586) Von M. Nicolin, 136 S., 8 Farbtafeln, 23 Zeichnungen, kart. ●

Schnell und individuell
Die raffinierte Single-Küche
(4266) Von F. Faist, 160 S., 151 Farbfotos, Pappband. ●●●

Gesunde Kost aus dem Römertopf
(0442) Von J. Kramer, 128 S., 8 Farbtafeln, 13 Zeichnungen, kart. ●

Nudelgerichte
– lecker, locker, leicht zu kochen. (0466)
Von C. Stephan, 80 S., 8 Farbtafeln, kart.
●

Lieblingsrezepte
Phantasievoll zubereitet und originell
dekoriert. (4234) Hrsg. P. Diller. 160 S.,
120 Farbfotos, 34 Zeichnungen, Pappband. ●●●

Die besten Eintöpfe und Aufläufe
Das Beste aus den Kochtöpfen der Welt
(5079) Von A. und G. Eckert, 64 S.,
50 Farbfotos, Pappband. ●●

FALKEN-FEINSCHMECKER
Herzhaftes für Leib und Seele
Eintöpfe
(0820) Von P. Klein, 48 S., 30 Farbfotos,
Pappband. ●

Schnell und gut gekocht
Die tollsten Rezepte für den Schnell-
kochtopf. (0265) Von J. Ley, 96 S.,
8 Farbtafeln, kart. ●

Kochen und backen im Heißluftherd
Vorteile, Gebrauchsanleitung, Rezepte.
(0516) Von K. Kölner, 72 S., 8 Farbtafeln,
kart. ●

Das neue Mikrowellen-Kochbuch
(0434) Von H. Neu, 64 S., 4 Farbtafeln,
16 s/w Zeichnungen, kart. ●

Ganz und gar mit Mikrowellen
(4094) Von T. Peters, 208 S., 24 Farbfotos, 12 Zeichnungen, kart. ●●●

FALKEN-FEINSCHMECKER
Schnell auf den Tisch gezaubert
Kochen mit Mikrowellen
(0818) Von A. Danner, 64 S., 52 Farbfotos, Pappband. ●

Marmeladen, Gelees und Konfitüren
Köstlich wie zu Omas Zeiten – einfach
selbstgemacht. (0720) Von M. Gutta,
32 S., 23 Farbfotos, 1 Zeichnung,
Pappband. ●

Einkochen
nach allen Regeln der Kunst. (0405) Von
B. Müller, 128 S., 8 Farbtafeln, kart. ●

Einkochen, Einlegen, Einfrieren
(4055) Von B. Müller, 27 s/w.-Abb., kart. ●

FALKEN-FEINSCHMECKER
Goldbraun und knusprig
Fritierte Leckerbissen
(0868) Von F. Faist, 64 S., 47 Farbfotos,
Pappband. ●

Das neue Fritieren
geruchlos, schmackhaft und gesund.
(0365) Von P. Kühne, 96 S., 8 Farbtafeln,
kart. ●

FALKEN-FEINSCHMECKER
Die Krönung der feinen Küche
Saucen
(0817) Von G. Cavestri, 48 S., 40 Farbfotos, Pappband. ●

Wildgerichte
einfach bis raffiniert. (5115) Von M.
Gutta, 64 S., 43 Farbfotos, Pappband.
●●

FALKEN-FEINSCHMECKER
Von Tatar und falschen Hasen
Hackfleisch
(0866) Von A. und G. Eckert, 64 S.,
42 Farbfotos, Pappband. ●

Mehr Freude und Erfolg beim **Grillen**
(4141) Von A. Berliner, 160 S., 147 Farbfotos, 10 farbige Zeichnungen, Pappband. ●●●

Grillen
Fleisch · Fisch · Beilagen · Soßen. (5001)
Von E. Fuhrmann, 64 S., 38 Farbfotos,
Pappband. ●●

Chinesisch kochen
Schmackhafte Rezepte für die abwechs-
lungsreiche Küche. (5011) Von A. und G.
Eckert, 64 S., 57 Farbfotos, Pappband.
●●

Chinesisch kochen
mit dem Wok-Topf und dem Mongolen-
Topf. (0557) Von C. Korn, 64 S., 8 Farbtafeln, kart. ●

Schlemmerreise durch die
Chinesische Küche
(4184) Von Kuo Huey Jen, 160 S.,
117 Farbfotos, Pappband. ●●●

Nordische Küche
Speisen und Getränke von der Küste.
(5082) Von J. Kürtz, 64 S., 44 Farbfotos,
Pappband. ●●

Deutsche Küche
Schmackhafte Gerichte von der Nordsee
bis zu den Alpen. (5025) Von E. Fuhrmann, 64 S., 52 Farbfotos, Pappband.
●●

Essen in Hessen
Spezialitäten zwischen Schwalm und
Odenwald
(0837) Von R. Witt, 120 S.,
10 s/w-Zeichnungen, Pappband. ●●

Französisch kochen
Eine kulinarische Reise durch Frankreich.
(5016) Von M. Gutta, 64 S., 35 Farbfotos, Pappband. ●●

Französische Küche
(0685) Von M. Gutta, 96 S., 16 Farbtafeln, kart. ●

**Französische Spezialitäten aus dem
Backofen**
Herzhafte Tartes und Quiches mit Fleisch,
Fisch, Gemüse und Käse
(5146) Von P. Klein, 64 S., 43 Farbfotos,
Pappband. ●

FALKEN-FEINSCHMECKER
Aus lauter Lust und Liebe
Knoblauch
(0867) Von L. Reinirkens, 64 S., 45 Farbfotos, Pappband. ●

Kochen und würzen mit **Knoblauch**
(0725) Von A. und G. Eckert, 96 S.,
8 Farbtafeln, kart. ●

Schlemmerreise durch die
Italienische Küche
(4172) Von V. Pifferi. 160 S., 109 Farbfotos, Pappband. ●●●

**Pizza, Pasta und die feine italienische
Küche**
(4270) Von R. Rudatis, 120 S., 255 Farbfotos, Pappband. ●●

Italienische Küche
Ein kulinarischer Streifzug mit regionalen
Spezialitäten. (5026) Von M. Gutta,
64 S., 35 Farbfotos, Pappband. ●●

Köstliche Pizzas, Toasts, Pasteten
Schmackhafte Gerichte schnell zubereitet.
(5081) Von A. und G. Eckert, 64 S.,
46 Farbfotos, Pappband. ●●

FALKEN-FEINSCHMECKER
Schlemmen wie bei Mamma Maria
Pizzas
(0815) Von F. Faist, 64 S., 62 Farbfotos,
Pappband. ●

Köstliche Pilzgerichte
Tips und Rezepte für die häufigsten
Pilzgattungen. (5133) Von V. Spicker-
Noack, M. Knoop, 64 S., 52 Farbfotos,
Pappband. ●●

Köstliche Fondues
mit Fleisch, Geflügel, Fisch, Käse, Gemüse und Süßem. (5006) Von E. Fuhrmann,
64 S., 50 Farbfotos, Pappband. ●●

Fondues
und fritierte Leckerbissen. (0471) Von
S. Stein, 96 S., 8 Farbtafeln, kart. ●

Fondues · Raclettes · Flambiertes
(4081) Von R. Peiler und M.-L. Schult,
136 S., 15 Farbtafeln, 28 Zeichnungen,
kart. ●

**Neue, raffinierte Rezepte mit dem
Raclette-Grill**
(0558) Von L. Helger, 56 S., 8 Farbtafeln,
kart. ●

Die hier vorgestellten Bücher, Videokassetten und Software sind in folgende Preisgruppen unterteilt:

● Preisgruppe bis DM 10,–/S 79,–
●● Preisgruppe über DM 10,– bis DM 20,–
    S 80,– bis S 160,–

●●● Preisgruppe über DM 20,– bis DM 30,–
    S 161,– bis S 240,–

●●●● Preisgruppe über DM 30,– bis DM 50,–
    S 241,– bis S 400,–
●●●●● Preisgruppe über DM 50,–/S 401,–
    *(unverbindliche Preisempfehlung)

FALKEN VERLAG

Rezepte rund um Raclette und Hobby-Rechaud
(0420) Von J. W. Hochscheid, 72 S., 8 Farbtafeln, kart. ●

Fondues and Raclettes
(4253) Von F. Faist, 160 S., 125 Farbfotos, Pappband. ●●●

Kochen und würzen mit
Paprika
(0792) Von A. und G. Eckert, 88 S., 8 Farbtafeln, kart. ●

Kleine Kalte Küche
für Alltag und Feste. (5097) Von A. und G. Eckert, 64 S., 45 Farbfotos, Pappband. ●●

Kalte Platten – Kalte Büfetts
rustikal bis raffiniert. (5015) Von M. Gutta, 64 S., 34 Farbfotos, Pappband. ●●

Kalte Happen und Partysnacks
Canapés, Sandwiches, Pastetchen, Salate und Suppen. (5029) Von D. Peters, 64 S., 44 Farbfotos, Pappband. ●●

Garnieren und Verzieren
(4236) Von R. Biller, 160 S., 329 Farbfotos, 57 Zeichnungen, Pappband. ●●●

Desserts
Puddings, Joghurts, Fruchtsalate, Eis, Gebäck, Getränke. (5020) Von M. Gutta, 64 S., 41 Farbfotos, Pappband. ●●

FALKEN-FEINSCHMECKER
Süße Geheimnisse eiskalt gelüftet
Eis und Sorbets
(0870) Von H. W. Liebheit, 48 S., 38 Farbfotos, Pappband. ●

Crêpes, Omeletts und Soufflés
Pikante und süße Spezialitäten. (5131) Von J. Rosenkranz, 64 S., 45 Farbfotos, Pappband. ●●

Kuchen und Torten
Die besten und beliebtesten Rezepte. (5067) Von M. Sauerborn, 64 S., 79 Farbfotos, Pappband. ●●

Tortenträume und Kuchenfantasien
Gebackene Köstlichkeiten originell dekoriert und verziert
(0823) Von F. Faist, 80 S., 150 Farbfotos, kart. ●●

Schönes Hobby Backen
Erprobte Rezepte mit modernen Backformen. (0451) Von E. Blome, 96 S., 8 Farbtafeln, kart. ●

Backen, was allen schmeckt
Kuchen, Torten, Gebäck und Brot. (4166) Von E. Blome, 556 S., 40 Farbtafeln, Pappband. ●●●

Meine Vollkornbackstube
Brot · Kuchen · Aufläufe. (0616) Von R. Raffelt, 96 S., 4 Farbtafeln, 12 Zeichnungen, kart. ●

FALKEN-FEINSCHMECKER
Mit Körnern, Zimt und Mandelkern
Vollkorngebäck
(0816) Von M. Bustorf-Hirsch, 48 S., 39 Farbfotos, Pappband. ●

Biologisch Backen
Neue Rezeptideen für Kuchen, Brote, Kleingebäck aus vollem Korn. (4174) Von M. Bustorf-Hirsch, 136 S., 15 Farbtafeln, 47 Zeichnungen, kart. ●●

Selbst Brotbacken
Über 50 erprobte Rezepte. (0370) Von J. Schiermann, 80 S., 6 Zeichnungen, 4 Farbtafeln, kart. ●

Mehr Freude und Erfolg beim
Brotbacken
(4148) Von A. und G. Eckert, 160 S., 177 Farbfotos, Pappband. ●●●

Brotspezialitäten
knusprig backen – herzhaft kochen. (5088) Von J. W. Hochscheid und L. Helger, 64 S., 48 Farbfotos, Pappband. ●

Weihnachtsbäckerei
Köstliche Plätzchen, Stollen, Honigkuchen und Festtagstorten. (0682) Von M. Sauerborn, 32 S., 36 Farbfotos, Pappband. ●

Waffeln
süß und pikant. (0522) Von C. Stephan, 64 S., 8 Farbtafeln, kart. ●

Kochen für Diabetiker
Gesund und schmackhaft für die ganze Familie. (4132) Von M. Toeller, W. Schumacher, A. C. Groote, 224 S., 109 Farbfotos, 94 Zeichnungen, Pappband. ●●●

Neue Rezepte für Diabetiker-Diät
Vollwertig – abwechslungsreich – kalorienarm. (0418) Von M. Oehlrich, 120 S., 8 Farbtafeln, kart. ●

Wer schlank ist, lebt gesünder
Tips und Rezepte zum Schlankwerden und -bleiben. (0562) Von R. Mainer, 80 S., 8 Farbtafeln, kart. ●

SLIM
Der neue, individuelle Schlankheitsplan (4277) Von Prof. Dr. E. Menden, W. Aign, 120 S., 440 Farbfotos, Pappband. ●●●

Kalorien – Joule
Eiweiß · Fett · Kohlenhydrate tabellarisch nach gebräuchlichen Mengen. (0374) Von M. Bormio, 88 S., kart. ●

Alles mit Joghurt
tagfrisch selbstgemacht. Mit vielen Rezepten. (0382) Von G. Volz, 88 S., 8 Farbtafeln, kart. ●

Gesund leben – schlank werden mit der
Bio-Kur
(0657) Von S. Winter. 144 S., 4 Farbtafeln, kart. ●

FALKEN-FEINSCHMECKER
Raffiniert und gesund würzen
Kräuterküche
(0869) Von A. Görgens, 48 S., 43 Farbfotos, Pappband. ●

Miekes Kräuter- und Gewürzkochbuch
(0323) Von I. Persy und K. Mieke, 96 S., 8 Farbtafeln, kart. ●

Delikate Salate
für alle Gelegenheiten rund ums Jahr. (5002) Von E. Fuhrmann, 64 S., 50 Farbfotos, Pappband. ●●

Das köstliche knackige Schlemmervergnügen.
Salate
(4165) Von V. Müller. 160 S., 80 Farbfotos, Pappband. ●●●

111 köstliche Salate
Erprobte Rezepte mit Pfiff. (0222) Von C. Schönherr, 96 S., 8 Farbtafeln, 30 Zeichnungen, kart. ●

FALKEN-FEINSCHMECKER
Köstlich frisch auf den Tisch
Rohkostsalate
(0865) Von C. Adam, 48 S., 26 Farbfotos, Pappband. ●

Rohkost
Schmackhafte Gerichte für die gesunde Ernährung. (5044) Von I. Gabriel, 64 S., 53 Farbfotos, Pappband. ●●

Joghurt, Quark, Käse und Butter
Schmackhaftes aus Milch hausgemacht. (0739) Von M. Bustorf-Hirsch. 32 S., 59 Farbabb., Pappband. ●

Die abwechslungsreiche Vollwertküche
Vitaminreich und naturbelassen kochen und backen. (4229) Von M. Bustorf-Hirsch, K. Siegel, 280 S., 31 Farbtafeln, 78 Zeichnungen, Pappband. ●●●●

Meine Vollkornküche
Herzhaftes von echtem Schrot und Korn (0858) Von S. Walz, 128 S., 8 Farbtafel, kart. ●

Alternativ essen
Die gesunde Sojaküche.
(0553) Von U. Kolster, 112 S., 8 Farbtafeln, kart. ●

Kochen mit Tofu
Die gesunde Alternative. (0894) Von U. Kolster, 80 S., 8 Farbtafeln, kart. ●

Das Reformhaus-Kochbuch
Gesunde Ernährung mit hochwertigen Naturprodukten. (4180) Von A. und G. Eckert, 160 S. 15 Farbtafeln, Pappband. ●●●

Gesund kochen mit Keimen und Sprossen
(0794) Von M. Bustorf-Hirsch, 104 S., 8 Farbtafeln, 13 s/w-Zeichnungen, kart. ●

Die feine Vegetarische Küche
(4235) Von F. Faist, 160 S., 191 Farbfotos, Pappband. ●●●

Biologische Ernährung
für eine natürliche und gesunde Lebensweise. (4125) Von G. Leibold, 136 S., 15 Farbtafeln, 47 Zeichnungen, kart. ●●

Gesunde Ernährung für mein Kind
(0776) Von M. Bustorf-Hirsch, 96 S., 8 Farbtafeln, 5 s/w Zeichnungen, kart. ●

Vitaminreich und naturbelassen
Biologisch Kochen
(4162) Von M. Bustorf-Hirsch und K. Siegel, 144 S., 15 Farbtafeln, 31 Zeichnungen, kart. ●●

Gesund kochen
wasserarm · fettfrei · aromatisch. (4060) Von M. Gutta, 240 S., 16 Farbtafeln, Pappband. ●●●

Kräuter- und Heilpflanzen-Kochbuch
für eine gesunde Lebensweise. (4066) Von P. Pervenche, 143 S., 15 Farbtafeln. kart. ●

Pralinen und Konfekt
Kleine Köstlichkeiten selbstgemacht. (0731) Von H. Engelke, 32 S., 57 Farbfotos, Pappband. ●

FALKEN-FEINSCHMECKER
Zart schmelzende Versuchungen
Schokolade
(0819) Von J. Schroer, 48 S., 53 Farbfotos, Pappband. ●

Die hier vorgestellten Bücher, Videokassetten und Software sind in folgende Preisgruppen unterteilt:

● Preisgruppe bis DM 10,–/S 79,–
●● Preisgruppe über DM 10,– bis DM 20,– S 80,– bis S 160,–

●●● Preisgruppe über DM 20,– bis DM 30,– S 161,– bis S 240,–

●●●● Preisgruppe über DM 30,– bis DM 50,– S 241,– bis S 400,–
●●●●● Preisgruppe über DM 50,–/S 401,–
*(unverbindliche Preisempfehlung)

FALKEN VERLAG

Die Preise entsprechen dem Status beim Druck dieses

Köstlichkeiten für Gäste und Feste
Kalte Platten
(4200) Von I. Pfliegner, 160 S., 130 Farbfotos, Pappband. ●●●

Kochen für Gäste
Köstliche Menüs mit Liebe zubereitet.
(5149) Von R. Wesseler, 64 S., 40 Farbfotos, Pappband. ●●

Das richtige Frühstück
Gesunde Vollwertkost vitaminreich und naturbelassen.
(0784) Von C. Kratzel und R. Böll, 32 S., 28 Farbfotos, Pappband. ●

Bocuse à la carte
Französisch kochen mit dem Meister.
(4237) Von P. Bocuse, 88 S., 218 Farbfotos, Pappband. ●●

Kochschule mit Paul Bocuse
(6016/VHS, 6017/Video 2000, 6018/Beta), 60 Min. in Farbe. ●●●●●*

Natursammlers Kochbuch
Wildfrüchte und Gemüse, Pilze, Kräuter – finden und zubereiten. (4040) Von
C. M. Kerler, 140 S., 12 Farbtafeln, kart. ●●

Cocktails
(4267) Von W. R. Hoffmann, W. Hubert, U. Lottring, 160 S., 164 Farbfotos, 1 s/w-Foto, Pappband. ●●●

Neue Cocktails und Drinks
mit und ohne Alkohol. (0517) Von
S. Späth, 128 S., 4 Farbtafeln, kart. ●

Mixgetränke
mit und ohne Alkohol (5017) Von C. Arius, 64 S., 35 Farbfotos, Pappband. ●●

Cocktails und Mixereien
für häusliche Feste und Feiern. (0075)
Von J. Walker, 96 S., 4 Farbtafeln, kart.
●

Die besten Punsche, Grogs und Bowlen
(0575) Von F. Dingden, 64 S., 2 Farbtafeln, kart. ●

Weine und Säfte, Liköre und Sekt
selbstgemacht. (0702) Von P. Arauner, 232 S., 76 Abb., kart. ●●

Mitbringsel aus meiner Küche
selbst gemacht und liebevoll verpackt.
(0668) Von C. Schönherr, 32 S., 30 Farbfotos, Pappband. ●

Weinlexikon
Wissenswertes über die Weine der Welt.
(4149) Von U. Keller, 228 S., 6 Farbtafeln, 395 s/w-Fotos, Pappband. ●●●

Heißgeliebter Tee
Sorten, Rezepte und Geschichten. (4114)
Von C. Maronde, 153 S., 16 Farbtafeln, 93 Zeichnungen, Pappband. ●●●

Tee für Genießer.
Sorten · Riten · Rezepte. (0356) Von M. Nicolin, 64 S., 4 Farbtafeln, kart. ●

Tee
Herkunft · Mischungen · Rezepte. (0515)
Von S. Ruske, 96 S., 4 Farbtafeln,
16 s/w Abbildungen, Pappband. ●

Kinder lernen spielend backen
(5110) Von M. Gutta, 64 S., 45 Farbfotos, Pappband. ●●

Kinder lernen spielend kochen
Lieblingsgerichte mit viel Spaß selbst zubereitet. (5096) Von M. Gutta, 64 S., 45 Farbfotos, Pappband. ●●

Komm, koch mit mir
Kunterbuntes Kochvergnügen für Kinder.
(4285) Von S. und H. Theilig, Illustrationen von B. v. Hayek, 96 S., 48 Farbfotos, 350 Farb- und 1 s/w-Zeichnung, Pappband. ●●

Hobby

Aquarellmalerei
als Kunst und Hobby.
(4147) Von H. Haack und B. Wersche, 136 S., 62 Farbfotos, 119 Zeichnungen, gebunden ●●●●

Aquarellmalerei
Materialien · Techniken · Motive.
(5099) Von T. Hinz, 64 S., 79 Farbfotos, Pappband. ●●

Hobby Aquarellmalen
Landschaft und Stilleben
(0876) Von I. Schade, A. Brück, 80 S., 111 Farbabbildungen, kart. ●●

Videokassette
Hobby Aquarellmalen
Landschaft und Stilleben (6022/VHS) ca. 40 Min., in Farbe, ●●●●*

Aquarellmalerei leicht gelernt
Materialien · Techniken · Motive.
(0787) Von T. Hinz, R. Braun, B. Zeidler, 32 S., 38 Farbfotos, 1 Zeichnung. ●

Hobby Ölmalerei
Landschaft und Stilleben
(0875) Von H. Kämper, I. Becker, 80 S., 93 Farbabb., kart. ●●

Videokassette
Hobby Ölmalerei
Landschaft und Stilleben (6025/VHS) ca. 40 Min., in Farbe, ●●●●*

Falken-Handbuch
Zeichnen und Malen
(4167) Von B. Bagnall, 336 S., 1154 Farbabb., Pappband. ●●●●●

Naive Malerei
Materialien · Motive · Techniken
(5083) Von F. Krettek, 64 S., 76 Farbfotos, Pappband. ●●

Bauernmalerei
als Kunst und Hobby. (4057) Von A. Gast und H. Stegmüller, 128 S., 239 Farbfotos, 26 Riß-Zeichnungen, Pappband. ●●●

Hobby Bauernmalerei
(0436) Von S. Ramos und J. Roszak, 80 S., 116 Farbfotos und 28 Motivvorlagen, kart. ●●

Bauernmalerei
Kreatives Hobby nach alter Volkskunst (5039) Von S. Ramos, 64 S., 85 Farbfotos, Pappband. ●●

Glasmalerei
als Kunst und Hobby. (4088) Von
F. Krettek und S. Beeh-Lustenberger, 132 S., 182 Farbfotos, 38 Motivvorlagen, Pappband. ●●●●

Naive Hinterglasmalerei
Materialien · Techniken · Bildvorlagen (5145) Von F. Krettek, 64 S., 87 Farbfotos, 6 Zeichnungen, Pappband. ●●

Kalligraphie
Die Kunst des schönen Schreibens
(4263) Von C. Hartmann, 120 S., 44 Farbvorlagen, 29 s/w-Vorlagen, 2 s/w-Zeichnungen, 38 Farbfotos, Pappband. ●●●●

Seidenmalerei als Kunst und Hobby
(4264) Von S. Hahn, 136 S., 256 Farbfotos, 1 s/w-Foto, 34 Farbzeichnungen, Pappband. ●●●●

Kunstvolle Seidenmalerei
Mit zauberhaften Ideen zum Nachgestalten. (0783) Von I. Demharter, 32 S., 56 Farbfotos, Pappband. ●

Zauberhafte Seidenmalerei
Materialien · Techniken · Gestaltungsvorschläge. (0664) Von E. Dorn, 32 S., 62 Farbfotos, Pappband. ●

Hobby Seidenmalerei
(0611) Von R. Henge, 88 S., 106 Farbfotos, 28 Zeichnungen, kart. ●●

Hobby Stoffdruck und Stoffmalerei
(0555) Von A. Ursin, 80 S., 68 Farbfotos, 68 Zeichnungen, kart. ●●

Stoffmalerei und Stoffdruck
Materialien · Techniken · Ideen · Modelle (5074) Von H. Gehring, 64 S., 110 Farbfotos, Pappband. ●●

Batik
leicht gemacht. Materialien · Färbetechniken · Gestaltungsideen. (5112) Von A. Gast, 64 S., 105 Farbfotos, Pappband. ●●

Textilfärben
Färben so einfach wie Waschen. (0693)
Von W. Siegrist, P. Schärli, 32 S., 47 Farbfotos, 3 Zeichnungen, Spiralbindung. ●

Kreatives Bilderweben
Materialien – Vorlagen – Motive
(0814) Von A. Schulte-Huxel, 32 S., 58 Farbfotos, 8 Zeichnungen, Pappband. ●

Flechten
mit Bast, Stroh und Peddigrohr. (5098)
Von H. Hangleiter, 64 S., 47 Farbfotos, 76 Zeichnungen, Pappband. ●●

Makramee
Knüpfarbeiten leicht gemacht. (5075)
Von B. Pröttel, 64 S., 95 Farbfotos, Pappband. ●●

Falken-Handbuch
Häkeln
ABC der Häkeltechniken und Häkelmuster in ausführlichen Schritt-für-Schritt-Bildfolgen.
(4194) Von H. Fuchs, M. Natter, 288 S., 597 Farbfotos, 476 farbige Zeichnungen, Pappband. ●●●●

Häkeln
Schritt für Schritt für Rechts- und Linkshänder. (5134) Von H. Klaus, 64 S., 120 Farbfotos, 144 Zeichnungen, Pappband. ●●

Klöppeln
Schritt für Schritt leicht gelernt. (0788)
Von U. Seiffer, 32 S., 42 Farb-, 1 s/w-Foto, 25 Zeichnungen, mit Klöppelbriefen, Pappband. ●

Sticken
Schritt für Schritt für Rechts- und Linkshänder. (5135) Von U. Werner, 64 S., 196 Farbfotos, 96 Zeichnungen, Pappband. ●●

Die hier vorgestellten Bücher, Videokassetten und Software sind in folgende Preisgruppen unterteilt:

●   Preisgruppe bis DM 10,–/S 79,–
●● Preisgruppe über DM 10,– bis DM 20,–
      S 80,– bis S 160,–

●●● Preisgruppe über DM 20,– bis DM 30,–
      S 161,– bis S 240,–

●●●● Preisgruppe über DM 30,– bis DM 50,–
      S 241,– bis S 400,–
●●●●● Preisgruppe über DM 50,–/S 401,–
*(unverbindliche Preisempfehlung)

FALKEN VERLAG

Monogrammstickerei
Mit Vorlagen für Initialen, Vignetten und Ornamente. (5148) Von H. Fuchs, 64 S., 50 Farbfotos, 50 Zeichnungen, Pappband. ●●

Falken-Handbuch
Stricken
ABC der Stricktechniken und Strickmuster in ausführlichen Schritt-für-Schritt-Bildfolgen. (4137) Von M. Natter, 312 S., 106 Farb- und 922 s/w-Fotos, 318 Zeichnungen, Pappband. ●●●●
Bestrickend schöne Ideen
Pullover, Westen, Ensembles, Jacken (4178) Von R. Weber, 208 S., 220 Farbfotos, 358 Zeichnungen, Pappband. ●●●
Chic in Strick
Neue Pullover
Westen · Jacken · Kleider · Ensembles. (4224) Hrsg. R. Weber, 192 S., 25 Farbabb., Pappband. ●●●
Das moderne Standardwerk von der Expertin
Perfekt Stricken
Mit Sonderteil Häkeln
(4250) Von H. Jaacks, 256 S., 703 Farbfotos, 169 Farb- und 121 s/w-Zeichnungen, Pappband. ●●●
Videokassette Stricken
(6007/VHS, 6008/Video 2000, 6009/Beta). Von P. Krolikowski-Habicht, H. Jaacks, 51 Min., in Farbe. ●●●●*
Stricken
Schritt für Schritt für Rechts- und Linkshänder. (5122) Von S. Oelwein-Schefczik, 64 S., 148 Farbfotos, 173 Zeichnungen, Pappband. ●●
Die schönsten Handarbeiten zum Verschenken
(4225) Von B. Wenzelburger, 128 S., 156 Farbfotos, 70 2-farbige Zeichnungen, Pappband. ●●●●
Kuscheltiere stricken und häkeln
Arbeitsanleitungen und Modelle. (0734) Von B. Wehrle, 32 S., 60 Farbfotos, 28 Zeichnungen, Spiralbindung. ●
Hobby Patchwork und Quilten
(0768) Von B. Staub-Wachsmuth, 80 S., 108 Farbabb., 43 Zeichnungen, kart. ●●
Hobby Spitzencollagen
Bezaubernde Motive aus edlem Material. (0847) Von H. Westphal, 80 S., 186 Farbfotos, kart. ●●.
Textiles Gestalten
Weben, Knüpfen, Batiken, Sticken, Objekte und Strukturen. (5123) Von J. Fricke, 136 S., 67 Farb- und 189 s/w-Fotos, 15 Zeichnungen, kart. ●●
Gestalten mit Glasperlen
fädeln · sticken · weben (0640) Von A. Köhler, 32 S., 55 Farbfotos, Spiralbindung. ●
Schmuck, Accessoires und Dekoratives
aus Fimo modelliert
(0873) Von A. Aurich, 32 S., 54 Farbfotos, Pappband. ●
Neue zauberhafte Salzteig-Ideen
(0719) Von I. Kiskalt, 80 S., 320 Farbfotos, 12 Zeichnungen, kart. ●●
Hobby Salzteig
(0662) Von I. Kiskalt, 80 S., 150 Farbfotos, 5 Zeichnungen, Schablonen, kart. ●●

Gestalten mit Salzteig
formen · bemalen · lackieren. (0613) Von W.-U. Cropp, 32 S., 56 Farbfotos, 17 Zeichnungen, Pappband. ●
Originell und dekorativ
Salzteig mit Naturmaterialien
(0833) Von A. und H. Wegener, 80 S., 166 Farbfotos, kart. ●
Buntbemalte Kunstwerke aus Salzteig
Figuren, Landschaften und Wandbilder. (5141) Von G. Belli, 64 S., 165 Farbfotos, 1 Zeichnung, Pappband. ●●
Kreatives Gestalten mit Salzteig
Originelle Motive für Fortgeschrittene. (0769) Von I. Kiskalt, 80 S., 168 Farbfotos, kart. ●●
Videokassette Salzteig
(6010/VHS, 6011/Video 2000, (6012/Beta) Von I. Kiskalt, Dr. A. Teuchert, in Farbe, ca. 35 Min. ●●●●●*
Tiffany-Spiegel selbermachen
Materialien · Arbeitsanleitung · Vorlagen. (0761) Von R. Thomas, 32 S., 53 Farbfotos, Pappband. ●
Tiffany-Schmuck selbermachen
Materialien · Arbeitsanleitungen · Modelle (0871) Von B. Poludniak, H. W. Scheib, 32 S., 54 Farbfotos, 3 Zeichnungen, Pappband. ●
Tiffany-Lampen selbermachen
Arbeitsanleitung · Materialien · Modelle. (0684) Von I. Spliethoff, 32 S., 60 Farbfotos, Pappband. ●
Hobby Glaskunst in Tiffany-Technik
(0781) Von N. Köppel, 80 S., 194 Farbfotos, 6 s/w-Abb., kart., ●●
Origami –
Die Kunst des Papierfaltens. (0280) Von R. Harbin, 160 S., 633 Zeichnungen, kart. ●
Hobby Origami
Papierfalten für groß und klein. (0756) Von Z. Aytüre-Scheele, 88 S., über 800 Farbfotos, kart. ●●
Neue zauberhafte Origami-Ideen
Papierfalten für groß und klein. (0805) Von Z. Aytüre-Scheele, 80 S., 720 Farbfotos, kart. ●●
Weihnachtsbasteleien
(0667) Von M. Kühnle und S. Beck, 32 S., 56 Farbfotos, 6 Zeichnungen, Pappband. ●
Bastelspaß mit der Laubsäge
Mit Schnittmusterbogen für viele Modelle in Originalgröße. (0741) Von L. Giesche, M. Bausch, 32 S., 61 Farbfotos, 7 Zeichnungen, Schnittmusterbogen, Pappband. ●

Falken-Heimwerker-Praxis
Tapezieren
(0743) Von W. Nitschke, 112 S., 186 Farbfotos, 9 Zeichnungen, kart. ●●
Falken-Heimwerker-Praxis
Anstreichen und Lackieren
(0771) Von P. Müller, 120 S., 186 Farbfotos, 2 s/w Fotos, 3 Zeichnungen, kart. ●●
Falken-Heimwerker-Praxis
Fahrrad-Reparaturen
(0796) Von R. van der Plas, 112 S., 140 Farbfotos, 113 farbige Zeichnungen, kart. ●●

Falken-Handbuch
Heimwerken
Reparieren und Selbermachen in Haus und Wohnung – über 1100 Farbfotos. Praktische Tips vom Profi: Selbermachen, Reparieren, Renovieren, Kostensparen. (4117) Von Th. Pochert, 440 S., 1103 Farbfotos. 100 ein- und zweifarbige Abb., Pappband. ●●●●
Restaurieren von Möbeln
Stilkunde, Materialien, Techniken, Arbeitsanleitungen in Bildfolgen. (4120) Von E. Schnaus-Lorey, 152 S., 37 Farbfotos, 75 s/w Fotos, 352 Zeichnungen, Pappband. ●●●●
Möbel aufarbeiten, reparieren und pflegen
(0386) Von E. Schnaus-Lorey, 96 S., 28 Fotos, 101 Zeichnungen, kart., ●
Vogelhäuschen, Nistkästen, Vogeltränken mit Plänen und Anleitungen zum Selbstbau. (0695) Von J. Zech, 32 S., 42 Farbfotos, 5 Zeichnungen, Pappband. ●
Strohschmuck selbstgebastelt
Sterne, Figuren und andere Dekorationen (0740) Von E. Rombach, 32 S., 60 Farbfotos, 17 Zeichnungen, Pappband. ●
Das Herbarium
Pflanzen sammeln, bestimmen und pressen. (5113) Von I. Gabriel, 96 S., 140 Farbfotos, Pappband. ●●
Gestalten mit Naturmaterialien
Zweige, Kerne, Federn, Muscheln und anderes. (5128) Von I. Krohn, 64 S., 101 Farbfotos, 11 farbige Zeichnungen, Pappband. ●●
Blütenbilder aus Blumen und Blätter
Phantasievolle Naturcollagen.
(0872) Von G. Schamp, 32 S., 57 Farbfotos, 1 Zeichnung, Pappband. ●
Dauergestecke
mit Zweigen, Trocken- und Schnittblumen. (5121) Von G. Vocke, 64 S., 57 Farbfotos, Pappband. ●●
Ikebana
Einführung in die japanische Kunst des Blumensteckens. (0548) Von G. Vocke, 152 S., 47 Farbfotos, kart. ●●
Blumengestecke im Ikebanastil
(5041) Von G. Vocke, 64 S., 37 Farbfotos, viele Zeichnungen, Pappband. ●●
Hobby Trockenblumen
Gewürzsträuße, Gestecke, Kränze, Buketts. (0643) Von R. Strobel-Schulze, 88 S., 170 Farbfotos, kart. ●●
Hobby Gewürzsträuße
und zauberhafte Gebinde nach Salzburger Art. (0726) Von A. Ott, 80 S., 101 Farbfotos, 51 farbige Zeichnungen, kart. ●●
Trockenblumen und Gewürzsträuße
(5084) Von G. Vocke, 64 S., 63 Farbfotos, Pappband. ●●
Arbeiten mit Ton
Töpfern mit und ohne Scheibe. (5048) Von J. Fricke, 128 S., 15 Farbtafeln, 166 s/w-Fotos, kart. ●●
Töpfern
als Kunst und Hobby. (4073) Von J. Fricke, 132 S., 37 Farbfotos, 222 s/w-Fotos, Pappband. ●●●●

Die hier vorgestellten Bücher, Videokassetten und Software sind in folgende Preisgruppen unterteilt:

● Preisgruppe bis DM 10,–/S 79,–
●● Preisgruppe über DM 10,– bis DM 20,– S 80,– bis S 160,–
●●● Preisgruppe über DM 20,– bis DM 30,– S 161,– bis S 240,–
●●●● Preisgruppe über DM 30,– bis DM 50,– S 241,– bis S 400,–
●●●●● Preisgruppe über DM 50,–/S 401,–
*(unverbindliche Preisempfehlung)

FALKEN VERLAG

Schöne Sachen modellieren
Originelles aus Cernit – ideenreich gestaltet. (0762) Von G. Thelen, 32 S., 105 Farbfotos, Pappband. ●

Porzellanpuppen
Zauberhafte alte Puppen selbst nachbilden. (5138) Von C. A. und D. Stanton, 64 S., 58 Farbfotos, 22 Zeichnungen, Pappband. ●●

Zauberhafte alte Puppen
Sammeln · Restaurieren · Nachbilden (4255) Von C. A. Stanton, J. Jacobs, 120 S., 157 Farbfotos, 24 Zeichnungen, Pappband. ●●●●

Marionetten
entwerfen · gestalten · führen (5118) Von A. Krause und A. Bayer, 64 S., 83 Farbfotos, 2 s/w-Fotos, 40 Zeichnungen, Pappband. ●●

Stoffpuppen
Liebenswerte Modelle selbermachen. (5150) Von I. Wolff, 56 S., 115 Farbfotos, 15 Zeichnungen, mit Schnittmusterbogen, Pappband. ●●

Hobby Puppen
Bezaubernde Modelle selbst gestalten. (0742) Von B. Wenzelburger, 88 S., 163 Farbfotos, 41 Zeichnungen, 11 Schnittmuster, kart. ●

Puppen und Figuren aus Kunstporzellan
gießen, bemalen und gestalten. (0735) Von G. Baumgarten, 32 S., 86 Farbfotos, Pappband. ●

Selbstgestrickte Puppen
Materialien und Arbeitsanleitungen. (0638) Von B. Wehrle, 32 S., 23 Farbfotos, 24 Zeichnungen, Pappband. ●

Dekorative Rupfenpuppen
Arbeitsanleitungen und Gestaltungsvorschläge. (0733) Von B. Wenzelburger, 32 S., 57 Farbfotos, 14 Zeichnungen, Spiralbindung. ●

Phantasiepuppen stricken und häkeln
Märchenhafte Modelle mit Arbeitsanleitungen. (0813) Von B. Wehrle, 32 S., 26 Farbfotos, 30 einfarbige und 16 dreifarbige Zeichnungen, Pappband. ●

Schritt für Schritt zum Scherenschnitt
Materialien · Techniken · Gestaltungsvorschläge. (0732) Von H. Klingmüller, 32 S., 38 Farbfotos, 34 Vorlagen, Pappband. ●

Garagentore selbst bemalt
Techniken und Motive. (0786) Von H. u. Y. Nadolny, 32 S., 24 Farbfotos, 12 s/w-Zeichnungen, Pappband. ●

Alle Jahre wieder...
Advent und Weihnachten
Basteln – Backen – Schmücken – Singen – Vorlesen – Feiern (4260) Von H. und Y. Nadolny, 256 S., 105 Farbfotos, 130 Zeichnungen, Pappband. ●●●

Freizeit

Aktfotografie
Interpretationen zu einem unerschöpflichen Thema.
Gestaltung · Technik · Spezialeffekte. (0737) Von H. Wedewardt, 88 S., 144 Farb- und 6 s/w-Fotos, 6 Zeichnungen, kart. ●●

Videokassette Aktfotografie
Laufzeit ca. 60 Min. in Farbe. (6001/VHS, 6002/Video 2000, 6003/Beta) ●●●●●*

So macht man bessere Fotos
Das meistverkaufte Fotobuch der Welt. (0614) Von M. L. Taylor, 192 S., 457 Farbfotos, 15 Abb., kart. ●●

Falken-Handbuch Trickfilmen – Flach-, Sach- und Zeichentrickfilme – von der Idee zur Ausführung. (4131) Von H.-D. Wilden, 144 S., über 430 überwiegend farbige Abb., Pappband. ●●●●

Schmalfilmen
Ausrüstung · Aufnahmepraxis · Schnitt Ton. (0342) Von U. Ney, 108 S., 4 Farbtafeln, 25 s/w-Fotos, kart. ●

Schmalfilme selbst vertonen
(0593) Von U. Ney, 96 S., 57 s/w-Fotos, 14 Zeichnungen, kart. ●

Fotografie – Das Schöne als Ziel
Zur Ästhetik und Psychologie der visuellen Wahrnehmung. (4122) Von E. Stark, 208 S., 252 Farbfotos, 63 Zeichnungen, Ganzleinen. ●●●●●

Videografieren
Filmen mit Video 8
Technik – Bildgestaltung – Schnitt – Vertonung. (0843) Von M. Wild und K. Möller, 120 S., 101 Farbfotos, 22 s/w-Fotos, 52 Zeichnungen, kart. ●●

Videokassette
Videografieren
Technik – Bildgestaltung – Schnitt – Vertonung. (6031) VHS, (6033) Beta, (6034) Sony 8 mm, von M. Wild, 60 Min., in Farbe. ●●●●●*

Ferngelenkte Motorflugmodelle
bauen und fliegen. (0400) Von W. Thies, 184 S., mit Zeichnungen und Detailplänen, kart. ●●

Flugmodelle
bauen und einfliegen. (0361) Von W. Thies und W. Rolf, 160 S., 63 Abb., 7 Faltpläne, kart. ●

Kleine Welt auf Rädern
Das faszinierende Spiel mit **Modelleisenbahnen** (4175) Von F. Eisen, 256 S., 72 Farb- und 180 s/w-Fotos, 25 Zeichnungen, Pappband. ●●●

Modelleisenbahnen im Freien
Mit Volldampf durch den Garten. (4245) Von F. Eisen, 96 S., 115 Farb-, 4 s/w-Fotos, 5 Zeichnungen, Pappband. ●●●

Videokassette
Die Modelleisenbahn
Anlagenbau in Modultechnik.
Neue kreative Gestaltung.
Neue raffinierte Techniken.
(6028) VHS, (6029) Video 2000, (6030) Beta, von J. Grahn, 30 Min., in Farbe. ●●●●*

Raketen auf Rädern
Autos und Motorräder an der Schallgrenze (4220) Von H. G. Isenberg, 96 S., 112 Farbfotos, 21 s/w-Fotos, Pappband. ●●●

Die rasantesten Rallyes der Welt
(4213) Von H. G. Isenberg und D. Maxeiner, 96 S., 116 Farbfotos, Pappband. ●●●

Trucks
Giganten der Landstraßen in aller Welt. (4222) Von H. G. Isenberg, 96 S., 131 Farbfotos, Pappband. ●●●

Die Super-Trucks der Welt
(4257) Von H. G. Isenberg, 194 S., 205 Farbfotos, 87 s/w-Fotos, 7 Farbzeichnungen, 4 Ausklapptafeln, Pappband. ●●●●

Ferngelenkte Elektromodelle
bauen und fliegen. (0700) Von W. Thies, 144 S., 52 s/w-Fotos, 50 Zeichnungen, kart. ●

Schiffsmodelle
selber bauen. (0500) Von D. und R. Lochner, 200 S., 93 Zeichnungen, 2 Faltpläne, kart. ●

Dampflokomotiven
(4204) Von W. Jopp, 96 S., 134 Farbfotos, Pappband. ●●●

Ferngelenkte Segelflugmodelle
bauen und fliegen. (0446) Von W. Thies, 176 S., 22 s/w-Fotos, 115 Zeichnungen, kart. ●

Die schnellsten Motorräder der Welt
(4206) Von H. G. Isenberg und D. Maxeiner, 96 S., 100 Farbfotos, Pappband. ●●●

Motorrad-Hits
Chopper, Tribikes, Heiße Öfen. (4221) Von H. G. Isenberg, 96 S., 119 Farbfotos, Pappband. ●●●

Die Super-Motorräder der Welt
(4193) Von H. G. Isenberg, 192 S., 170 Farb- und 100 s/w-Fotos, 8 Zeichnungen, Pappband. ●●●●

Motorrad-Faszination
Heiße Öfen, von denen jeder träumt. (4223) Von H. G. Isenberg, 96 S., 103 Farb- und 20 s/w-Fotos, Pappband. ●●●

Münzen
Ein Brevier für Sammler. (0353) Von E. Dehnke, 128 S., 4 Farbtafeln, 17 s/w-Abb., kart. ●●

Astronomie als Hobby
Sternbilder und Planeten erkennen und benennen. (0572) Von D. Block, 176 S., 16 Farbtafeln, 49 s/w-Fotos, 93 Zeichnungen, kart. ●●

Astronomie im Bild
Unser Sternenhimmel rund ums Jahr
(0849) Von Dr. E. Übelacker, 88 S., 48 Farbfotos, 1 s/w-Foto, 68 Farbzeichnungen, kart. ●●

Gitarre spielen
Ein Grundkurs für den Selbstunterricht. (0534) Von A. Roßmann, 96 S., 1 Schallfolie, 150 Zeichnungen, kart. ●●●

Falken-Handbuch **Zaubern**
Über 400 verblüffende Tricks. (4063) Von F. Stutz, 368 S., 1200 Zeichnungen, Pappband. ●●●

Zaubertricks für jedermann
(0282) Von J. Merlin, 176 S., 113 Abb., kart. ●●

Die hier vorgestellten Bücher, Videokassetten und Software sind in folgende Preisgruppen unterteilt:

● Preisgruppe bis DM 10,–/S 79,–
●● Preisgruppe über DM 10,– bis DM 20,– S 80,– bis S 160,–
●●● Preisgruppe über DM 20,– bis DM 30,– S 161,– bis S 240,–
●●●● Preisgruppe über DM 30,– bis DM 50,– S 241,– bis S 400,–
●●●●● Preisgruppe über DM 50,–/S 401,–
*(unverbindliche Preisempfehlung)

FALKEN VERLAG

Zaubern
einfach – aber verblüffend. (2018) Von
D. Buoch, 84 S., 41 Zeichnungen, kart. ●

Magische Zaubereien
(0672) Von W. Widenmann, 64 S.,
31 Zeichnungen, kart. ●

Mit vollem Genuß
Pfeife rauchen
Alles über Tabaksorten, Pfeifen und
Zubehör. (4227) Von H. Behrens,
H. Frickert, 168 S., 127 Farbfotos,
18 Zeichnungen, Pappband. ●●●●

Mineralien, Steine und Fossilien
Grundkenntnisse für Hobby-Sammler.
(0437) Von D. Stobbe, 96 S., 16 Farbtafeln, 14 s/w-Fotos, 10 Zeichnungen,
kart. ●

Freizeit mit dem Mikroskop
(0291) Von M. Deckart, 132 S., 8 Farbtafeln, 64 s/w Abb., 2 Zeichnungen, kart.
●

Briefmarken
sammeln für Anfänger. (0481) Von
D. Stein, 120 S., 4 Farbtafeln,
98 s/w-Abb., kart. ●

Wir lernen tanzen
Standard- und lateinamerikanische
Tänze. (0200) Von E. Fern, 168 S.,
118 s/w-Fotos, 47 Zeichnungen, kart. ●

Tanzstunde
Das Welttanzprogramm · Party-Tanz-
stunde. (5018) Von G. Hädrich, 172 S.,
443 s/w-Fotos, 140 Zeichnungen,
Pappband. ●●

So tanzt man Rock'n'Roll
Grundschritte · Figuren · Akrobatik.
(0573) Von W. Steuer und G. Marz,
224 S., 303 Abb., kart. ●●

Tanzen überall
Discofox, Rock'n'Roll, Blues, Langsamer
Walzer, Cha-Cha-Cha zum Selberlernen.
(0760) Von H. M. Pritzer, 112 S.,
128 Farbfotos, kart. ●●

Videokassette **Tanzen überall**
Discofox, Rock'n'Roll, Blues. (6004/VHS,
6005/Video 2000, 6006/Beta) Von
H. M. Pritzer, G. Steinheimer, in Farbe,
ca. 45 Min. ●●●●●*

Schwarzwald-Romantik
Vom Zauber einer deutschen Landschaft.
(4232) Hrsg. A. Rolf, 184 S., 273 Farbfotos, Pappband. ●●●

Sport

Judo
Grundlagen des Stand- und Boden-
kampfes. (4013) Von W. Hofmann,
244 S., 589 Fotos, Pappband. ●●●

Neue Lehrmethoden der Judo-Praxis
(0424) Von P. Herrmann, 223 S.,
475 Abb., kart. ●●

Judo
Grundlagen – Methodik. (0305) Von
M. Ohgo, 208 S., 1025 Fotos, kart. ●●

Fußwürfe
für Judo, Karate und Selbstverteidigung.
(0439) Von H. Nishioka, 96 S., 260 Abb.,
kart. ●

Karate für alle
Karate-Selbstverteidigung in Bildern.
(0314) Von A. Pflüger, 112 S., 356 s/w-
Fotos, kart. ●

Karate für Frauen und Mädchen
Sport und Selbstverteidigung. (0425)
Von A. Pflüger, 168 S., 259 s/w-Fotos,
kart. ●

Nakayamas Karate perfekt 1
Einführung. (0487) Von M. Nakayama,
136 S., 605 s/w-Fotos, kart. ●●

Nakayamas Karate perfekt 2
Grundtechniken. (0512) Von
M. Nakayama, 136 S., 354 s/w-Fotos,
53 Zeichnungen, kart. ●●

Nakayamas Karate perfekt 3
Kumite 1: Kampfübungen. (0538) Von
M. Nakayama, 128 S., 424 s/w-Fotos,
kart. ●●

Nakayamas Karate perfekt 4
Kumite 2: Kampfübungen. (0547) Von
M. Nakayama, 128 S., 394 s/w-Fotos,
kart. ●●

Nakayamas Karate perfekt 5
Kata 1: Heian, Tekki. (0571) Von
M. Nakayama, 144 S., 1229 s/w-Fotos,
kart. ●●

Nakayamas Karate perfekt 6
Kata 2: Bassai-Dai, Kanku-Dai,
(0600) Von M. Nakayama, 144 S.,
1300 s/w-Fotos, 107 Zeichnungen, kart.
●●

Nakayamas Karate perfekt 7
Kata 3: Jitte, Hangetsu, Empi. (0618)
Von M. Nakayama, 144 S., 1988 s/w-Fo-
tos, 105 Zeichnungen, kart. ●●

Nakayamas Karate perfekt 8
Gankaku, Jion. (0650) Von
M. Nakayama, 144 S., 1174 s/w-Fotos,
99 Zeichnungen, kart. ●●

Kontakt-Karate
Ausrüstung · Technik · Training. (0396)
Von A. Pflüger, 112 S., 238 s/w-Fotos,
kart. ●●

Karate-Do
Das Handbuch des modernen Karate.
(4028) Von A. Pflüger, 360 S., 1159 Abb.,
Pappband. ●●●●

Bo-Karate
Kukishin-Ryu – die Techniken des Stock-
kampfes. ((0447) Von G. Stiebler, 176 S.,
424 s/w-Fotos, 38 Zeichnungen, kart.
●●

Karate I
Einführung · Grundtechniken. (0227)
Von A. Pflüger, 148 S., 195 s/w-Fotos,
120 Zeichnungen, kart. ●

Karate II
Kombinationstechniken · Katas. (0239)
Von A. Pflüger, 176 S., 452 s/w-Fotos
und Zeichnungen, kart. ●

Karate Kata 1
Heian 1-5, Tekki 1, Bassai Dai. (0683)
Von W.-D. Wichmann, 164 S., 703 s/w-
Fotos, kart. ●●

Karate Kata 2
Jion, Empi, Kanku-Dai, Hangetsu.
(0723) Von W.-D. Wichmann, 140 S.,
661 s/w Fotos, 4 Zeichnungen, kart. ●●

25 Shotokan-Katas
Auf einen Blick: Karate-Katas für Prüfun-
gen und Wettkämpfe
(0859) Von A. Pflüger, 88 S., 185 s/w-
Abbildungen, 26 ganzseitige Tafeln mit
über 1.600 Einzelschritten, kart. ●●

Ninja 1
Die Lehre der Schattenkämpfer. (0758)
Von S. K. Hayes, 144 S., 137 s/w-Fotos,
kart. ●●

Ninja 2
Die Wege zum Shoshin (0763) Von
S. K. Hayes, 160 S., 309 s/w-Fotos, kart.
●●

Ninja 3
Der Pfad des Togakure-Kämpfers.
(0764) Von S. K. Hayes, 144 S., 197 s/w-
Fotos, 2 Zeichnungen, kart. ●●

Ninja 4
Das Vermächtnis der Schattenkämpfer.
(0807) Von S. K. Hayes, 196 S., 466 s/w-
Fotos, kart. ●●

Der König des Kung-Fu
Bruce Lee
Sein Leben und Kampf. (0392) Von
seiner Frau Linda. 136 S., 104 s/w-Fotos,
kart. ●●

Bruce Lees Kampfstil 1
Grundtechniken. (0473) Von B. Lee und
M. Uyehara, 109 S., 220 Abb., kart. ●

Bruce Lees Kampfstil 2
Selbstverteidigungs-Techniken. (0486)
Von B. Lee und M. Uyehara, 128 S.,
310 Abb., kart. ●

Bruce Lees Kampfstil 3
Trainingslehre. (0503) Von B. Lee und
M. Uyehara, 112 S., 246 Abb., kart. ●

Bruce Lees Kampfstil 4
Kampftechniken. (0523) Von B. Lee und
M. Uyehara, 104 S., 211 Abb., kart. ●

Bruce Lees Jeet Kune Do
(0440) Von B. Lee, 192 S., mit 105 eigen-
händigen Zeichnungen von B. Lee, kart.
●●

Ju-Jutsu 1
Grundtechniken – Moderne Selbstverteidigung. (0276) Von W. Heim und
F. J. Gresch, 160 S., 460 s/w-Fotos,
8 Zeichnungen, kart. ●

Ju-Jutsu 2
für Fortgeschrittene und Meister. (0378)
Von W. Heim und F. J. Gresch, 164 S.,
798 s/w-Fotos, kart. ●

Ju-Jutsu 3
Spezial-, Gegen- und Weiterführungs-
Techniken. (0485) Von W. Heim und F. J.
Gresch, 214 S., über 600 s/w-Fotos,
kart. ●

Ju-Jutsu als Wettkampf
(0826) Von G. Kulot, 168 S., 418 s/w-
Fotos, 2 Zeichnungen, kart. ●●

Nunchaku
Waffe · Sport · Selbstverteidigung.
(0373) Von A. Pflüger, 144 S., 247 Abb.,
kart. ●●

Shuriken · Tonfa · Sai
Stockfechten und andere bewaffnete
Kampfsportarten aus Fernost. (0397)
Von A. Schulz, 96 S., 253 s/w-Fotos,
kart. ●●

Die hier vorgestellten Bücher, Videokassetten und Software sind in folgende Preisgruppen unterteilt:

● Preisgruppe bis DM 10,–/S 79,–
●● Preisgruppe über DM 10,– bis DM 20,–
S 80,– bis S 160,–

●●● Preisgruppe über DM 20,– bis DM 30,–
S 161,– bis S 240,–

●●●● Preisgruppe über DM 30,– bis DM 50,–
S 241,– bis S 400,–
●●●●● Preisgruppe über DM 50,–/S 401,–
*(unverbindliche Preisempfehlung)

Die Preise entsprechen dem Status beim Druck dieses

Illustriertes Handbuch des Taekwondo
Koreanische Kampfkunst und Selbstverteidigung. (4053) Von K. Gil, 248 S., 1026 Abb., Pappband. ●●●

Taekwon-Do
Koreanischer Kampfsport. (0347) Von K. Gil, 152 S., 408 Abb., kart. ●●

Aikido
Lehren und Techniken des harmonischen Weges. (0537) Von R. Brand, 280 S., 697 Abb., kart. ●●

Kung-Fu und Tai-Chi
Grundlagen und Bewegungsabläufe. (0367) Von B. Tegner, 182 S., 370 s/w-Fotos, kart. ●●

Kung-Fu
Theorie und Praxis klassischer und moderner Stile. (0376) Von M. Pabst, 160 S., 330 Abb., kart. ●●

Shaolin-Kempo – Kung-Fu
Chinesisches Karate im Drachenstil. (0395) Von R. Czerni und K. Konrad. 246 S., 723 Abb., kart. ●●

Hap Ki Do
Grundlagen und Techniken koreanischer Selbstverteidigung. (0379) Von Kim Sou Bong, 112 S., 153 Abb., kart. ●●

Dynamische Tritte
Grundlagen für den Zweikampf. (0438) Von C. Lee, 96 S., 398 s/w-Fotos, 10 Zeichnungen, kart. ●

Kickboxen
Fitneßtraining und Wettkampfsport. (0795) Von G. Lemmens, 96 S., 208 s/w-Fotos, 23 Zeichnungen, kart. ●

Selbstverteidigung
Abwehrtechniken für Sie und Ihn (0853) Von E. Deser, 96 S., 259 s/w-Fotos, kart. ●

Muskeltraining mit Hanteln
Leistungssteigerung für Sport und Fitness. (0676) Von H. Schulz, 108 S., 92 s/w-Fotos, 2 Zeichnungen, kart. ●

Leistungsfähiger durch Krafttraining
Eine Anleitung für Fitness-Sportler, Trainer und Fortgeschrittene (0617) Von W. Kieser, 100 S., 20 s/w-Fotos, 62 Zeichnungen, kart. ●

Die Faszination athletischer Körper
Bodybuilding
mit Weltmeister Ralf Möller (4281) Von R. Möller, 128 S., 169 Farbfotos, 14 s/w-Fotos, 1 Farbzeichnung, Pappband. ●●●●

Bodybuilding
Anleitung zum Muskel- und Konditionstraining für Sport und Fitness. (0604) Von R. Smolana. 160 S., 171 s/w-Fotos, kart. ●

Hanteltraining zu Hause
(0800) Von W. Kieser, 80 S., 71 s/w-Fotos, 4 Zeichnungen, kart. ●

Fit und gesund
Körpertraining und Bodybuilding zu Hause. (0782) Von H. Schulz, 80 S., 100 Farbfotos, 3 Zeichnungen, kart. ●●

Videokassette:
Fit und gesund
VHS (6013), Video 2000 (6014), Beta (6015), Laufzeit 30 Minuten, in Farbe. ●●●●*

Bodybuilding für Frauen
Wege zu Ihrer Idealfigur (0661) Von H. Schulz, 108 S., 84 s/w-Fotos, 4 Zeichnungen, kart. ●●

Isometrisches Training
Übungen für Muskelkraft und Entspannung. (0529) Von L. M. Kirsch, 140 S., 162 s/w-Fotos, kart. ●

Spaß am Laufen
Jogging für die Gesundheit. (0470) Von W. Sonntag, 140 S., 41 s/w-Fotos, 1 Zeichnung, kart. ●

Mein bester Freund, der Fußball
(5107) Von D. Brüggemann und D. Albrecht, 144 S., 171 Abb., kart. ●●

Fußball
Training und Wettkampf. (0448) Von H. Obermann und P. Walz, 166 S., 92 s/w-Fotos, 15 Zeichnungen, 29 Diagramme, kart. ●●

Handball
Technik · Taktik · Regeln. (0426) Von F. und P. Hattig, 128 S., 91 s/w-Fotos, 121 Zeichnungen, kart. ●●

Volleyball
Technik · Taktik · Regeln. (0351) Von H. Huhle, 104 S., 330 Abb., kart. ●

Basketball
Technik und Übungen für Schule und Verein. (0279) Von C. Kyriasoglou, 116 S., mit 252 Übungen zur Basketballtechnik, 186 s/w-Fotos und 164 Zeichnungen, kart. ●

Hockey
Technische und taktische Grundlagen. (0398) Von H. Wein, 152 S., 60 s/w-Fotos, 30 Zeichnungen, kart. ●●

Eishockey
Lauf- und Stocktechnik, Körperspiel, Taktik, Ausrüstung und Regeln. (0414) Von J. Čapla, 264 S., 548 s/w-Fotos, 163 Zeichnungen, kart. ●●

Badminton
Technik · Taktik · Training. (0699) Von K. Fuchs, L. Sologub, 168 S., 51 Abb., kart., ●●

Golf
Ausrüstung · Technik · Regeln. (0343) Von J. C. Jessop, übersetzt von A. Biemer, mit einem Vorwort von H. Krings, Präsident des Deutschen Golf-Verbandes, 160 S., 65 Abb., Anhang Golfregeln des DGV, kart. ●●

Pool-Billard
(0484) Herausgegeben vom Deutschen Pool-Billard-Bund, von M. Bach und K.-W. Kühn, 88 S., mit über 80 Abb., kart. ●

Sportschießen
für jedermann. (0502) Von A. Kovacic, 124 S., 116 s/w-Fotos, kart. ●●

Fechten
Florett · Degen · Säbel. (0449) Von E. Beck, 88 S., 219 Fotos und Zeichnungen, kart. ●●

Fibel für Kegelfreunde
Sport- und Freizeitkegeln · Bowling. (0191) Von G. Bocsai, 72 S., 62 Abb., kart. ●

Beliebte und neue Kegelspiele
(0271) Von G. Bocsai, 92 S., 62 Abb., kart. ●

111 spannende Kegelspiele
(2031) Von H. Regulski, 88 S., 53 Zeichnungen, kart. ●

Ski-Gymnastik
Fit für Piste und Loipe. (0450) Von H. Pilss-Samek, 104 S., 67 s/w-Fotos, 20 Zeichnungen, kart. ●

Die neue Skischule
Ausrüstung · Technik · Trickskilauf · Gymnastik. (0369) Von C. und R. Kerler, 128 S., 100 Abb., kart. ●

Skilanglauf, Skiwandern
Ausrüstung · Techniken · Skigymnastik. (5129) Von T. Reiter und R. Kerler, 80 S., 8 Farbtafeln, 85 Zeichnungen und s/w-Fotos, kart. ●●

Alpiner Skisport
Ausrüstung · Techniken · Skigymnastik (5130) Von K. Meßmann, 128 S., 8 Farbtafeln, 93 s/w-Fotos, 45 Zeichnungen, kart. ●●

Die neue Tennis-Praxis
Der individuelle Weg zu erfolgreichem Spiel. (4097) Von R. Schönborn, 240 S., 202 Farbzeichnungen, 31 s/w-Abb., Pappband. ●●●●

Erfolgreiche Tennis-Taktik
(4086) Von R. Ford Greene, übersetzt von M. R. Fischer, 182 S., 87 Abb., kart. ●●

Moderne Tennistechnik
(4187) Von G. Lam, 192 S., 339 s/w-Fotos, 91 Zeichnungen, kart. ●●●

Tennis kompakt
Der erfolgreiche Weg zu Spiel, Satz und Sieg. (5116) Von W. Taferner, 128 S., 82 s/w-Fotos, 67 Zeichnungen, kart. ●●

Tennis
Technik · Taktik · Regeln. (0375) Von H. Elschenbroich, 112 S., 81 Abb., kart. ●

Tischtennis-Technik
Der individuelle Weg zu erfolgreichem Spiel. (0775) Von M. Perger, 144 S., 296 Abb., kart. ●●

Squash
Ausrüstung · Technik · Regeln. (0539) Von D. von Horn und H.-D. Stünitz, 96 S., 55 s/w-Fotos, 25 Zeichnungen, kart. ●

Sporttauchen
Theorie und Praxis des Gerätetauchens. (0647) Von S. Müßig, 144 S., 8 Farbtafeln, 35 s/w-Fotos, 89 Zeichnungen, kart., ●●

Windsurfing
Lehrbuch für Grundschein und Praxis. (5028) Von C. Schmidt, 64 S., 60 Farbfotos, Pappband. ●●

Segeln
Der neue Grundschein – Vorstufe zum A-Schein – Mit Prüfungsfragen. (5147) Von C. Schmidt, 80 S., 8 Farbtafeln, 18 Farbfotos, 82 Zeichnungen, kart., ●●

Sportfischen
Fische – Geräte – Technik. (0324) Von H. Oppel, 144 S., 49 s/w-Fotos, 8 Farbtafeln, kart. ●

Falken-Handbuch
Angeln
in Binnengewässern und im Meer. (4090) Von H. Oppel, 344 S., 24 Farbtafeln, 66 s/w-Fotos, 151 Zeichnungen, gebunden. ●●●●

Die hier vorgestellten Bücher, Videokassetten und Software sind in folgende Preisgruppen unterteilt:

● Preisgruppe bis DM 10,–/S 79,–
●● Preisgruppe über DM 10,– bis DM 20,– S 80,– bis S 160,–

●●● Preisgruppe über DM 20,– bis DM 30,– S 161,– bis S 240,–

●●●● Preisgruppe über DM 30,– bis DM 50,– S 241,– bis S 400,–
●●●●● Preisgruppe über DM 50,–/S 401,–
*(unverbindliche Preisempfehlung)

Angeln
Kleine Fibel für den Sportfischer. (0198)
Von E. Bondick, 96 S., 116 Abb., kart. ●

Einführung in das Schachspiel
(0104) Von W. Wollenschläger und
K. Colditz, 92 S., 116 Diagramme, kart. ●

Schach mit dem Computer
(0747) Von D. Frickenschmidt, 140 S.,
112 Diagramme, 29 s/w-Fotos, 5 Zeichnungen, kart. ●

Spielend Schach lernen
(2002) Von T. Schuster, 128 S., kart. ●

Kinder- und Jugendschach
Offizielles Lehrbuch des Deutschen
Schachbundes zur Erringung der Bauern-,
Turm- und Königsdiplome. (0561) Von
B. J. Withuis und H. Pfleger, 144 S.,
220 Zeichnungen u. Diagramme, kart.
●●

Neue Schacheröffnungen
(0478) Von T. Schuster, 108 S.,
100 Diagramme, kart. ●

Schach für Fortgeschrittene
Taktik und Probleme des Schachspiels.
(0219) Von R. Teschner, 96 S., 85 Diagramme, kart. ●

Taktische Schachendspiele
(0752) Von J. Nunn, 200 S., 151 Diagramme, kart. ●●

Schach-WM '85 Karpow – Kasparow.
Mit ausführlichen Kommentaren zu allen
Partien. (0785) Von H. Pfleger, O. Borik,
M. Kipp-Thomas, 128 S., zahlreiche Abb.
und Diagramme, kart. ●●

Die Schach-Revanche
Kasparow/Karpow 1986. (0831) Von
O. Borik, H. Pfleger, M. Kipp-Thomas,
144 S., 19 s/w-Fotos, 72 Diagramme,
kart. ●●

Schachstrategie
Ein Intensivkurs mit Übungen und ausführlichen Lösungen. (0584) Von
A. Koblenz, dt. Bearb. von K. Colditz,
212 S., 240 Diagramme, kart. ●●

Falken-Handbuch Schach
(4051) Von T. Schuster, 360 S., über
340 Diagramme, gebunden. ●●●●

**Die besten Partien deutscher
Schachgroßmeister**
(4121) Von H. Pfleger, 192 S.,
29 s/w-Fotos, 89 Diagramme,
Pappband. ●●●

Turnier der Schachgroßmeister '83
Karpow · Hort · Browne · Miles ·
Chandler · Garcia · Rogers · Kindermann.
(0718) Von H. Pfleger, E. Kurz, 176 S.,
29 s/w-Fotos, 71 Diagramme, kart. ●●

**Lehr-, Übungs- und Testbuch der
Schachkombinationen**
(0649) Von K. Colditz, 184 S., 227 Diagramme, kart. ●●
Offizielles Lehrbuch des Deutschen
Schachbundes

Das systematische Schachtraining
Trainingsmethoden, Strategien und
Kombinationen. (0857) Von Sergiu
Samarian, 152 S., 159 Diagramme,
1 Zeichnung, kart. ●●

**Zug um Zug
Schach für jedermann 1**
Offizielles Lehrbuch des Deutschen
Schachbundes zur Erringung der Bauerndiploms. (0648) Von H. Pfleger und
E. Kurz, 80 S., 24 s/w-Fotos,
8 Zeichnungen, 60 Diagramme, kart. ●

**Zug um Zug
Schach für jedermann 2**
Offizielles Lehrbuch des Deutschen
Schachbundes zur Erringung der Turmdiploms. (0659) Von H. Pfleger und
E. Kurz, 132 S., 8 s/w-Fotos,
14 Zeichnungen, 78 Diagramme, kart. ●

**Zug um Zug
Schach für jedermann 3**
Offizielles Lehrbuch des Deutschen
Schachbundes zur Erringung der Königsdiploms. (0728) Von H. Pfleger, G. Treppner, 128 S., 4 s/w-Fotos, 84 Diagramme,
10 Zeichnungen, kart. ●

Schachtraining mit den Großmeistern
(0670) Von H. Bouwmeester, 128 S.,
90 Diagramme, kart. ●

Schach als Kampf
Meine Spiele und mein Weg. (0729) Von
G. Kasparow, 144 S., 95 Diagramme,
9 s/w-Fotos, kart. ●●

Helmut Pflegers
Schachkabinett
Amüsante Aufgabe – überraschende
Lösungen. (0877) Von H. Pfleger, 160 S.,
118 Diagramme, kart. ●●

Spiele, Denksport, Unterhaltung

Kartenspiele
(2001) Von C. D. Grupp, 144 S., kart. ●

**Neues Buch der
siebzehn und vier Kartenspiele**
(0095) Von K. Lichtwitz, 96 S., kart. ●

Alles über Pokern
Regeln und Tricks. (2024) Von C. D.
Grupp, 120 S., 29 Kartenbilder, kart. ●

Rommé und Canasta
in allen Variationen. (2025) Von C. D.
Grupp, 124 S., 24 Zeichnungen, kart., ●

**Schafkopf, Doppelkopf, Binokel,
Cego, Gaigel, Jaß, Tarock und andere
„Lokalspiele".**
(2015) Von C. D. Grupp, 152 S., kart. ●●'

Spielend Skat lernen
unter freundlicher Mitarbeit des Deutschen
Skatverbandes. (2005) Von Th. Krüger,
156 S., 181 s/w-Fotos, 22 Zeichnungen,
kart. ●

Das Skatspiel
Eine Fibel für Anfänger. (0206) Von
K. Lehnhoff, überarb. von P. A. Höfges,
96 S., kart. ●

Black Jack
Regeln und Strategien des Kasinospiels.
(2032) Von K. Kelbratowski, 88 S., kart. ●

Falken-Handbuch Patiencen
Die 111 interessantesten Auslagen. (4151)
Von U. v. Lyncker, 216 S., 108 Abbildungen, Pappband. ●●●

Patiencen
in Wort und Bild. (2003) Von I. Wolter,
136 S., kart. ●

Falken-Handbuch Bridge
Von den Grundregeln zum Turnierspiel.
(4092) Von W. Voigt und K. Ritz, 276 S.,
792 Zeichnungen, gebunden. ●●●●

Spielend Bridge lernen
(2012) Von J. Weiss, 108 S., 58 Zeichnungen, kart. ●

Spieltechnik im Bridge
(2004) Von V. Mollo und N. Gardener,
deutsche Adaption von D. Schröder,
216 S., kart. ●●

Besser Bridge spielen
Reiztechnik, Spielverlauf und Gegenspiel.
(2026) Von J. Weiss, 144 S., 60 Diagramme, kart. ●●

Herausforderung im Bridge
200 Aufgaben mit Lösungen. (2033) Von
V. Mollo, 152 S., kart. ●●

Kartentricks
(2010) Von T. A. Rosee, 80 S., 13 Zeichnungen, kart. ●

Mah-Jongg
Das chinesische Glücks-, Kombinationsund Gesellschaftsspiel. (2030) Von
U. Eschenbach, 80 S., 30 s/w-Fotos,
5 Zeichnungen, kart. ●

Neue Kartentricks
(2027) Von K. Pankow, 104 S., 20 Abb.,
kart. ●

Backgammon
für Anfänger und Könner. (2008) Von
G. W. Fink und G. Fuchs, 116 S., 41 Abb.,
kart. ●

Würfelspiele
für jung und alt. (2007) Von F. Pruss,
112 S., 21 s/w-Zeichnungen, kart. ●

Gesellschaftsspiele
für drinnen und draußen. (2006) Von
H. Görz, 128 S., kart. ●

Spiele für Party und Familie
(2014) Von Rudi Carrell, 160 S., 50 Abb.,
kart. ●

Das japanische Brettspiel Go
(2020) Von W. Dörholt, 104 S., 182 Diagramme, kart. ●

Roulette richtig gespielt
Systemspiele, die Vermögen brachten.
(0121) Von M. Jung, 96 S., zahlreiche
Tabellen, kart. ●

Spielend Roulette lernen
(2034) Von E. P. Caspar, 152 S.,
1 s/w-Foto, 45 Zeichnungen, kart. ●●

Denksport und Schnickschnack
für Tüftler und fixe Köpfe. (0362) Von
J. Barto, 100 S., 45 Abb., kart. ●

Rätselspiele, Quiz- und Scherzfragen
für gesellige Stunden. (0577) Von K.-H.
Schneider, 168 S., über 100 Zeichnungen,
Pappband. ●●

Knobeleien und Denksport
(2019) Von K. Rechberger, 142 S.,
105 Zeichnungen, kart. ●

Das Geheimnis der magischen Ringe
Alles über das Puzzle vom Würfel-Erfinder.
Die schönsten Figuren.
(0878) Von Dr. Ch. Bandelow, 96 S.,
198 Zeichnungen, 8 Cartoons, kart. ●

FALKEN VERLAG

Die Preise entsprechen dem Status beim Druck dieses

Quiz
Mehr als 1500 ernste und heitere Fragen aus allen Gebieten. (0129) Von R. Sautter und W. Pröve, 92 S., 9 Zeichnungen, kart. ●

500 Rätsel selberraten
(0681) Von E. Krüger, 272 S., kart. ●

365 Schwedenrätsel
(4173) Von Günther Borutta, 336 S.,kart. ●●

501 Rätsel selberraten
(0711) Von E. Krüger, 272 S., kart. ●

Riesen-Kreuzwort-Rätsel-Lexikon
über 250.000 Begriffe. (4197) Von H. Schiefelbein, 1024 S., Pappband. ●●●

Das Super-Kreuzwort-Rätsel-Lexikon
Über 150.000 Begriffe. (4279) Von H. Schiefelbein, 688 S., Pappband. ●●

Das große farbige Kinderlexikon
(4195) Von U. Kopp, 320 S., 493 Farbabb., 17 s/w-Fotos, Pappband. ●●●

Das große farbige Bastelbuch für Kinder
(4254) Von U. Barff, I. Burkhardt, J. Maier, 248 S., 157 Farbfotos, 430 Farb- und 69 s/w-Zeichnungen, Pappband. ●●●

Punkt, Punkt, Komma, Strich
Zeichenstunden für Kinder. (0564) Von H. Witzig, 144 S., über 250 Zeichnungen, kart. ●

Einmal grad und einmal krumm
Zeichenstunden für Kinder. (0599) Von H. Witzig, 144 S., 363 Abb., kart. ●

Kinderspiele
die Spaß machen. (2009) Von H. Müller-Stein, 112 S., 28 Abb., kart. ●

Spiele für Kleinkinder
(2011) Von D. Kellermann, 80 S., 23 Abb., kart. ●

Spiel und Spaß am Krankenbett
für Kinder und die ganze Familie. (2035) Von H. Bücken, 104 S., 97 Zeichnungen, kart. ●

Kasperletheater
Spieltexte und Spielanleitungen · Basteltips für Theater und Puppen. (0641) Von U. Lietz, 136 S., 4 Farbtafeln, 12 s/w-Fotos, 39 Zeichnungen, kart. ●

Tri-tra-trullala
Neue Texte mit Spielanleitungen fürs Kasperletheater. (0681) Von U. Lietz, 96 S., 18 s/w-Zeichnungen, kart. ●

Kindergeburtstag
Vorbereitung, Spiel und Spaß. (0287) Von Dr. I. Obrig, 104 S., 40 Abb., 11 Zeichnungen, 9 Lieder mit Noten, kart. ●

Kindergeburtstage die keiner vergißt
Planung, Gestaltung, Spielvorschläge. (0698) Von G. und U. Zimmermann, 102 S., 80 Vignetten, kart. ●

Kinderfeste
daheim und in Gruppen. (4033) Von G. Blechner, 240 S., 320 Abb., kart. ●●

Scherzfragen, Drudel und Blödeleien
gesammelt von Kindern. (0506) Hrsg. von W. Pröve, 112 S., 57 Zeichnungen, kart. ●

Komm mit ins Land der Lieder
Das große Buch der Kinder-, Volks- und Chorlieder. (4261) Hrsg. von H. Rauhe, 176 S., 146 Farbzeichnungen, Pappband. ●●●

Die schönsten Wander- und Fahrtenlieder
(0462) Hrsg. von F. R. Miller, empfohlen vom Deutschen Sängerbund, 80 S., mit Noten und Zeichnungen, kart. ●

Die schönsten Volkslieder
(0432) Hrsg. von D. Walther, 128 S., mit Noten und Zeichnungen, kart. ●

Neue Spiele für Ihre Party
(2022) Von G. Blechner, 120 S., 54 Zeichnungen, kart. ●

Lustige Tanzspiele und Scherztänze
für Parties und Feste. (0165) Von E. Bäulke, 80 S., 53 Abb., kart. ●

Straßenfeste, Flohmärkte und Basare
Praktische Tips für Organisation und Durchführung. (0592) Von H. Schuster, 96 S., 52 Fotos, 17 Zeichnungen, kart. ●●

Humor

Heitere Vorträge und witzige Reden
Lachen, Witz und gute Laune. (0149) Von E. Müller, 104 S., 44 Abb., kart. ●

Tolle Sketche
mit zündenden Pointen – zum Nachspielen. (0656) Von E. Cohrs, 112 S., kart. ●

Vergnügliche Sketche
(0476) Von H. Pillau, 96 S., mit 7 Zeichnungen, kart. ●

Heitere Vorträge
(0528) Von E. Müller, 128 S., 14 Zeichnungen, kart. ●

Die große Lachparade
Neue Texte für heitere Vorträge und Ansagen. (0188) Von E. Müller, 80 S., kart. ●

So feiert man Feste fröhlicher
Heitere Vorträge und Gedichte. (0098) Von Dr. Allos, 96 S., 15 Abb., kart. ●

Lustige Vorträge für fröhliche Feiern
(0284) Von K. Lehnhoff, 96 S., kart. ●

Vergnügliches Vortragsbuch
(0091) Von J. Plaut, 192 S., kart. ●

Locker vom Hocker
Witzige Sketche zum Nachspielen. (4262) Von W. Giller, 144 S., 41 Zeichnungen, Pappband. ●

Fidele Sketche und heitere Vorträge
Humor zum Nachspielen. (0157) Von H. Ehnle. 96 S., kart. ●

Sketche und spielbare Witze
für bunte Abende und andere Feste. (0445) Von H. Friedrich, 120 S., 7 Zeichnungen, kart. ●

Sketche
Kurzspiele zu amüsanter Unterhaltung. (0247) Von M. Gering, 132 S., 16 Abb., kart., ●

Witzige Sketche zum Nachspielen
(0511) Von D. Hallervorden, 160 S., kart. ●●

Gereimte Vorträge
für Bühne und Bütt. (0567) Von G. Wagner, 96 S., kart. ●

Damen in der Bütt
Scherze, Büttenreden, Sketche. (0354) Von T. Müller, 136 S., kart. ●

Narren in der Bütt
Leckerbissen aus dem rheinischen Karneval. (0216) Zusammengestellt von T. Lücker, 112 S., kart. ●

Rings um den Karneval
Karnevalsscherze und Büttenreden. (0130) Von Dr. Allos, 136 S., kart. ●

Helau und Alaaf 1
Närrisches aus der Bütt. (0304) Von E. Müller, 112 S., kart. ●

Helau und Alaaf 2
Neue Büttenreden. (0477) Von E. Luft, 104 S., kart. ●

Helau und Alaaf 3
Neue Reden für die Bütt. (0832) Von H. Fauser, 144 S., 13 Zeichnungen, kart. ●

Humor und Stimmung
Ein heiteres Vortragsbuch. (0460) Von G. Wagner, 112 S., kart. ●

Humor und gute Laune
Ein heiteres Vortragsbuch. (0635) Von G. Wagner, 112 S., 5 Zeichnungen, kart. ●

Das große Buch der Witze
(0384) Von E. Holz, 320 S., 36 Zeichnungen, Pappband. ●●

Da lacht das Publikum
Neue lustige Vorträge für viele Gelegenheiten. (0716) Von H. Schmalenbach, 104 S., kart. ●

Witzig, witzig
(0507) Von E. Müller, 128 S., 16 Zeichnungen, kart. ●

Die besten Witze und Cartoons des Jahres 1
(0454) Hrsg. von K. Hartmann, 288 S., 125 Zeichnungen, geb. ●●

Die besten Witze und Cartoons des Jahres 2
(0488) Hrsg. von K. Hartmann, 288 S., 148 Zeichnungen, geb. ●●

Die besten Witze und Cartoons des Jahres 4
(0579) Hrsg. von K. Hartmann, 288 S., 140 Zeichnungen, Pappband. ●●

Die besten Witze und Cartoons des Jahres 5
(0642) Hrsg. von K. Hartmann, 288 S., 88 Zeichnungen, Pappband. ●●

Das Superbuch der Witze
(4146) Von B. Bornheim, 504 S., 54 Cartoons, Pappband. ●●

Witze

Witze
Lachen am laufenden Band (4241) Von
J. Burkert, D. Kroppach, 400 S.,
41 Zeichnungen, Pappband. ●●

Die besten Beamtenwitze
(0574) Hrsg. von W. Pröve, 112 S., 59
Cartoons, kart. ●

Die besten Kalauer
(0705) Von K. Frank, 112 S., 12 Zeichnungen, kart., ●

Robert Lembkes Witzauslese
(0325) Von Robert Lembke, 160 S.,
10 Zeichnungen von E. Köhler, Pappband.
●●

Fred Metzlers Witze mit Pfiff
(0368) Von F. Metzler, 120 S., kart. ●

O frivol ist mir am Abend
Pikante Witze von Fred Metzler. (0388)
Von F. Metzler, 128 S., mit Karikaturen,
kart. ●

Herrenwitze
(0589) Von G. Wilhelm, 112 S., 31 Zeichnungen, kart. ●

Witze am laufenden Band
(0461) Von F. Asmussen, 118 S., kart. ●

Horror zum Totlachen
Gruselwitze
(0536) Von F. Lautenschläger, 96 S.,
44 Zeichnungen, kart. ●

Die besten Ostfriesenwitze
(0495) Hrsg. von O. Freese, 112 S.,
17 Zeichnungen, kart. ●

**Die Kleidermotte ernährt sich von
nichts, sie frißt nur Löcher**
Stilblüten, Sprüche und Widersprüche aus
Schule, Zeitung, Rundfunk und Fernsehen.
(0738) Von P. Haas, D. Kroppach, 112 S.,
zahlr. Abb., kart. ●

Olympische Witze
Sportlerwitze in Wort und Bild.
(0505) Von W. Willnat, 112 S., 126 Zeichnungen, kart. ●

**Ich lach mich kaputt! Die besten
Kinderwitze**
(0545) Von E. Hannemann, 128 S.,
15 Zeichnungen, kart. ●

Lach mit!
Witze für Kinder, gesammelt von Kindern.
(0468) Hrsg. von W. Pröve, 128 S.,
17 Zeichnungen, kart. ●

Die besten Kinderwitze
(0757) Von K. Rank, 120 S., 28 Zeichnungen, kart. ●

**Lustige Sketche für Jungen und
Mädchen**
Kurze Theaterstücke für Jungen und
Mädchen. (0669) Von U. Lietz und U.
Lange, 104 S., kart. ●

Spielbare Witze für Kinder
(0824) Von H. Schmalenbach, 128 S.,
30 Zeichnungen, kart. ●

Natur

Falken-Handbuch
Umweltschutz
Das Öko-Testbuch zur Eigeninitiative.
(4160) Von M. Häfner, 352 S., 411 Farbf.,
152 Farbzeichnungen, Pappband. ●●●●

Pilze

Pilze
erkennen und benennen. (0380) Von
J. Raithelhuber, 136 S., 110 Farbfotos,
kart. ●●

Falken-Handbuch Pilze
Mit über 250 Farbfotos und Rezepten.
(4061) Von M. Knoop, 276 S., 250 Farbfotos, Pappband. ●●●●

Das Gartenjahr
Arbeitsplan für den Hobbygärtner.
(4075) Von G. Bambach, 152 S., 16 Farbtafeln, 141 Abb., kart. ●●

Gartenteiche und Wasserspiele
planen, anlegen und pflegen. (4083) Von
H. R. Sikora, 160 S., 31 Farb- und 31 s/w-
Fotos, 73 Zeichnungen, Pappband. ●●●

Wasser im Garten
Von der Vogeltränke zum Naturteich –
Natürliche Lebensräume selbst gestalten.
(4230) Von H. Hendel, 240 S., 247 Farbfotos, 68 Farbzeichungen, Pappband.
●●●●●

Mein kleiner Gartenteich
planen – anlegen – pflegen
(0851) Von I. Polaschek, 144 S., 85 Farbfotos, 10 Farbzeichnungen, kart. ●●

Gärtnern
(5004) Von I. Manz, 64 S., 38 Farbfotos,
Pappband. ●●

Gärtner Gustavs Gartenkalender
Arbeitspläne · Pflanzenporträts · Garten-
lexikon. (4155) Von G. Schoser, 120 S.,
146 Farbfotos, 13 Tabellen, 203 farbige
Zeichnungen, Pappband. ●●●

Ziersträucher und -bäume im Garten
(5071) Von I. Manz, 64 S., 91 Farbfotos,
Pappband. ●●

Das Blumenjahr
Arbeitsplan für drinnen und draußen.
(4142) Von G. Vocke, 136 S., 15 Farbtafeln, kart. ●●

**Der richtige Schnitt von Obst- und
Ziergehölzen, Rosen und Hecken**
(0619) Von E. Zettl, 88 S., 8 Farbtafeln,
39 Zeichnungen, 21 s/w-Fotos, kart. ●

Blumenpracht im Garten
(5014) Von I. Manz, 64 S., 93 Farbfotos,
Pappband. ●●

Blütenpracht in Haus und Garten
(4145) Von M. Haberer, u. a., 352 S.,
1012 Farbfotos, Pappband. ●●●●

Sag's mit Blumen
Pflege und Arrangieren von Schnittblumen.
(5103) Von P. Möhring, 64 S., 68 Farbfotos,
2 s/w-Abb., Pappband. ●●

Grabgestaltung
Bepflanzung und Pflege zu jeder Jahreszeit. (5120) Von N. Uhl, 64 S., 77 Farbfotos, 2 Zeichnungen, Pappband. ●●

Wintergärten
Das Erlebnis, mit der Natur zu wohnen.
Planen, Bauen und Gestalten. (4256) Von
LOG, ID, 136 S., 130 Farbfotos,
107 Zeichnungen, Pappband. ●●●●

Häuser in lebendigem Grün
Fassaden und Dächer mit Pflanzen
gestalten. (0846) Von U. Mehl, K. Werk,
88 S., 116 Farbfotos, 4 Farb- und 17 s/w-
Zeichnungen, kart. ●●

Leben im Naturgarten
Der Biogärtner und seine gesunde
Umwelt. (4124) Von N. Jorek, 128 S.,
68 s/w-Fotos, kart. ●●

So wird mein Garten zum Biogarten
Alles über die Umstellung auf naturgemäßen Anbau. (0706) Von I. Gabriel,
128 S., 73 Farbfotos, 54 Farbzeichnungen, kart. ●●

Gesunde Pflanzen im Biogarten
Biologische Maßnahmen bei Schädlings-
befall und Pflanzenkrankheiten. (0707)
Von I. Gabriel, 128 S., 126 Farbfotos,
12 Farbzeichnungen, kart. ●●

**Kosmische Einflüsse auf unsere
Gartenpflanzen**
Sterne beeinflussen Wachstum und
Gesundheit der Pflanzen.
(0708) Von I. Gabriel, 112 S., 57 Farb-
fotos, 43 Farbzeichnungen, kart. ●●

Der Biogarten unter Glas und Folie
Ganzjährig erfolgreich ernten. (0722)
Von I. Gabriel, 128 S., 62 Farbfotos,
45 Farbzeichnungen, kart. ●●

Obst und Beeren im Biogarten
Gesunde und schmackhafte Früchte durch
natürlichen Anbau. (0780) Von I. Gabriel,
128 S., 38 Farbfotos, 71 Farbzeichnungen,
kart. ●●

Neuanlage eines Biogartens
Planung, Bodenvorbeitung, Gestaltung.
(0721) Von I. Gabriel, 128 S., 73 Farbfotos, 39 Zeichnungen, kart. ●●

Der biologische Zier- und Wohngarten
Planen, Vorbereiten, Bepflanzen und
Pflegen. (0748) Von I. Gabriel, 128 S.,
72 Farbfotos, 46 Farbzeichnungen, kart.
●●

Gemüse im Biogarten
Gesunde Ernte durch naturgemäßen Anbau
(0830) Von I. Gabriel, 128 S., 26 Farbfotos, 86 Farbzeichnungen, kart. ●●

Erfolgreich gärtnern
durch naturgemäßen Anbau
(4252) Von I. Gabriel, 416 S., 176 Farbfotos, 212 Farbzeichnungen, Pappband.
●●

Das Bio-Gartenjahr
Arbeitsplan für naturgemäßes Gärtnern.
(4169) Von N. Jorek, 128 S., 8 Farbtafeln, 70 s/w-Abb. kart. ●●

**Selbstversorgung aus dem eigenen
Anbau**
Reichen Erntesegen verwerten und halt-
bar machen. (4182) Von M. Bustorf-
Hirsch, M. Hirsch, 216 S., 270 Zeichnun-
gen, Pappband. ●●●

Mischkultur im Nutzgarten
Mit Jahreskalender und Anbauplänen.
(0651) Von H. Oppel, 112 S., 8 Farbtafeln, 23 s/w-Fotos, 29 Zeichnungen,
kart. ●

**Erfolgreich gärtnern mit
Frühbeet und Folien**
(0828) Von Dr. Gustav Schoser, 88 S.,
8 Farbtafeln, 46 s/w-Fotos, kart. ●

Erfolgstips für den Gemüsegarten
Mit naturgemäßem Anbau zu höherem
Ertrag. (0674) Von F. Mühl, 80 S.,
30 s/w-Fotos, 4 Zeichnungen, kart. ●

Die Preise entsprechen dem Status beim Druck dieses

Erfolgstips für den Obstgarten
Gesunde Früchte durch richtige Sorten-wahl und Pflege. (0827) Von F. Mühl, 184 S., 16 Farbtafeln, 33 Zeichnungen, kart. ●●

Gemüse, Kräuter, Obst aus dem Balkongarten
– Erfolgreich ernten auf kleinstem Raum. (0694) Von S. Stein, 32 S., 34 Farbfotos, 6 Zeichnungen, Spiralbindung, kart. ●

Keime, Sprossen, Küchenkräuter
am Fenster ziehen – rund ums Jahr. (0658) Von F. und H. Jantzen, 32 S., 55 Farbfotos, Pappband. ●

Balkons in Blütenpracht
zu allen Jahreszeiten. (5047) Von N. Uhl, 64 S., 80 Farbfotos, Pappband. ●●

Kübelpflanzen
für Balkon, Terrasse und Dachgarten. (5132) Von M. Haberer, 64 S., 70 Farb-fotos, Pappband. ●●

Kletterpflanzen
Rankende Begrünung für Fassade, Balkon und Garten. (5140) Von M. Haberer, 64 S., 70 Farbabb., 2 Zeichnungen, Pappband. ●●

Mein Kräutergarten rund ums Jahr
Täglich schnittfrisch und gesund würzen. (4192) Von Prof. Dr. G. Lysek, 136 S., 15 Farbtafeln, 91 Zeichnungen, kart. ●●

Blühende Zimmerpflanzen
94 Arten mit Pflegeanleitungen. (5010) Von R. Blaich, 64 S., 107 Farbfotos, Pappband. ●●

Prof. Stelzers grüne Sprechstunde Gesunde Zimmerpflanzen
Krankheiten erkennen und behandeln · Mit neuem Diagnosesystem. (4274) Von Prof. Dr. G. Stelzer, 192 S., 410 Farb-fotos, 10 s/w-Zeichnungen, Pappband. ●●●

Videokassette Pflanzenjournal
Blumen- und Pflanzenpflege im Jahres-lauf. (6036/VHS) ca. 30 Min., in Farbe, ●●●●*

Blütenpracht in Grolit 2000
Der neue, mühelose Weg zu farbenpräch-tigen Zimmerpflanzen. (5127) Von G. Vocke, 64 S., 50 Farbfotos, Pappband. ●●

Ziergräser
Über 100 Arten erfolgreich kultivieren. (0829) Von H. Jantra, 104 S., 73 Farbfo-tos, 6 Farbzeichnungen, kart. ●●

Bonsai
Japanische Miniaturbäume und Miniatur-landschaften. Anzucht, Gestaltung und Pflege. (4091) Von B. Lesniewicz, 160 S., 106 Farbfotos, 46 s/w-Fotos, 115 Zeich-nungen, gebunden. ●●●●●

Zimmerbäume, Palmen und andere Blattpflanzen
Standort, Pflege, Vermehrung, Schädlinge. (5111) Von G. Schoser, 96 S., 98 Farb-fotos, 7 Zeichnungen, Pappband. ●●

Biologisch zimmergärtnern
Zier- und Nutzpflanzen natürlich pflegen. (4144) Von N. Jorek, 152 S., 15 Farb-tafeln, 120 s/w-Fotos, Pappband. ●●

Hydrokultur
Pflanzen ohne Erde – mühelos gepflegt. (4080) Von H.-A. Rotter, 120 S., 82 Abb., Pappband. ●●

Zimmerpflanzen in Hydrokultur
Leitfaden für problemlose Blumenpflege. (0660) Von H.-A. Rotter, 32 S., 76 Farb-fotos, 8 farbige Zeichnungen, Pappband, ●

Sukkulenten
Mittagsblumen, Lebende Steine, Wolfs-milchgewächse u. a. (5070) Von W. Hoff-mann, 64 S., 82 Farbfotos, Pappband. ●●

Kakteen und andere Sukkulenten
300 Arten mit über 500 Farbfotos. (4116) Von G. Andersohn, 316 S., 520 Farbfotos, 193 Zeichnungen, Pappband. ●●●●

Fibel für Kakteenfreunde
(0199) Von H. Herold, 102 S., 23 Farb-fotos, 37 s/w-Abb., kart. ●

Kakteen
Herkunft, Anzucht, Pflege, Arten. (5021) Von W. Hoffmann, 64 S., 70 Farbfotos, Pappband. ●●

Faszinierende Formen und Farben Kakteen
(4211) Von K. und F. Schild, 96 S., 127 Farbfotos, Pappband. ●●●

Falken-Handbuch Orchideen
Lebensraum, Kultur, Anzucht und Pflege. (4231) Von G. Schoser, 144 S., 121 Farb-fotos, 28 Farbzeichnungen, Pappband. ●●●

Falken-Handbuch Katzen
(4158) Von B. Gerber, 176 S., 294 Farb-und 88 s/w-Fotos, Pappband. ●●●●

DIE TIERSPRECHSTUNDE Junge Katzen
(0862) Von Dr. med. vet. E. M. Barten-schlager, 72 S., 40 Farbfotos, 4 Farb-zeichnungen, kart. ●

Katzen
Rassen · Haltung · Pflege. (4216) Von B. Eilert-Overbeck, 96 S., 82 Farbfotos, Pappband. ●

Das neue Katzenbuch
Rassen – Aufzucht – Pflege. (0427) Von B. Eilert-Overbeck, 136 S., 14 Farbfotos, 26 s/w-Fotos, kart. ●

Katzenkrankheiten
Erkennung und Behandlung. Steuerung des Sexualverhaltens. (0652) Von Dr. med. vet. R. Spangenberg, 176 S., 64 s/w-Fotos, 4 Zeichnungen, kart. ●

Falken-Handbuch Hunde
(4118) Von H. Bielfeld, 176 S., 222 Farb-und 73 s/w-Abb., Pappband. ●●●●

Hunde
Rassen · Erziehung · Haltung. (4209) Von H. Bielfeld, 96 S., 101 Farbfotos, Pappband. ●●

Das neue Hundebuch
Rassen · Aufzucht · Pflege. (0009) Von W. Busack, überarbeitet von Dr. med. vet. A. H. Hacker und H. Bielfeld, 112 S., 8 Farbtafeln, 27 s/w-Fotos, 6 Zeichnun-gen, kart. ●

Falken-Handbuch Der Deutsche Schäferhund
(4077) Von U. Förster, 228 S., 160 Abb., Pappband. ●●●

Der Deutsche Schäferhund
Aufzucht, Pflege und Ausbildung. (0073) Von A. Hacker, 104 S., 56 Abb., kart. ●

Dackel, Teckel, Dachshund
Aufzucht · Pflege · Ausbildung. (0508) Von M. Wein-Gysae, 112 S., 4 Farbtafeln, 43 s/w-Fotos, 2 Zeichnungen, kart. ●

Hundeausbildung
Verhalten – Gehorsam – Abrichtung. (0346) Von Prof. Dr. R. Menzel, 96 S., 18 Fotos, kart. ●

Grundausbildung für Gebrauchshunde
Schäferhund, Boxer, Rottweiler, Dober-mann, Riesenschnauzer, Airedaleterrier, Hovawart und Bouvier. (0801) Von M. Schmidt und W. Koch, 104 S., 8 Farb-tafeln, 51 s/w-Fotos, 5 s/w-Zeichnungen, kart. ●

Hundekrankheiten
Erkennung und Behandlung, Steuerung des Sexualverhaltens. (0570) Von Dr. med. vet. R. Spangenberg, 128 S., 68 s/w-Fotos, 10 Zeichnungen, kart. ●

Falken-Handbuch Pferde
(4186) Von H. Werner, 176 S., 196 Farb-und 50 s/w-Fotos, 100 Zeichnungen, Pappband. ●●●●

Ponys
Rassen, Haltung, Reiten. (4205) Von S. Braun, 96 S., 84 Farbfotos, Pappband. ●●●

Wellensittiche
Arten · Haltung · Pflege · Sprechunter-richt · Zucht. (5136) Von H. Bielfeld, 64 S., 59 Farbfotos, Pappband. ●●

Papageien und Sittiche
Arten · Pflege · Sprechunterricht. (0591) Von H. Bielfeld, 112 S., 8 Farbta-feln, kart. ●

Geflügelhaltung als Hobby
(0749) Von M. Baumeister, H. Meyer, 184 S., 8 Farbtafeln, 47 s/w-Fotos, 15 Zeichnungen, kart. ●●

DIE TIERSPRECHSTUNDE Alles über Igel in Natur und Garten
(0810) Von Dr. med. vet. E. M. Barten-schlager, 68 S., 51 Farbfotos, kart. ●

DIE TIERSPRECHSTUNDE Alles über Meerschweinchen
(0809) Von Dr. med. vet. E. M. Barten-schlager, 72 S., 43 Farbfotos, 11 Farb-zeichnungen, kart. ●

DIE TIERSPRECHSTUNDE Tiere im Wassergarten
(0808) Von Dr. med. vet. E. M. Barten-schlager, 96 S., 82 Farbfotos, 7 Zeich-nungen, kart. ●

Das Süßwasser-Aquarium
Einrichtung · Pflege · Fische · Pflanzen. (0153) Von H. J. Mayland, 152 S., 16 Farbtafeln, 43 s/w-Zeichnungen, kart. ●●

Falken-Handbuch Süßwasser-Aquarium
(4191) Von H. J. Mayland, 288 S., 564 Farbfotos, 75 Zeichnungen, Pappband. ●●●●

Die hier vorgestellten Bücher, Videokassetten und Software sind in folgende Preisgruppen unterteilt:

● Preisgruppe bis DM 79,–/S 79,–
●● Preisgruppe über DM 10,– bis DM 20,– S 80,– bis S 160,–
●●● Preisgruppe über DM 20,– bis DM 30,– S 161,– bis S 240,–
●●●● Preisgruppe über DM 30,– bis DM 50,– S 241,– bis S 400,–
●●●●● Preisgruppe über DM 50,–/S 401,–
*(unverbindliche Preisempfehlung)

FALKEN VERLAG

Cichliden
Pflege, Herkunft und Nachzucht der wichtigsten Buntbarscharten. (5144) Von Jo in't Veen, 96 S., 163 Farbfotos, Pappband. ●●

Gesundheit

Die Frau als Hausärztin
Der unentbehrliche Ratgeber für die Gesundheit. (4072) Von Dr. med. A. Fischer-Dückelmann, 808 S., 14 Farbtafeln, 146 s/w-Fotos, 203 Zeichnungen, Pappband. ●●●

Heiltees und Kräuter für die Gesundheit
(4123) Von G. Leibold, 136 S., 15 Farbtafeln, 16 Zeichnungen, kart. ●●

Falken-Handbuch **Heilkräuter**
Modernes Lexikon der Pflanzen und Anwendungen (4076) Von G. Leibold, 392 S., 183 Farbfotos, 22 Zeichnungen, geb. ●●●●

Die farbige Kräuterfibel
Heil- und Gewürzpflanzen. (0245) Von I. Gabriel, 196 S., 49 farbige und 97 s/w-Abb., kart. ●●

Falken-Handbuch **Bio-Medizin**
Alles über die moderne Naturheilpraxis. (4136) Von G. Leibold, 552 S., 38 Farbfotos, 232 s/w-Abb., Pappband. ●●●●

Enzyme
Vitalstoffe für die Gesundheit. (0677) Von G. Leibold, 96 S., kart. ●

Heilfasten
(0713) Von G. Leibold, 108 S., kart. ●

Besser leben durch Fasten
(0841) Von G. Leibold, 100 S., kart. ●

Krebsangst und Krebs behandeln
Mit einem Vorwort von Prof. Dr. med. Friedrich Douwes. (0839) Von G. Leibold, 104 S., kart. ●

Allergien behandeln und lindern
Mit einem Vorwort von Prof. Dr. med. Axel Stemmann. (0840) Von G. Leibold, 104 S., 4 Zeichnungen, kart. ●

Rheuma behandeln und lindern
Mit einem Vorwort von Dr. med. Max-Otto-Bruker (0836) Von G. Leibold, 104 S., kart. ●

Die echte Schroth-Kur
(0797) Von Dr. med. R. Schroth, 88 S., 2 s/w-Fotos, kart. ●

Streß bewältigen durch Entspannung
(0834) Von Dr. med. Chr. Schenk, 88 S., 29 Zeichnungen, kart. ●

Gesundheit und Spannkraft durch Yoga
(0321) Von L. Frank und U. Ebbers, 112 S., 50 s/w-Fotos, kart. ●

Yoga für jeden
(0341) Von K. Zebroff, 156 S., 135 Abb., Spiralbindung, ●●●

Yoga für Schwangere
Der Weg zur sanften Geburt. (0777) Von V. Bolesta-Hahn, 108 S., 76 zweifarbige Abb. ●●

Yoga gegen Haltungsschäden und Rückenschmerzen
(0394) Von A. Raab, 104 S., 215 Abb., kart. ●

Hypnose und Autosuggestion
Methoden – Heilwirkungen – praktische Beispiele. (0483) Von G. Leibold, 116 S., kart. ●

Gesund durch Gedankenenergie
Heilung im gemeinsamen Kraftfeld (6035) Nur VHS, 45 Min., in Farbe ●●●●●*

Autogenes Training
Anwendung · Heilwirkungen · Methoden. (0541) Von R. Faller, 128 S., 3 Zeichnungen, kart. ●

Die fernöstliche Fingerdrucktherapie Shiatsu
Anleitungen zur Selbsthilfe – Heilwirkungen. (0615) Von G. Leibold, 196 S., 180 Abb., kart. ●●

Eigenbehandlung durch Akupressur
Heilwirkungen – Energielehre – Meridiane. (0417) Von G. Leibold, 152 S., 78 Abb., kart. ●

Chinesische Naturheilverfahren
Selbstbehandlung mit bewährten Methoden der physikalischen Therapie. Atemtherapie · Heilgymnastik · Selbstmassage · Vorbeugen · Behandeln · Entspannen. (4247) Von F. Tjoeng Lie, 160 S., 292 zweifarbige Zeichnungen, Pappband. ●●●

Chinesisches Schattenboxen Tai-Ji-Quan
für geistige und körperliche Harmonie (0850) Von F. T. Lie, 120 S., 221 s/w-Fotos, 9 s/w-Zeichnungen, Beilage: 1 s/w-Poster mit zahlreichen Abbildungen, kart. ●●

Bauch, Taille und Hüfte gezielt formen durch **Aktiv-Yoga**
(0709) Von K. Zebroff, 112 S., 102 Farbfotos, Spiralbindung, ●●

10 Minuten täglich Tele-Gymnastik
(5102) Von B. Manz und K. Biermann, 128 S., 381 Abb., kart. ●●

Gesund und fit durch Gymnastik
(0366) Von H. Pilss-Samek, 132 S., 150 Abb., kart. ●

Stretching
Mit Dehnungsgymnastik zu Entspannung, Geschmeidigkeit und Wohlbefinden. (0717) Von H. Schulz, 80 S., 90 s/w-Fotos, kart. ●

Gesund und leistungsfähig durch **Konditionsübungen, Fitneßtraining, Wirbelsäulengymnastik**
(0844) Von R. Milser, K. Grafe, 104 S., 99 Farbfotos, 12 Farbzeichnungen, 5 s/w-Zeichnungen kart. ●●

Gesundheit durch altbewährte Kräuterrezepte und Hausmittel aus der **Natur-Apotheke**
(4156) Von G. Leibold, 236 S., 8 Farbtafeln, 100 Zeichnungen, kart., ●●

Diät bei Krankheiten des Magens und Zwölffingerdarms
Rezeptteil von B. Zöllner. (3201) Von Prof. Dr. med. H. Kaess, 96 S., 4 Farbtafeln, kart. ●●

Diät bei Herzkrankheiten und Bluthochdruck
Salzarme (natriumarme) Kost. Rezeptteil von B. Zöllner. (3202) Von Prof. Dr. med. H. Rottka, 92 S., 4 Farbtafeln, kart. ●●

Diät bei Erkrankungen der Nieren, Harnwege und bei Dialysebehandlung
Völlig überarbeitete Neuauflage, durchgehend farbig bebildert. Rezeptteil von B. Zöllner. (3203) Von Prof. Dr. med. Dr. h. c. H. J. Sarre und Prof. Dr. med. R. Kluthe, 96 S., 33 Farbfotos, 1 s/w-Zeichnung, kart. ●●

Richtige Ernährung wenn man älter wird
Völlig überarbeitete Neuauflage, durchgehend farbig bebildert. Rezeptteil von B. Zöllner. (3204) Von Priv.-Doz. Dr. med. H.-J. Pusch und Dr. med. W. Koch, ca. 100 S., ca. 50 Farbfotos, kart. ●●
(erscheint September '87)

Diät bei Gicht und Harnsäuresteinen
Rezeptteil von B. Zöllner. (3205) Von Prof. Dr. med. N. Zöllner, 80 S., 4 Farbtafeln, kart. ●●

Diät bei Zuckerkrankheit
Rezeptteil von B. Zöllner. (3206) Von Prof. Dr. med. P. Dieterle, 84 S., 4 Farbtafeln, kart. ●●

Diät bei Krankheiten der Gallenblase, Leber und Bauchspeicheldrüse
Rezeptteil von B. Zöllner. (3207) Von Prof. Dr. med. H. Kasper, 88 S., 4 Farbtafeln, kart. ●●

Diät bei Störungen des Fettstoffwechsels und zur Vorbeugung der Arteriosklerose
Rezeptteil von B. Zöllner. (3208) Von Prof. Dr. med. G. Wolfram und Dr. med. O. Adam, 104 S., 4 Farbtafeln, kart. ●●

Diät bei Übergewicht
Völlig überarbeitete Neuauflage, durchgehend farbig bebildert. Rezeptteil von B. Zöllner. (3209) Von Priv.-Doz. Dr. med. Ch. Keller, ca. 100 S., ca. 50 Farbfotos, kart. ●●
(erscheint Dezember '87)

Diät bei Darmkrankheiten
Durchfall – Divertikulose, Reizdarm und Darmträgheit – einheimische Sprue (Zöliakie) – Disaccharidasemangel – Dünndarmresektion – Dumping Syndrom. Rezeptteil von B. Zöllner. (3211) Von Prof. Dr. med. G. Strohmeyer, 88 S., 4 Farbtafeln, kart. ●●

Ballaststoffreiche Kost bei Funktionsstörungen des Darms
Rezeptteil von B. Zöllner. (3212) Von Prof. Dr. med. H. Kasper, ca. 100 S., ca. 50 Farbfotos, kart. ●●
(erscheint Oktober '87)

Bildatlas des menschlichen Körpers
(4177) Von G. Pogliani, V. Vannini, 112 S., 402 Farbabb., 28 s/w-Fotos, Pappband, ●●●

Fußmassage
Reflexzonentherapie am Fuß (0714) Von G. Leibold, 96 S., 38 Zeichnungen, kart. ●

Rheuma und Gicht
Krankheitsbilder, Behandlung, Therapieverfahren, Selbstbehandlung, richtige Lebensführung und Ernährung. (0712) Von Dr. J. Höder, J. Bandick, 104 S., kart. ●

Die hier vorgestellten Bücher, Videokassetten und Software sind in folgende Preisgruppen unterteilt:

● Preisgruppe bis DM 10,–/S 79,–
●● Preisgruppe über DM 10,– bis DM 20,–
S 80, bis 3 160,–

●●● Preisgruppe über DM 20,– bis DM 30,–
S 161, bis S 240,–

●●●● Preisgruppe über DM 30,– bis DM 50,–
S 241,– bis S 400,–
●●●●● Preisgruppe über DM 50,–/S 401,–
*(unverbindliche Preisempfehlung)

Die Preise entsprechen dem Status beim Druck dieses

Krampfadern
Ursachen, Vorbeugung, Selbstbehandlung, Therapieverfahren. (0727) Von Dr. med. K. Steffens, 96 S., 38 Abb., kart. ●

Gallenleiden
Krankheitsbilder, Behandlung, Therapieverfahren, Selbstbehandlung, Richtige Lebensführung und Ernährung. (0673) Von Dr. med. K. Steffens, 104 S., 34 Zeichnungen, kart. ●

Asthma
Pseudokrupp, Bronchitis und Lungenemphysem. (0778) Von Prof. Dr. med. W. Schmidt, 120 S., 56 Zeichnungen, kart. ●

Fastenkuren
Wege zur gesunden Lebensführung. Rezepte und Tips für die Nachfastenzeit. Kurzfasten · Saftfastenkuren · Fastenschalttage · Heilfasten (4248) Von Ha. A. Mehler, H. Keppler, 144 S., 16 s/w-Fotos, 9 Zeichnungen, Pappband. ●●●

Aus dem Schatz der Naturmedizin Heilkräuterkuren
(4268) Von Dr. med. E. Rauch, Dr. rer. nat. P. Kruletz, 144 S., 49 Zeichnungen, kart. ●●

Vitamine und Ballaststoffe
So ermittle ich meinen täglichen Bedarf (0746) Von Prof. Dr. M. Wagner, I. Bongartz, 96 S., 6 Farbabb., zahlreiche Tabellen, kart. ●

Darmleiden
Krankheitsbilder, Behandlung, Selbstbehandlung, Richtige Lebensführung und Ernährung. (0798) Von Dr. med. K. Steffens, 112 S., 46 Zeichnungen, kart. ●

Massage
(0750) Von B. Rumpler, K. Schutt, 112 S., 116 zweifarbige Zeichnungen, kart. ●●

Ratgeber Aids
Entstehung, Ansteckung, Krankheitsbilder, Heilungschancen, Schutzmaßnahmen. (0803) Von B. Baartman, Vorwort von Dr. med. H. Jäger, 112 S., 8 Farbtafeln, 4 Grafiken, kart. ●●

Wenn Kinder krank werden
Medizinischer Ratgeber für Eltern. (4240) Von Dr. med. I. J. Chasnoff, B. Nees-Delaval, 232 S., 163 Zeichnungen, Pappband. ●●●

Ratgeber Lebenshilfe

Umgangsformen heute
Die Empfehlungen des Fachausschusses für Umgangsformen. (4015) 282 S., 160 s/w-Fotos, 25 Zeichnungen, Pappband. ●●●

Der gute Ton
Ein moderner Knigge. (0063) Von I. Wolter, 168 S., 38 Zeichnungen, 53 s/w-Fotos, kart. ●

Haushaltstips von A bis Z
(0759) Von A. Eder, 80 S., 30 Zeichnungen, kart. ●

Wir heiraten
Ratgeber zur Vorbereitung und Festgestaltung der Verlobung und Hochzeit. (4188) Von C. Poensgen, 216 S., 8 s/w-Fotos, 30 s/w-Zeichnungen, 8 Farbtafeln, Pappband. ●●

Der schön gedeckte Tisch
Vom einfachen Gedeck bis zur Festtafel stimmungsvoll und perfekt arrangiert (4246) Von H. Tapper, S. A., 206 Farbabbildungen, 21 s/w-Abbildungen, Pappband. ●●●

Familienforschung · Ahnentafel · Wappenkunde
Wege zur eigenen Familienchronik. (0744) Von P. Bahn, 128 S., 8 Farbtafeln, 30 Abbildungen, kart. ●●

Die Kunst der freien Rede
Ein Intensivkurs mit vielen Übungen, Beispielen und Lösungen. (4189) Von G. Hirsch, 232 S., 11 Zeichnungen, Pappband. ●●●

Reden zur Taufe, Kommunion und Konfirmation
(0751) Von G. Georg, 96 S., kart. ●

Der richtige Brief zu jedem Anlaß
Das moderne Handbuch mit 400 Musterbriefen. (4179) Von H. Kirst, 376 S., Pappband. ●●●

Von der Verlobung zur Goldenen Hochzeit
(0393) Von E. Ruge, 120 S., kart. ●

Reden zur Hochzeit
Musteransprachen für Hochzeitstage. (0654) Von G. Georg, 112 S., kart. ●

Glückwünsche, Toasts und Festreden zur Hochzeit.
(0264) Von I. Wolter, 128 S., 18 Zeichnungen, kart. ●

Hochzeits- und Bierzeitungen
Muster, Tips und Anregungen. (0288) Von H.-J. Winkler, mit vielen Text- und Gestaltungsanregungen, 116 S., 15 Abb., 1 Musterzeitung, kart. ●

Kindergedichte zur Grünen, Silbernen und Goldenen Hochzeit
(0318) Von H.-J. Winkler, 104 S., 20 Abb., kart. ●

Kindergedichte für Familienfeste
(0860) Von B. H. Bull, 96 S., 20 Zeichnungen, kart. ●

Die Silberhochzeit
Vorbereitung · Einladung · Geschenkvorschläge · Dekoration · Festablauf · Menüs · Reden · Glückwünsche (0542) Von K. F. Merkle, 120 S., 41 Zeichnungen, kart. ●

Großes Buch der Glückwünsche
(0255) Hrsg. von O. Fuhrmann, 240 S., 77 Zeichnungen und viele Gestaltungsvorschläge, kart. ●

Neue Glückwunschfibel
für Groß und Klein. (0156) Von R. Christian-Hildebrandt, 96 S., kart. ●

Glückwunschverse für Kinder
(0277) Von B. Ulrici, 80 S., kart. ●

Die Redekunst
Rhetorik · Rednererfolg (0076) Von K. Wolter, überarbeitet von Dr. W. Tappe, 80 S., kart. ●

Reden und Ansprachen
für jeden Anlaß. (4009) Hrsg. von F. Sicker, 454 S., gebunden. ●●●●

Reden zum Jubiläum
Musteransprachen für viele Gelegenheiten (0595) Von G. Georg, 112 S., kart. ●

Reden zum Ruhestand
Musteransprachen zum Abschluß des Berufslebens (0790) Von G. Georg, 104 S., kart. ●

Reden und Sprüche zu Grundsteinlegung, Richtfest und Einzug
(0598) Von A. Bruder, G. Georg, 96 S., kart. ●

Reden zu Familienfesten
Musteransprachen für viele Gelegenheiten. (0675) Von G. Georg, 108 S., kart. ●

Reden zum Geburtstag
Musteransprachen für familiäre und offizielle Anlässe. (0773) Von G. Georg, 104 S., kart. ●

Festreden und Vereinsreden
Ansprachen für festliche Gelegenheiten. (0069) Von K. Lehnhoff, E. Ruge, 88 S., kart. ●

Reden im Verein
Musteransprachen für viele Gelegenheiten. (0703) Von G. Georg, 112 S., kart., ●

Trinksprüche
Fest- und Damenreden in Reimen. (0791) Von L. Metzner, 88 S., 14 s/w-Zeichnungen, kart. ●

Trinksprüche, Richtsprüche, Gästebuchverse
(0224) Von D. Kellermann, 80 S., kart. ●

Ins Gästebuch geschrieben
(0576) Von K. H. Trabeck, 96 S., 24 Zeichnungen, kart. ●

Poesiealbumverse
Heiteres und Besinnliches. (0578) Von A. Göttling, 112 S., 20 Zeichnungen, Pappband. ●●

Verse fürs Poesiealbum
(0241) Von I. Wolter, 96 S., 20 Abb., kart. ●

Rosen, Tulpen, Nelken . . .
Beliebte Verse fürs Poesiealbum
(0431) Von W. Pröve, 96 S., 11 Faksimile-Abb., kart. ●

Der Verseschmied
Kleiner Leitfaden für Hobbydichter. Mit Reimlexikon. (0597) Von T. Parisius, 96 S., 28 Zeichnungen, kart. ●

Moderne Korrespondenz
Handbuch für erfolgreiche Briefe. (4014) Von H. Kirst und W. Manekeller, 544 S., Pappband. ●●●●
   DM 39,–/S 319.–

Der neue Briefsteller
Musterbriefe für alle Gelegenheiten. (0060) Von I. Wolter-Rosendorf, 112 S., kart. ●

Geschäftliche Briefe
des Privatmanns, Handwerkers, Kaufmanns. (0041) Von A. Römer, 120 S., kart. ●

Behördenkorrespondenz
Musterbriefe – Anträge – Einsprüche. (0412) Von E. Ruge, 120 S., kart. ●

Musterbriefe
für alle Gelegenheiten. (0231) Hrsg. von O. Fuhrmann, 240 S., kart. ●

Die hier vorgestellten Bücher, Videokassetten und Software sind in folgende Preisgruppen unterteilt:

● Preisgruppe bis DM 10,–/S 79,–
●● Preisgruppe über DM 10,– bis DM 20,– S 80,– bis S 160,–
●●● Preisgruppe über DM 20,– bis DM 30,– S 161,– bis S 240,–
●●●● Preisgruppe über DM 30,– bis DM 50,– S 241,– bis S 400,–
●●●●● Preisgruppe über DM 50,–/S 401,–
*(unverbindliche Preisempfehlung)

FALKEN VERLAG

Privatbriefe
Muster für alle Gelegenheiten. (0114) Von
I. Wolter-Rosendorf, 132 S., kart. ●

Briefe zu Geburt und Taufe
Glückwünsche und Danksagungen.
(0802) Von H. Beitz, 96 S., 12 Zeichnungen, kart. ●

Briefe zum Geburtstag
Glückwünsche und Danksagungen
(0822) Von H. Beitz, 104 S., 22 Zeichnungen, kart. ●

Briefe zur Hochzeit
Glückwünsche und Danksagungen
(0852) Von R. Röngen, 96 S., 1 Zeichnung, 39 Vignetten, kart. ●

Erfolgstips für den Schriftverkehr
Briefwechsel leicht gemacht durch einfachen Stil und klaren Ausdruck (0678)
Von U. Schoenwald, 120 S., kart. ●

Worte und Briefe der Anteilnahme
(0464) Von E. Ruge, 128 S., mit vielen
Abb., kart. ●

Reden in Trauerfällen
Mustersprachen für Beerdigungen und
Trauerfeiern (0736) Von G. Georg,
104 S., kart. ●

Lebenslauf und Bewerbung
Beispiele für Inhalt, Form und Aufbau.
(0428) Von H. Friedrich, 112 S., kart. ●

**Erfolgreiche Bewerbungsbriefe und
Bewerbungsformen.**
(0138) Von W. Manekeller, 88 S., kart. ●

Die erfolgreiche Bewerbung
Bewerbung und Vorstellung. (0173) Von
W. Manekeller, 156 S., kart. ●

Die Bewerbung
Der moderne Ratgeber für Bewerbungsbriefe, Lebenslauf und Vorstellungsgespräche. (4138) Von W. Manekeller,
264 S., Pappband. ●●

Vorstellungsgespräche
sicher und erfolgreich führen. (0636) Von
H. Friedrich, 144 S., kart. ●

Keine Angst vor Einstellungstests
Ein Ratgeber für Bewerber. (0793) Von
Ch. Titze, 120 S., 67 Zeichnungen, kart. ●

Die ersten Tage am neuen Arbeitsplatz
Ratschläge für den richtigen Umgang mit
Kollegen und Vorgesetzten
(0855) Von H. Friedrich, 104 S., kart. ●

Zeugnisse im Beruf
richtig schreiben, richtig verstehen.
(0544) Von H. Friedrich, 112 S., kart. ●

In Anerkennung Ihrer . . . .
**Lob und Würdigung in Briefen
und Reden.**
(0535) Von H. Friedrich, 136 S., kart. ●

Erfolgreiche Kaufmannspraxis
Wirtschaftliche Grundlagen, Geld, Kreditwesen, Steuern, Betriebsführung, Recht,
EDV. (4046) Von W. Göhler, H. Gölz,
M. Heibel, Dr. D. Machenheimer, 544 S.,
gebunden. ●●●●

Wege zum Börsenerfolg
Aktien · Anleihen · Optionen
(4275) Von H. Krause, 252 S., 4 s/w-Fotos, 86 Zeichnungen, Pappband. ●●●

Mietrecht
Leitfaden für Mieter und Vermieter.
(0479) Von J. Beuthner, 196 S., kart. ●●

Familienrecht
Ehe – Scheidung – Unterhalt. (4190) Von
T. Drewes, R. Hollender, 368 S., Pappband. ●●●

**Erziehungsgeld, Mutterschutz,
Erziehungsurlaub**
Alles über das neue Recht für Eltern. Mit
den Gesetzestexten. (0835) Von J. Grönert, 144 S., kart. ●●

Scheidung und Unterhalt
nach dem neuen Eherecht. Mit dem
Unterhaltsänderungsgesetz 1986.
(0403) Von Rechtsanwalt H. T. Drewes,
112 S., mit Kosten- und Unterhaltstabellen, kart. ●

Präzise Ratschläge für
Ihre optimale Rente
Vorbereitung · Berechnungsgrundlagen ·
Gesetzesänderungen · Individuelle Redenbeispiele. (0806) Von K. Möcks, 96 S.,
24 Formulare, 1 Graphik, kart. ●

Testament und Erbschaft
Erbfolge, Rechte und Pflichten der Erben,
Erbschafts- und Schenkungssteuer,
Mustertestamente. (4139) Von T. Drewes,
R. Hollender, 304 S., Pappband. ●●●

Erbrecht und Testament
Mit Erläuterungen des Erbschaftssteuergesetzes von 1974. (0046) Von Dr. jur.
H. Wandrey, 124 S., kart. ●

Endlich 18 und nun?
Rechte und Pflichten mit der Volljährigkeit. (0646) Von R. Rathgeber, 224 S.,
27 Zeichnungen, kart. ●●

Was heißt hier minderjährig?
(0765) Von R. Rathgeber, C. Rummel,
148 S., 50 Fotos, 25 Zeichnungen, kart.
●●

**Erfolgreiche Bewerbung um einen
Ausbildungsplatz**
(0715) Von H. Friedrich, 136 S., kart. ●

Elternsache Grundschule
(0692) Hrsg. von K. Meynersen, 324 S.,
kart. ●●●

Sexualberatung
(0402) Von Dr. M. Röhl, 168 S., 8 Farbtafeln, 17 Zeichnungen, Pappband. ●●

Die Kunst des Stillens
nach neuesten Erkenntnissen
(0701) Von Prof. Dr. med. E. Schmidt/
S. Brunn, 112 S., 20 Fotos und Zeichnungen, kart. ●

Wenn Sie ein Kind bekommen
(4003) Von U. Klamroth, Dr. med.
H. Oster, 240 S., 86 s/w-Fotos, 30 Zeichnungen, Pappband. ●●●

Vorbereitung auf die Geburt
Schwangerschaftsgymnastik, Atmung,
Rückbildungsgymnastik. (0251) Von
S. Buchholz, 112 S., 98 s/w-Fotos, kart.
●

Wie soll es heißen?
(0211) Von D. Köhr, 136 S., kart. ●

Das Babybuch
Pflege · Ernährung · Entwicklung. (0531)
Von A. Burkert, 128 S., 16 Farbtafeln,
38 s/w-Fotos, 30 Zeichnungen, kart. ●●

Wenn der Mensch zum Vater wird
Ein heiter-besinnlicher Ratgeber.
(4259) Von D. Zimmer, 160 S., 20 Zeichnungen, Pappband. ●●

Die neue Lebenshilfe Biorhythmik
Höhen und Tiefen der persönlichen
Lebenskurven vorausberechnen und
danach handeln. (0458) Von W. A. Appel,
157 S., 63 Zeichnungen, Pappband. ●●

Vom Urkrümel zum Atompilz
Evolution – Ursache und Ausweg aus der
Krise. (4181) Von J. Voigt, 188 S.,
20 Farb- und 70 s/w-Fotos, 32 Zeichnungen, kart. ●●

Neues Denken – alte Geister
New Age unter der Lupe.
(4278) Von G. Myrell, Dr. W. Schmandt,
J. Voigt, 176 S., 54 Farbfotos, 3 Zeichnungen, kart. ●●

Dinosaurier
und andere Tiere der Urzeit. (4219) Von
G. Alschner, 96 S., 81 Farbzeichnungen,
4 Fotos, Pappband. ●●

Der Sklave Calvisius
Alltag in einer römischen Provinz 150 n.
Chr. (4058) Von A. Ammermann,
T. Röhrig, G. Schmidt, 120 S.,
99 Farbabb., 47 s/w-Abb., Pappband. ●●
ZDF · ORF · DRS

Kompaß Jugend-Lexikon
(4096) Von R. Kerler, J. Blum, 336 S.,
766 Farbfotos, 39 s/w-Abb., Pappband.
●●●●●

Psycho-Tests
– Erkennen Sich sich selbst. (0710) Von
B. M. Nash, R. B. Monchick, 304 S.,
81 Zeichnungen, kart. ●●

Falken-Handbuch **Astrologie**
Charakterkunde · Schicksal · Liebe und
Beruf · Berechnung und Deutung von
Horoskopen · Aszendenttabelle. (4068)
Von B. A. Mertz, 342 S., mit 60 erläuternden Grafiken, gebunden. ●●●

Die Magie der Zahlen
So nutzen Sie die Geheimnisse der Numerologie für Ihr persönliches Glück mit
dem völlig neuen Planetennumeroskop
(4242) Von B. A. Mertz, 224 S., 36 Abbildungen, Pappband. ●●●

Selbst Wahrsagen mit Karten
Die Zukunft in Liebe, Beruf und Finanzen.
(0404) Von R. Koch, 112 S., 252 Abb.,
Pappband. ●●

Weissagen, Hellsehen, Kartenlegen . . .
Wie jeder die geheimen Kräfte ergründen
und für sich nutzen kann. (4153) Von
G. Haddenbach, 192 S., 40 Zeichnungen,
kart. ●●

Frauenträume, Männerträume
und ihre Bedeutung. (4198) Von
G. Senger, 272 S., mit Traumlexikon,
Pappband. ●●●

Wie Sie im Schlaf das Leben meistern
Schöpferisch träumen
Der Klartraum als Lebenshilfe.
(4258) Von Prof. Dr. P. Tholey, K. Utecht,
256 S., 1 s/w-Foto, 20 Zeichnungen,
Pappband. ●●●

Wahrsagen mit Tarot-Karten
(0482) Von E. J. Nigg, 112 S., 4 Farbtafeln, 52 s/w-Abb., Pappband. ●●

Aztekenhoroskop
Deutung von Liebe und Schicksal nach
dem Aztekenkalender. (0543) Von
C.-M. und R. Kerler, 160 S., 20 Zeichnungen, Pappband. ●

Die hier vorgestellten Bücher, Videokassetten und Software sind in folgende Preisgruppen unterteilt:

● Preisgruppe bis DM 10,–/S 79,–
●● Preisgruppe über DM 10,– bis DM 20,–
S 80,– bis S 160,–

●●● Preisgruppe über DM 20,– bis DM 30,–
S 161,– bis S 240,–

●●●● Preisgruppe über DM 30,– bis DM 50,–
S 24 l,– bis S 400,–
●●●●● Preisgruppe über DM 50,–/S 401,–
*(unverbindliche Preisempfehlung)

Die Preise entsprechen dem Status beim Druck diese

Was sagt uns das Horoskop?
Praktische Einführung in die Astrologie. (0655) Von B. A. Mertz, 176 S., 25 Zeichnungen, kart. ●

Das Super-Horoskop
Der neue Weg zur Deutung von Charaker, Liebe und Schicksal nach chinesischer und abendländischer Astrologie. (0465) Von G. Haddenbach, 175 S., kart. ●

Liebeshoroskop für die 12 Sternzeichen
Alles über Chancen, Beziehungen, Erotik, Zärtlichkeit, Leidenschaft. (0587) Von G. Haddenbach, 144 S., 11 Zeichnungen, kart. ●

Die 12 Sternzeichen
Charakter, Liebe und Schicksal. (0385) Von G. Haddenbach, 160 S., Pappband. ●●

Die 12 Tierzeichen im chinesischen Horoskop
(0423) Von G. Haddenbach, 128 S., Pappband. ●

Sternstunden
für Liebe, Glück und Geld, Berufserfolg und Gesundheit. Das ganz persönliche Mitbringsel für Widder (0621), Stier (0622), Zwillinge (0623), Krebs (0624), Löwe (0625), Jungfrau (0626), Waage (0627), Skorpion (0628), Schütze (0629), Steinbock (0630), Wassermann (0631), Fische (0632) Von L. Cancer, 62 S., durchgehend farbig, Zeichnungen, Pappband. ●

So deutet man Träume
Die Bildersprache des Unbewußten. (0444) Von G. Haddenbach, 160 S., Pappband. ●

Die Famillie im Horoskop
Glück und Harmonie gemeinsam erleben – Probleme und Gegensätze verstehen und tolerieren. (4161) Von B. A. Mertz, 296 S., 40 Zeichnungen, kart. ●●

Erkennen Sie Psyche und Charakter durch Handdeutung
(4176) Von B. A. Mertz, 252 S., 9 s/w-Fotos, 160 Zeichnungen, Pappband. ●●●●

Falken-Handbuch Kartenlegen
Wahrsagen mit Tarot-, Skat-, Lenormand- und Zigeunerblättern. (4226) Von B. A. Mertz, 288 S., 38 Farb- und 108 s/w-Abb. Pappband. ●●●●

I Ging der Liebe
Das altchinesische Orakel für Partnerschaft und Ehe. (4244) Von G. Damian-Knight, 320 S., 64 s/w-Zeichnungen, Pappband. ●●●

Bauernregeln, Bauernweisheiten, Bauernsprüche
(4243) Von G. Haddenbach, 192 S., 62 Farbabb. 9 s/w-Fotos, 144 s/w-Zeichnungen, Pappband. ●●●

Neue Medien

Programm und Publikum
Der ständige Versuch einer Annäherung. Beiträge und Reden über das öffentlich-rechtliche Fernsehen.
(0874) Von A. Schardt, 167 S., kart. ●●

Computer Grundwissen
Eine Einführung in Funktion und Einsatzmöglichkeiten. (4302) Von W. Bauer, 176 Seiten, 193 Farb- und 12 s/w-Fotos, 37 Computergrafiken, kart., ●●●

(4301) Pappband. ●●●●

Einführung in die Programmiersprache BASIC. (4303)
Von S. Curran und R. Curnow, 192 S., 92 Zeichnungen, kart. ●●

Lernen mit dem Computer. (4304)
Von S. Curran und R. Curnow, 144 S., 34 Zeichnungen, Spiralbindung. ●●

Computerspiele, Grafik und Musik
(4305) Von S. Curran und R. Curnow, 147 S., 46 Zeichnungen, Spiralbindung. ●●

dBase III
Einführung für Einsteiger und Nachschlagewerk für Profis. (4310) Von J. Brehm, G. A. Karl, 211 S., 23 Abb., kart. ●●●●●

Das Medienpaket
Buch und Programmdiskette „dBase III" zusammen (4312) ●●●●●

Garantiert BASIC lernen mit dem C 128
Mit kompletter Kurs-Diskette (4321) Von A. Görgens, 288 S., 4 s/w-Fotos, 83 Zeichnungen, kart. ●●●●

Grundwissen Informationsverarbeitung
(4314) Von H. Schiro, 312 S., 59 s/w-Fotos, 133 s/w-Zeichnungen, Pappband. ●●●●●

Heimcomputer-Bastelkiste
Messen, Steuern, Regeln mit C 64-, Apple II-, MSX-, TANDY-, MC-, Atari- und Sinclair-Computern. (4309) Von G. A. Karl, 256 S., 160 Zeichnungen, kart. ●●●●

WORDSTAR 2000
Textverarbeitung für Einsteiger und Profis Mit erprobten Anwendungen aus der Praxis. (4317) Von D. Nasser, 200 S., 9 s/w-Fotos, 3 Zeichnungen, kart. ●●●●●

Drucker und Plotter
Text und Grafik für Ihren Computer. (4315) Von K.-H. Koch, 192 S., 12 Farbtafeln, 5 s/w-Fotos, kart. ●●●●

Computergrafik
Von den Grundlagen bis zum perfekten 3 D-Programm (4319) Von A. Brück, 296 S., 20 Farbtafeln, 180 s/w-Grafiken, 50 s/w- Zeichnungen, 83 Listings, Pappband. ●●●●●

Textverarbeitung mit Home- und Personal-Computern
Systeme – Vergleiche – Anwendungen. (4316) Von A. Görgens, 128 S., 49 s/w-Fotos, kart. ●●●

Die tägliche PC-Praxis
Anwendungshilfen, Programme und Erweiterungen für MS-DOS-Computer (4322) Von A. Görgens, 224 S., 25 Abbildungen, kart. ●●●

The Grammar Master
Englische Grammatik üben und beherrschen. (7002) Von Data Beutner. Diskette für den C 64, C 128 (im 64er Modus) ●●●●*

Maschinenschreiben
In 10 Tagen spielend gelernt. Von Unterrichtsmedien Hoppius. (7008) Diskette für den C 64 und C 128 PC ●●●●*
(Best.-Nr. Ariolasoft: 72631)
(7009) für IBM + kompatible, ●●●●●*
(Best.-Nr. Ariolasoft: 78631)
(7010) für Schneider CPC 464, 664, 6128, ●●●●●*
(Best.-Nr. Ariolasoft: 74631)

Lernhilfen

Deutsch – Ihre neue Sprache.
Grundbuch (0327) Von H.-J. Demetz und J. M. Puente, 204 S., mit über 200 Abb., kart. ●●

Maschinenschreiben für Kinder
(0274) Von H. Kaus, 48 S., farbige Abb., kart. ●

So lernt man leicht und schnell Maschinenschreiben
Lehrbuch für Selbstunterricht und Kurse. (0568) Von J. W. Wagner, 112 S., 31 s/w-Fotos, 36 Zeichnungen, kart. ●●

Maschinenschreiben durch Selbstunterricht
(0170) Von A. Fonfara, 84 S., kart. ●

Stenografie leicht gelernt
im Kursus oder Selbstunterricht. (0266) Von H. Kaus, 64 S., kart. ●

Buchführung
leicht gefaßt. Ein Leitfaden für Handwerker und Gewerbetreibende. (0127) Von R. Pohl. 104 S., kart. ●

Buchführung leicht gemacht
Ein methodischer Grundkurs für den Selbstunterricht. (4238) Von D. Machenheimer, R. Kersten, 252 S., Pappband. ●●●

Schülerlexikon der Mathematik
Formeln, Übungen und Begriffserklärungen für die Klassen 5–10. (0430) Von R. Müller, 176 S., 96 Zeichnungen, kart. ●

Mathematik verständlich
Zahlenbereiche Mengenlehre, Algebra, Geometrie, Wahrscheinlichkeitsrechnung, Kaufmännisches Rechnen. (4135) Von R. Müller, 652 S., 10 s/w- und 109 Farbfotos, 802 farbige und 79 s/w-Zeichnungen, über 2500 Beispiele und Übungen mit Lösungen, Pappband. ●●●●●

Mathematische Formeln für Schule und Beruf
Mit Beispielen und Erklärungen. (0499) Von R. Müller, 156 S., 210 Zeichnungen, kart. ●

Rechnen aufgefrischt
für Schule und Beruf. (0100) Von H. Rausch, 144 S., kart. ●

Mehr Erfolg in der Schule Der Deutschaufsatz
Übungen und Beispiele für die Klassen 5 – 10. (4271) Von K. Schreiner, 240 S., 4 s/w-Fotos, 51 Zeichnungen, Pappband. ●●●

Die hier vorgestellten Bücher, Videokassetten und Software sind in folgende Preisgruppen unterteilt:

● Preisgruppe bis DM 10,–/S 79,–
●● Preisgruppe über DM 10,– bis DM 20,– S 80,– bis S 160,–

●●● Preisgruppe über DM 20,– bis DM 30,– S 161,– bis S 240,–

●●●● Preisgruppe über DM 30,– bis DM 50,– S 241,– bis S 400,–
●●●●● Preisgruppe über DM 50,–/S 401,–
*(unverbindliche Preisempfehlung)

FALKEN VERLAG

Mehr Erfolg in Schule und Beruf
Besseres Deutsch
Mit Übungen und Beispielen für Rechtschreibung, Diktate, Zeichensetzung, Aufsätze, Grammatik, Literaturbetrachtung, Stil, Briefe, Fremdwörter, Reden. (4115) Von K. Schreiner, 444 S., 7 s/w-Fotos, 27 Zeichnungen, Pappband. ●●●

Richtiges Deutsch
Rechtschreibung · Zeichensetzung · Grammatik · Stilkunde. (0551) Von K. Schreiner, 128 S., 7 Zeichnungen, kart. ●

Diktate besser schreiben
Übungen zur Rechtschreibung für die Klassen 4–8. (0469) Von K. Schreiner, 152 S., 31 Zeichnungen, kart. ●

Aufsätze besser schreiben
Förderkurs für die Klassen 4–10. (0429) Von K. Schreiner, 144 S., 4 s/w-Fotos, 27 Zeichnungen, kart. ●

Deutsche Grammatik
Ein Lern- und Übungsbuch. (0704) Von K. Schreiner, 112 S., kart. ●

Besseres Englisch
Grammatik und Übungen für die Klassen 5 bis 10. (0745) Von E. Henrichs, 144 S., ●●

Richtige Zeichensetzung
durch neue, vereinfachte Regeln. Erläuterungen der Zweifelsfragen anhand vieler Beispiele. (0774) Von Prof. Dr. Ch. Stetter, 160 S., kart. ●

Das Deutschbuch
Ein Sprachprogramm für Ausländer, Erwachsene und Jugendliche.
Autorenteam: J. M. Puente, H.-J. Demetz, S. Sargut, M. Spohner.

Grundbuch Jugendliche
(4915) Von Puente, Demetz, Sargut, Spohner, Hirschberger, Kersten, von Stolzenwaldt, 256 S., durchgehend zweifarbig, kart. ●●

Grundbuch Erwachsene
(4901) Von Puente, Demetz, Sargut, Spohner, 292 S., durchgehend zweifarbig, kart. ●●●

Arbeitsheft
zu Grundbuch Erwachsene und Jugendliche. (4903) Von Puente, Demetz, Sargut, Spohner, 160 S., durchgehend zweifarbig, kart. ●●

Aufbaukurs
(4902) Von Puente, Sargut, Spohner, 232 S., durchgehend zweifarbig, kart. ●●●

Lehrerhandbuch Grundbuch Erwachsene (4904) 144 S., kart. ●●
Lehrerhandbuch Grundbuch Jugendliche (4929) 120 S., kart. ●●
Lehrerhandbuch Aufbaukurs (4930) 64 S., kart. ●

Glossare Erwachsene:
Türkisch (4906) 100 S., kart. ●
Englisch (4912) 104 S., kart. ●
Französisch (4911) 104 S., kart. ●
Spanisch (4909) 98 S., kart. ●
Italienisch (4908) 100 S., kart. ●
Serbokroatisch (4914) 100 S., kart. ●
Griechisch (4907) 102 S., kart. ●
Portugiesisch (4910) 100 S., kart. ●
Polnisch (4913) 102 S., kart. ●
Arabisch (4905) 100 S., kart. ●

Glossare Jugendliche:
Türkisch (4927) 104 S., kart. ●
Italienisch (4932) 104 S., kart. ●
Spanisch (4933) 104 S., kart. ●
Serbokroatisch (4934) 104 S., kart. ●
Griechisch (4936) 112 S., kart. ●
Tonband Grundbuch Erwachsene (4916) Ø 18 cm. ●●●●●
Tonband Grundbuch Jugendliche (4917) Ø 18 cm. ●●●●●
Tonband Aufbaukurs (4918) Ø 18 cm. ●●●●●
Tonband Arbeitsheft (4919) Ø 18 cm. ●●●●●
Kassetten Grundbuch Erwachsene (4920) 2 Stück à 90 Min. Laufzeit. ●●●●
Kassetten\Grundbuch Jugendliche (4921) 2 Stück à 90 Min. Laufzeit. ●●●●
Kassetten Aufbaukurs (4922) 2 Stück à 90 Min. Laufzeit. ●●●●
Kassette Arbeitsheft Grundbuch (4923) 60 Min. Laufzeit. ●●
Overheadfolien Grundbuch Erwachsene (4924) 60 Stück ●●●●●
Overheadfolien Grundbuch Jugendliche (4925) 59 Stück. ●●●●●
Overheadfolien Aufbaukurs (4931) 54 Stück. ●●●●●
Diapositive Grundbuch Erwachsene (4926) 300 Stück. ●●●●
Bildkarten zum Grundbuch Jugendliche und Erwachsene. (4928) 200 Stück. ●●●●●

Die hier vorgestellten Bücher, Videokassetten und Software sind in folgende Preisgruppen unterteilt:

● Preisgruppe bis DM 10,–/S 79,–
●● Preisgruppe über DM 10,– bis DM 20,– S 80,– bis S 160,–

●●● Preisgruppe über DM 20,– bis DM 30,– S 161,– bis S 240,–

●●●● Preisgruppe über DM 30,– bis DM 50,– S 241,– bis S 400,–
●●●●● Preisgruppe über DM 50,–/S 401,–
*(unverbindliche Preisempfehlung)

Bestellschein

Erfüllungsort und Gerichtsstand für Vollkaufleute ist der jeweilige Sitz der Lieferfirma. Für alle übrigen Kunden gilt dieser Gerichtsstand für das Mahnverfahren. Falls durch besondere Umstände Preisänderungen notwendig werden, erfolgt Auftragserledigung zu dem bei der Lieferung gültigen Preis.
Ich bestelle hiermit aus dem Falken-Verlag GmbH, Postfach 1120, D-6272 Niedernhausen/Ts., durch die Buchhandlung:

_____ Ex. _____

_____ Ex. _____

_____ Ex. _____

_____ Ex. _____

Name: _____

Straße: _____ Ort: _____

Datum: _____ Unterschrift: _____